ubu

LETÍCIA CESARINO

O MUNDO DO AVESSO

VERDADE E POLÍTICA NA ERA DIGITAL

11 *Introdução*

PARTE I
26 1. Sistemas dinâmicos e a perspectiva cibernética
86 2. O "mal-estar" na plataformização

PARTE II
144 3. Política: algoritmização e populismo
204 4. Verdade: conspiracionismos e *alt-sciences*

271 *Sobre fins e recomeços*

281 *Agradecimentos*
283 *Referências bibliográficas*
299 *Sobre a autora*

A Mathias e Iara, a Pedro Uaqui e seu irmão Luis, a minhas alunas e meus alunos, e às novas gerações. Que tenham confiança no nosso futuro comum.

*Existe uma ecologia das ideias danosas, assim como
existe uma ecologia das ervas daninhas.*
– GREGORY BATESON, *Patologias da epistemologia*, 1971.

*Refiro-me à questão do "controle" e a todo o complexo a
ele relacionado, sugerido por termos como manipulação,
espontaneidade, livre-arbítrio e técnica. Acho que concordarão
comigo que não há campo em que falsas premissas a respeito da
natureza do eu e de sua relação com outros pode ser tão produtiva
da destruição e feiura do que o campo das ideias sobre controle.*
– GREGORY BATESON, *Uma teoria da esquizofrenia*, 1956.

INTRODUÇÃO

Este livro é sobretudo para aqueles que fazem "a própria pesquisa" buscando entender o mundo em rápida mudança que nos cerca – um mundo que parece, com mais frequência do que gostaríamos, estar virado "do avesso". Aqui não encontrarão a promessa fácil, típica de muitos influenciadores, políticos e barões da indústria *tech*, de que, para ter acesso a verdades escondidas, basta uma conexão com a internet e a garantia de liberdade total. Nossas sociedades já ouviram promessas parecidas inúmeras vezes, e tudo sempre volta a ser como era. Isso ocorre porque problemas complexos não desaparecem com soluções simples. É fato que, como veremos, a ideologia cientificista da objetividade produzida por especialistas está em crise. Porém, o tipo de conhecimento que poderia substituí-lo não está nas ciências "faça você mesmo" da internet, mas nas novas ciências da complexidade. Essas ciências são, elas mesmas, complexas. Porém, ao serem aplicadas a problemas concretos, algo curioso acontece: geram resultados surpreendentemente simples, até próximos do senso comum.

O espírito deste livro, que parte dessas ciências, é ser compreensível para qualquer leitora dotada de interesse, intuição e abertura a uma mirada diferente sobre os processos sociais. Ele começou em 2018, com uma curiosidade sobre as aparentes novidades no comportamento político-eleitoral durante as eleições presidenciais brasileiras. Cada vez mais acessível com o barateamento dos smartphones e pacotes de dados, a internet tornou-se a principal arena de comunicação política no país. Observou-se, ainda durante o primeiro turno, uma concentração das intenções de voto em polos opostos, e eleitores comuns assumiram protagonismo determinante para o candidato vitorioso: uma campanha feita em ritmo frenético, repassando conteúdos e argumentos recebidos prontos, e em enormes quantidades, em seus celulares. Boa parte dispensou a opinião dos especialistas e da mídia, que passaram a ser vistos como fonte de manipulação e hipocrisia.

O que mais me impressionava nesses padrões era a generalidade. O pleito brasileiro guardou semelhanças notáveis com uma onda global de ascensão de novos movimentos de direita, numa janela de tempo relativamente curta. Mesmo aqueles que não venceram eleições passaram de movimentos marginais a atores políticos relevantes em muitos países. A pandemia da covid-19 a partir de 2020 acirrou essas tendências, fazendo proliferar o pensamento conspiratório e a desconfiança na ciência *mainstream* num ritmo inédito no passado recente. Para descrever esses processos emergentes, novos termos foram criados e antigos, resgatados, muitas vezes em descompasso com o entendimento dos próprios atores: populismo, pós-verdade, negacionismo, conspiracionismos, guerra híbrida, entre tantos outros.

Por outro lado, temos a estranha sensação de que não há, no fundo, novidade alguma. Isso também está correto. Afinal, nada do que existe hoje foi criado do zero: são transformações a partir do que já existia. Muitos se apressam em afirmar que a internet não criou a polarização política, os conspiracionismos, a hesitação vacinal ou os distúrbios de saúde mental. Mas dizer isso é apenas dizer o óbvio, pois nenhuma tecnologia jamais foi capaz de inventar realidades. Elas são, fundamentalmente, mídias, ou *mediações*. Enquanto tal, não *causam* nenhum fenômeno, mas introduzem vieses que favorecem certos direcionamentos latentes na sociedade, e não outros.

Para entender como isso se dá, contudo, é preciso deixar de lado a oscilação entre uma visão neutra da tecnologia (ela é só um canal e a fonte real dos problemas é social) e uma visão determinística (ela é capaz de controlar processos sociais). Devemos ser capazes de olhar para os *mesmos* fenômenos – o populismo, a desinformação – e ver *primeiro* as mediações, as infraestruturas. Isso envolve suspendermos os pressupostos lineares das visões determinísticas para vermos as relações no mundo em termos de causalidades circulares ou coemergentes. É essa perspectiva – a da dimensão *técnica* de fenômenos que pensamos ser de ordem política, econômica ou outra – que este livro pretende apresentar, com base em uma trajetória de vinte anos no campo dos estudos sociais da tecnociência. Em última instância, eu poderia até dizer que este livro não é, fundamentalmente, sobre os fenômenos que ele pretende analisar, mas sobre como buscar uma perspectiva mais adequada para melhor entendê-los.

Embora experimental, é uma perspectiva constituída a partir de ideias e autores consolidados dentro e fora das ciências humanas. O enquadramento principal se ancora na obra do antropólogo e ciberneticista Gregory Bateson. Batizado em homenagem a Gregor Mendel por seu pai William Bateson, que redescobriu os manuscritos do frade austríaco sobre a hereditariedade de ervilhas e ajudou a fundar a genética moderna, Bateson talvez tenha sido o último cientista a fazer história natural em pleno século XX. Fluente em campos como evolução, antropologia, etologia, psiquiatria, semiótica, cognição, cibernética e artes visuais, Bateson nunca se inseriu no *establishment* acadêmico e acabou desenvolvendo uma linguagem própria, que chamou de ecologia da mente (Bateson, 1972). É essa intuição integrativa, que também orienta a antropologia "pré-fordista" em autores como Marcel Mauss e Franz Boas, que busco recuperar e atualizar aqui para o contexto contemporâneo.

Essa escolha vem com riscos, pois seu resultado geral não se enquadra na ciência normal acadêmica. Acadêmicos das ciências "duras" acharão minha apropriação de seus conceitos e modelos pouco rigorosa e demasiado abstrata, se não puramente fantasiosa. Já meus pares nas ciências sociais e humanas podem torcer o nariz para uma aplicação tão liberal, a fenômenos humanos, de modelos de sistemas químicos, físicos e matemáticos. Todos aqueles que esperam encontrar neste livro um argumento linear provavelmente ficarão frustrados. Não se trata de falta de lógica, mas de outra lógica – uma lógica não linear, mais próxima à dos fenômenos analisados. Nas páginas que se seguem, o mesmo argumento é feito e refeito, porém nunca exatamente da mesma forma. Isso porque, sob o ponto de vista sistêmico adotado aqui, os processos de digitalização da política e da verdade são – e não são – o *mesmo* fenômeno.

Bateson costumava duvidar se seu público de fato o entendia e, com efeito, muitos autores que trabalham estruturas e sistemas são difíceis de entender – sempre ficamos com a impressão de que deve haver um jeito mais fácil de dizer o que eles apresentam. Esse descompasso vem não apenas de escolhas estilísticas dos autores mas também da lacuna entre mentes – a deles e a do público. Bateson acreditava que ideias não são propriedades individuais, mas padrões que coemergem no nível coletivo. Nesse sentido, as ideias de um livro só se consolidam ao serem completadas por quem o lê. Escrevi estas páginas contando com o interesse das leitoras de seguir as ideias aqui costuradas, ainda que algumas delas possam parecer, inclusive para mim mesma, ainda um pouco obscuras. Não obstante, confio que compartilharão comigo a intuição de que tudo isso se fecha, afinal, em algum lugar.

Uma decisão estilística foi, contrapondo-me a tendências construtivistas, trabalhar ideias de estrutura e sistema por meio de uma linguagem objetiva. Sistemas, tal como serão descritos aqui, têm uma natureza perspectiva, ou seja, podem "assumir diferentes significados conforme a posição que alguém ocupa no [seu] interior" (Nunes, 2022: 26). Porém, não são representações: eles existem de fato, embora o tipo de objetividade pelo qual podem ser apreendidos não seja a mesma da ciência newtoniana. Também há, por trás dessa decisão, uma razão política. Por muito tempo as humanidades deixaram a linguagem da ciência para outros, e agora, como veremos nos capítulos que seguem, ela está em toda parte. O lugar da antropologia vem sendo apropriado por uma ideologia neodarwinista *freestyle* que avança livremente visões equivocadas sobre o humano. Assim como os Bateson – pai e filho – buscaram resgatar Darwin do cabo de guerra entre positivismo e romantismo, precisamos resgatar a antropologia e a teoria da evolução de visões reducionistas sobre o que é natural ou espontâneo no fenômeno humano.

Para tanto, este livro trabalhará a *explicação cibernética*, perspectiva nomeada por Bateson (1972) e que assume, aqui, um sentido mais amplo do que aquele utilizado no senso comum, onde o termo cibernética se associa a computadores e outras tecnologias da informação. Segundo essa perspectiva, o que há em comum entre os públicos analisados pode ser apreendido menos em termos de conteúdos particulares do que de um campo de ressonâncias compartilhado (Connolly, [2005] 2021). Entender essas ressonâncias requer compreender como funcionam as infraestruturas que as sustentam. Meu argumento é que, hoje, as novas mídias favorecem uma dinâmica sistêmica que chamo, com base no antropólogo Victor Turner ([1969] 2013), de *antiestrutural*. A antiestrutura é a antinorma: aquelas camadas marginais, latentes, heterodoxas do sistema numa dada configuração sócio-histórica. Quando o centro organizador dessa configuração entra em crise, a antiestrutura é o que emerge para a superfície, tensionando o sistema como um todo na direção de seus limites estruturais. Como resultado, ele vai se dobrando sobre si mesmo, fazendo os extremos que o delimitavam se tocarem e se recombinarem, invertendo suas hierarquias: o que era marginal vai para o centro, o que estava embaixo vai cima etc. O centro do sistema é assim tensionado de modo que a configuração como um todo vire "do avesso" – num movimento topológico análogo ao que Louis Dumont ([1966] 1997) chamou de *englobamento do contrário*. As novas mídias participam de modo central nessa dialética entre estrutura e antiestrutura de pelo menos duas formas. Ao aumentarem drasticamente a velocidade do fluxo dos sistemas sociotécnicos, elas ajudam a acelerar processos de mudança estrutural que de outro modo teriam acontecido mais lentamente. Essas mudanças envolvem, por um lado, processos de *desintermediação*, ou seja, de desengajamento dos elementos do sistema de sua estrutura normativa anterior. Isso se reflete, por exemplo, no modo como as mídias digitais acirram a desconfiança dos usuários com relação à "grande mídia", aos intelectuais e acadêmicos, às instituições da democracia representativa. Ou então, no modo como os especialistas da ciência biomédica *mainstream* são deslocados pelos "novos peritos" – médicos *influenciadores*, pacientes experts, mídias alternativas – que se popularizaram na internet durante a pandemia da covid-19.

Por outro lado, esses processos não parecem conduzir a uma ruptura linear com o sistema vigente. Devido às causalidades circulares embutidas nas atuais infraestruturas cibernéticas, processos de desintermediação passam a coexistir com formas emergentes de *reintermediação*. É como se a crise e sua resolução, ao invés de se seguirem sequencialmente no tempo, passassem a coexistir de modo não linear. Assim, nessa rápida inversão de ciclo histórico, processos antiestruturais que no mundo pré-digital eram excepcionais – a radicalização política, as teorias da conspiração – vão se difundindo pelo sistema, fazendo proliferar paradoxos e oscilações entre seus extremos. A crise torna-se permanente e sua resolução passa por um duplo processo: por um lado, tentativas de conter um colapso do sistema preexistente e, por outro, disputas existenciais em torno de quem assumirá a vanguarda da mudança. É esse "mundo do avesso" e suas raízes cibernéticas que este livro busca ajudar a desvelar.

INFRAESTRUTURAS CIBERNÉTICAS

A explicação cibernética proposta aqui não é a única possível e não exclui as abordagens de viés mais conjuntural. Mas ela merece atenção por ser, hoje, subexplorada, além de permitir um mesmo enfoque transversal para todos os fenômenos analisados. Ela não é abstrata, mas se ancora na materialidade das novas mídias: um complexo aparato cibernético que vem crescendo silenciosamente, tanto em extensão (ocupando cada vez mais espaços) como em capilaridade (na relação com os usuários). Esse complexo vai, pouco a pouco, se emaranhando com nossas próprias infraestruturas cognitivas: aquelas camadas da experiência humana que escapam da nossa consciência reflexiva, e que Bateson (1972) chamou, com base em Freud ([1900] 2014), de processos primários. É nesse plano que as atuais máquinas cibernéticas foram feitas para nos interpelar – um processo que ganhou fôlego renovado com a crise de 2008 e a plataformização da web (Helmond, 2015) e do próprio capitalismo (Srnicek, 2016).

Documentários recentes como *O dilema das redes* (2020) e *Coded Bias* (2020) denunciaram alguns dos efeitos não pretendidos, porém cada vez mais extensivos e descontrolados, do aparato cibernético montado pela indústria *tech*. Eles fazem um bem-vindo convite para abrirmos as "caixas-pretas" dos algoritmos das grandes plataformas, enfrentando assim nossa profunda alienação técnica com relação a essas infraestruturas. Contudo, o que encontramos ao abri-las não é um controle remoto nas mãos de Mark Zuckerberg, capaz de manipular massas em escalas jamais vistas. Por sua própria natureza cibernética, os algoritmos não controlam os usuários da forma linear com que costumamos pensar relações de causa e efeito. Seus efeitos sociais, além de complexos e até paradoxais, só podem ser visualizados de forma indireta. Consistem, sobretudo, na desestabilização das estruturas que organizavam o ambiente político, científico, legal, midiático durante boa parte do século XX. É nesse sentido que as crises de confiança na democracia, na ciência, na mídia profissional podem ser encaradas como sendo a *mesma* crise. Seus contornos são similares em regiões muito diferentes do globo – um forte indicativo da relevância da dimensão técnica, relativamente independente das conjunturas sociais particulares.

Mas não tratarei aqui apenas dos efeitos desestabilizadores das novas mídias. Se nossas sociedades (ainda) não entraram em colapso, significa que há processos de reestruturação em andamento. Pode ser que parte das contradições esteja sendo reabsorvida pela própria infraestrutura que as produz, permitindo assim que o sistema como um todo vá se reorganizando sem grandes rupturas. Nesse sentido, os capítulos a seguir têm uma via dupla. Por um lado, exploram efeitos de desintermediação, ou seja, de enfraquecimento dos mediadores do sistema de peritos anterior: a mídia pré-digital, os partidos, a academia, a ciência. Por outro, buscam delinear processos emergentes de reintermediação propiciados pelos novos mediadores de base algorítmica. Na segunda parte do livro, cada capítulo abordará esse mesmo processo a partir de dois ângulos: política (polarização e populismo) e verdade (conspiracionismos e ciências alternativas).

Mas será preciso, de início, apresentar a perspectiva que dá acesso a essa dialética de crise e reorganização. Ela costura abordagens sistêmicas e estruturais que compartilham, em alguma medida, a mesma base cibernética a partir da qual foram pensadas e construídas as atuais mídias digitais. Essa base remete à conjuntura histórica do pós-guerra onde coemergiram as tecnologias computacionais, a publicidade de massa, o complexo industrial-militar e as novas teorias da guerra, bem como a doutrina neoliberal que se tornaria hegemônica após o ocaso do modelo fordista-keynesiano nos anos 1970. Neste sentido, a utilidade de retomar as ciências de sistemas para pensar os efeitos da digitalização hoje não vem apenas do fato de elas serem boas teorias para pensar a complexidade. Diz respeito ao modo como os saberes que subjazem à própria indústria *tech* também são tributários desse paradigma.

Além disso, as ciências da não linearidade têm sua relevância renovada, pois nos encontramos em meio a um fluxo de mudança histórica para o qual abordagens mais lineares podem ser insuficientes. Como veremos, em sistemas em crise ou longe do equilíbrio, a tendência é o realce dos extremos e as oscilações e inversões entre eles, até que uma nova ordem seja encontrada no plano global ou holístico. Por isso, os fenômenos em tela se caracterizam por muitas dinâmicas que, do ponto de vista do sistema anterior, parecem contraditórias: a fé inabalável e o ceticismo extremo se combinam no resgate da autoridade do fato objetivo pelas teorias da conspiração; voto de esperança e voto de protesto, moralismo fundamentalista e zoeira niilista fundamentam a promessa messiânica de regeneração do Brasil pelas mãos do "mito" etc.

A explicação cibernética sugere que, quando nos deparamos com um paradoxo, muitas vezes o que precisamos fazer é mudar o nível analítico. Muitos dos casos que analisaremos começam a se desfazer quando direcionamos o olhar para sua infraestrutura técnica. Entende-se, por exemplo, como populistas digitais são especialistas em fazer a energia do oponente trabalhar a seu favor, pois essa é a lógica própria da economia da atenção (Empoli, 2019). O atual ambiente de mídia está eivado desses e de outros paradoxos pois ele desestabiliza os níveis lógicos – os enquadramentos e metaenquadramentos (Bateson, 1972) – que organizavam a experiência no mundo pré-digital: quem é agente e quem é paciente, ação e reação? Tal enunciado é fato ou ficção, original ou cópia? Tal comportamento é espontâneo ou manipulado, público ou privado? A intenção dessa pessoa é autêntica ou espúria? Em quem posso confiar? Essas perplexidades emergem porque categorias fundamentais estão sendo desestabilizadas e reorganizadas de novas formas pela intrusão crescente da lógica da plataformização em nossa vida pessoal e coletiva.

As teorias de sistemas de base termodinâmica indicam que as polaridades em jogo nesses paradoxos não são simétricas (Prigogine e Stengers, 1984). Não apenas há quebra de simetria – um dos polos sempre se coloca como hierarquicamente superior ao outro (Dumont, [1966] 1997) – como, no caso dos públicos analisados aqui, a oscilação implica tentativas de englobamento das estruturas vigentes pelas antiestruturas emergentes. Ao longo de todo o campo de ressonâncias analisado, vemos uma pressão pelo englobamento do público pelo privado, da igualdade pela diferença, do fato pela ficção etc. Os primeiros termos não desaparecem como polos organizadores dos sistemas emergentes, mas seu oposto busca englobá-los numa nova matriz que os tenha como centro. Sugiro aqui que essa é a dinâmica cibernética característica dos públicos antiestruturais do bolsonarismo, das teorias da conspiração e das ciências alternativas, e proponho um modelo topológico inspirado na teoria do caos para descrevê-la.

Argumento, ainda, que o que esses públicos antiestruturais têm em comum é o englobamento de modelos de *reconhecimento universal* por modelos de *reconhecimento bifurcado*. O primeiro representa a norma do Estado democrático de direito, da esfera pública liberal e da "ciência normal" prevalente no contexto pré--neoliberal. O segundo representa indivíduos dentro de comunidades de destino segmentadas, cujas relações são mediadas por lógicas afins à do livre mercado. Em um caso, o reconhecimento é, potencialmente e em norma, universal e público;

no outro, o reconhecimento tem base particularista, sendo conferido apenas aos membros de uma mesma comunidade de destino que se integra, em última instância, pela contraposição a um entorno experimentado como ameaçador e incerto (tipicamente, um inimigo). Como veremos, o reconhecimento bifurcado se aproxima da posição *default* nas culturas humanas que Lévi-Strauss ([1952] 2017) chamou de etnocentrismo. Já o reconhecimento universal é um projeto ocidental atípico que toma a humanidade inteira como grupo de referência do indivíduo. Ele exige, portanto, um trabalho ativo e ininterrupto de composição da diferença enquanto igualdade dentro de um mesmo mundo compartilhado. Esse modelo, base do Novo Testamento, do liberalismo político e da impessoalidade da ciência, apresenta contradições com relação a sua base material capitalista, que tende a acirrar desigualdades e bifurcações.

Assim, se o liberalismo original previa a pacificação social na Europa transpondo a lógica da violência e da guerra para o registro da competição no mercado e da igualdade diante das instituições na democracia representativa, a atual convergência ultraliberal-reacionária[1] prevê a conflagração social ao transpor a lógica da política democrática e da competição no mercado de volta para um registro bifurcado do antagonismo e da guerra (Cesarino, 2021c). Portanto, embora este livro seja sobre tudo menos economia, ele acaba sendo, ao fim e ao cabo, sobre como os públicos antiestruturais emergentes anunciam uma possível torção dialética na configuração neoliberal pós-2008, que

---

1 Alguns autores falam em convergência neoliberal-conservadora (Brown, 2019), mas acredito que a antiestrutura em jogo envolva uma radicalização ainda maior tanto do neoliberalismo (em um ultraliberalismo predatório) como do conservadorismo (em reacionarismo) (Lynch e Cassimiro, 2022).

alguns vêm chamando, provisoriamente, de pós-neoliberalismo (Davies e Gane, 2021), mas que prefiro recuperar pela noção de realismo capitalista de Mark Fisher (2020).

A estrutura de capítulos deste livro reflete o caráter não linear de sua perspectiva e de seu objeto. Ele adota uma topologia fractal, onde o "mesmo" argumento do todo é (re)feito nas partes (capítulos e seções), a partir de ângulos ligeiramente diferentes. Isso significa que, em tese, os capítulos podem ser lidos fora de ordem. Porém, é fortemente recomendada a leitura da Parte I primeiro, para que a leitora, ao passar para o restante do livro, possa experimentar assumir o ponto de vista a partir do qual ele foi escrito.

O primeiro capítulo descreve a perspectiva de sistemas adotada por este livro. Valho-me do papel de Bateson no movimento original da cibernética nos anos 1940 para retomar os princípios básicos e a trajetória histórica desse esforço único de construir uma superciência dos processos de "comando e controle" em animais, humanos e máquinas. Partindo da explicação cibernética, o capítulo se abre para outros campos, conceitos e autores: a filosofia da história de Thomas Kuhn, parte da teoria antropológica clássica, geometria fractal, ciências do caos e da não linearidade, e as estruturas dissipativas de Prigogine e Stengers.

O segundo capítulo inicia a ponte entre esse instrumental metateórico e os sistemas cibernéticos "realmente existentes" hoje, questionando se essas infraestruturas técnicas podem ter uma política embutida em seu design. Descreve, em linhas gerais, sua emergência na interseção histórica entre os campos das tecnologias computacionais, o complexo industrial-militar, o marketing de massa e o neoliberalismo, com ênfase no processo mais recente de plataformização após 2008. Introduz conceitos da literatura sobre novas mídias para sugerir como a arquitetura das plataformas possui vieses técnicos favoráveis à formação dos públicos antiestruturais analisados nos capítulos seguintes.

A segunda metade do livro traz o resultado de pesquisas realizadas desde 2018 em redes online que se formaram e cresceram como públicos antiestruturais: o bolsonarismo político – que irrompeu em 2018 e foi se transformando ao longo do governo Bolsonaro – e os conspiracionismos e ciências alternativas, ou *alt-sciences*, que proliferaram durante a pandemia da covid-19 iniciada em 2020. A aposta metodológica é que a comparação entre esses e outros públicos cuja eficácia social se liga fortemente aos meios digitais permitiria extrair níveis de causalidade associados à materialidade da infraestrutura técnica, diferenciando-os de fatores de ordem mais conjuntural. Ou seja, se esses públicos se comportam de maneira semelhante ainda que tenham conteúdos diferentes, podemos concluir que esse comportamento se deve não apenas à agência dos usuários humanos mas também ao modo como os algoritmos a influenciam.

O terceiro capítulo trata dos efeitos das novas mídias na esfera política, especialmente no chamado populismo. Abordando-o por meio de sua dimensão técnica, reflete sobre se, e como, as plataformas introduzem um viés antiestrutural favorável a esse tipo de comunicação política. Propõe um modelo para pensar sua dinâmica sistêmica enquanto públicos refratados que se formam pela coemergência entre (1) um substrato difuso de usuários comuns, (2) a ação tática de influenciadores organizados e (3) decisões algorítmicas, numa relação contraditória, mas funcionalmente suplementar aos públicos dominantes localizados na internet de superfície.

O último capítulo ressalta a dimensão epistêmica desses processos, discutindo como as novas mídias alteram profundamente as formas de produção da realidade outrora dominantes. À luz de teorias sobre verdade, confiança e cognição, analisa as formas de reintermediação observadas em pesquisas sobre os ecossistemas conspiratórios e das *alt-sciences* que proliferaram no Brasil pandêmico. Sugere que esses públicos seguem uma lógica antiestrutural similar à do bolsonarismo político, porém mediada de modo mais explícito por dinâmicas de base mercadológica.

A conclusão traz breves reflexões sobre como um tema que acabou ficando de fora da versão final do livro – o realismo capitalista (Fisher, 2020) – revelou ser, por fim, seu ponto de chegada. Sugere que é nesse nível integrativo global que encontraremos as pistas mais férteis para vislumbrar os novos horizontes de reorganização que apenas começam a se delinear no crepúsculo histórico – ou alvorada? – à nossa frente.

PARTE 1

1. SISTEMAS DINÂMICOS E A PERSPECTIVA CIBERNÉTICA

Certa vez, após fazer uma fala sobre conspiracionismos para uma plateia de acadêmicos, um deles me questionou: "Mas onde estão esses sistemas? Você falou tanto deles aqui, mas não consigo vê-los". Ele estava certo na forma de colocar a questão: trata-se de conseguir *vê-los* – ou não. Via de regra, no Ocidente aprendemos a ver o mundo segundo uma visão linear e determinista. Já as perspectivas de viés sistêmico, embora sempre estivessem presentes na história moderna, tendem a ocupar posições marginais. No senso comum, o termo "sistema" denota algo diferente do que trarei aqui. Sistemas políticos, jurídico-legais e até o sistema capitalista referem-se a elementos de conjuntura histórica: fenômenos que existem hoje, mas que não existiam antes e que, um dia, deixarão de existir. Quando falo de sistemas neste livro, refiro-me a esses mesmos fenômenos, porém vistos a partir de *outra* dimensão do real, que busca extrair aquilo que, neles, seria trans-histórico: uma dinâmica ou modo de funcionamento comum. Essa dinâmica não apenas perpassa os diferentes domínios pelos quais organizamos os sistemas sociais (a política, a religião, a economia) como orienta a operação de muitos sistemas que, no Ocidente, atribuímos à natureza.

    Hoje, fala-se muito em superar dicotomias entre corpo e alma, ou natureza e cultura. Isso reflete uma intuição de que epistemologias lineares e determinísticas estão perdendo eficácia. Há, porém, algumas ressalvas que buscaremos contornar.

    Em primeiro lugar, as pressões pela superação do arranjo "cartesiano" nem sempre vêm de onde desejamos ou romantizamos. Na prática, tendem a vir menos de fora (por exemplo, ontologias indígenas) do que de *dentro* desse arranjo, por suas próprias contradições. Além disso, o problema não são as dicotomias em si. Binarismos são base de qualquer processo de pensamento e ação, pois delimitam os extremos da experiência possível. Processos de crise e transição histórica não envolvem descartar binarismos, mas rearticulá-los de novas formas. Finalmente, não é possível deixar de pensar cartesianamente apenas por um ímpeto da vontade individual. Deve envolver uma transposição para *outros* paradigmas, que, enquanto tais, são sempre coletivos e absorvidos de modo habitual ou pré-consciente (Kuhn, [1962] 2020).

Para contornar essas dificuldades, este capítulo propõe uma forma de *ver* os sistemas no mundo. Trata-se de vê-los (ou não), pois sistemas não são interpretações de uma realidade de outra ordem. Eles existem concretamente: eu sou um sistema cibernético individuado, você também, assim como o computador no qual eu escrevo e todo agente cujo comportamento envolva propósito e aprendizado na interação com o ambiente. Esse não é, contudo, um exercício em positivismo. Embora costumem ser visualizados por meio de modelos, sistemas não são apreensíveis a partir de um ponto de vista externo e neutro – o que Haraway ([1988] 1995) chamou de o "truque de Deus" da ideologia cientificista. É uma perspectiva que só pode ser acionada de forma situada, pois não apenas toda observadora é, também ela, um sistema cibernético, como a contemplação dos sistemas com os quais ela coemerge sempre implica algum tipo de intervenção em seu campo de operação (Hacking, [1983] 2012).

Reconheço as dificuldades envolvidas nesse esforço, pois não é possível explicar o que é essa perspectiva num sentido representacional – como eu tentei fazer ao professor naquela ocasião. É preciso que a leitora seja ela mesma capaz de olhar para o *mesmo* mundo e, ao modo de uma troca de

Gestalt, vê-lo de *outra* forma: enquanto uma composição complexa e não linear de sistemas dinâmicos. Mesmo sem alcançar essa troca de perspectiva, as leitoras ainda poderão aproveitar as análises sobre política populista, conspiracionismos e outros temas discutidos aqui. Mas talvez não cheguem ao núcleo dos argumentos deste livro, que buscam visibilizar aquilo que, nestes fenômenos, é de ordem infraestrutural e sistêmica. Portanto, este capítulo inicial é essencial para começar a mover a perspectiva das leitoras na direção do enquadramento a partir do qual o restante do livro foi escrito.

GREGORY BATESON E A EXPLICAÇÃO CIBERNÉTICA

Se este livro tem alguma contribuição para acrescentar aos inúmeros debates sobre populismo, pós-verdade, neoliberalismo e afins, ela provém menos do conteúdo desses fenômenos do que da perspectiva alternativa que ele propõe. Análises de ordem conjuntural podem ser encontradas nos excelentes trabalhos de outros colegas, e nos quais eu tive, inclusive, a vantagem de me apoiar nos capítulos que seguem. Minha direção analítica, por outro lado, busca visibilizar as infraestruturas que sustentam uma dinâmica transversal a todos esses fenômenos e que, portanto, superam suas conjunturas particulares. É possível acessar essa perspectiva a partir de várias entradas. Neste livro, optei por fazê-lo principalmente por meio da obra de Gregory Bateson.

A proposta da ecologia da mente de Bateson (1972), embora única, se sobrepõe a diversas outras em campos acadêmicos e não acadêmicos. Além das outras linhas da cibernética, teorias de sistemas, teoria da informação e afins (em nomes como Norbert Wiener, Humberto Maturana ou Niklas Luhmann), podemos citar como abordagens adjacentes o materialismo histórico-dialético, o estruturalismo e pós-estruturalismos, a psicanálise (especialmente lacaniana), as linhas kuhnianas nos Estudos Sociais da Ciência e Tecnologia (CTS), elaborações da teoria do caos dentro e fora das ciências humanas, a metafísica budista, entre outros. Leitoras já familiarizadas com essas perspectivas provavelmente partirão de um patamar mais próximo ao que quero chegar aqui.

Escolhi Bateson não apenas por ele ser, como eu, antropólogo, mas também por seu "pedigree" enquanto membro do movimento original da cibernética nos anos 1940. Junto com sua então esposa, Margaret Mead, foram os únicos representantes das ciências sociais nas chamadas Conferências Macy – sendo Mead a única cientista mulher. Além disso, a biografia de Bateson lhe permitiu uma fluência rara entre as ciências sociais e naturais da época. Filho de um dos fundadores da genética moderna, ele foi treinado nas duas principais tradições antropológicas do início do século XX: a britânica, que privilegiava estruturas sociais, e a americana, que privilegiava a cultura a partir do ponto de vista integrativo dos chamados quatro campos (*four fields*). Finalmente, Bateson (1972) ofereceu uma formulação elegante da diferença entre a perspectiva epistêmica dominante no Ocidente (que chamou de explicação positiva) e a perspectiva centrada nos sistemas dinâmicos (que chamou de explicação negativa, ou cibernética).

Grosso modo, enquanto a explicação positiva busca relações de causalidade linear entre agentes preexistentes, a perspectiva cibernética atenta para padrões de coemergência de agências em um mesmo campo dinâmico de complexidade, regido por causalidades recursivas que Hacking (1995) chamou de *looping effects*, ou efeitos de retroalimentação. No mesmo sentido, a topologia espaço-temporal é concebida em termos não lineares e multiescalares, diferentemente da geometria plana ou euclidiana que organiza a experiência do senso comum. Essas dinâmicas são transversais a domínios que tratamos de forma separada na modernidade: natureza e cultura, mente e ambiente, micro e macro. Em última instância, elas perfazem a operação de sistemas tanto naturais como sociais.

Embora as perspectivas positiva e negativa sejam diferentes, elas existem como duas faces da mesma moeda do real. O que podemos fazer é treinar nosso olhar para, ao mirar o mesmo fenômeno, ver *primeiro* o sistema – ou seja, vislumbrar o conteúdo conjuntural *através* das relações que o in-formam, ou que lhe dão forma. Nos capítulos a seguir daremos vários exemplos. Neste momento inicial, cabe notar que uma perspectiva não é superior à outra. Porém, a explicação positiva funciona melhor em contextos de linearidade, ou seja, de estabilidade das estruturas sócio-históricas vigentes – por exemplo, as categorias desenvolvidas pela ciência política para entender a política brasileira até 2013.

Por outro lado, quando operam fatores de desestabilização como as novas mídias, abrem-se contextos de liminaridade (Turner, [1969] 2013). Nessas situações, os sistemas realçam comportamentos não lineares, e as categorias da explicação positiva podem não funcionar tão bem por terem sido desenvolvidas tendo como base as estruturas que, justamente, estão em crise. Nesses casos, a explicação negativa tem vantagens na identificação de fenômenos emergentes – ou seja, que não seguem mais a lógica estrutural anterior, mas ainda não se reestabilizaram num novo patamar. Esse é o sentido da passagem clássica de Antonio Gramsci mobilizada por muitas análises contemporâneas (Fraser, 2020): "A crise consiste precisamente no fato de que o velho está morrendo e o novo ainda não pode nascer. Nesse interregno, uma grande variedade de sintomas mórbidos aparece".

Diferente da explicação positiva, que trabalha com noções lineares de causa e efeito e separação entre agente e ambiente, a explicação cibernética parte da probabilidade e da teoria da informação, e trabalha com noções de causalidades coemergentes e recursivas. Essa diferença costuma ser ilustrada, inclusive por Bateson (1972), pelo exemplo de um jogo de bilhar. Numa sala com uma mesa de bilhar, um jogador bate na bola branca com o taco, e esta bate na bola colorida, que segue uma trajetória reta até a caçapa. Assim como o pêndulo na física newtoniana, este é um sistema que se apresenta como linear. É possível ao observador diferenciar de forma clara causa e efeito, agente e paciente: a força do jogador move o taco, que empurra a bola e faz com que ela siga uma trajetória linear até o ponto pretendido. Trata-se de um sistema cibernético eficaz, onde todos os elementos estão no devido lugar para a consecução do propósito pretendido (encaçapar a bola), com baixíssima probabilidade de erro – ou, nos termos de Latour e Woolgar ([1979] 1997), baixíssima equiprobabilidade. Todos os objetos (e sujeitos) desse sistema contam com o design apropriado para cumprir sua respectiva função na consecução de um propósito comum ao "todo": as bolas redondíssimas e lisas, a mesa perfeitamente plana, o taco reto com a ponta polida, o jogador habilidoso que desenvolveu sua expertise nesse mesmo ambiente ao longo de anos, a audiência que observa em silêncio e admiração – tudo delimitado por paredes separando aquela sala de um entorno muito mais caótico.

Esse exemplo pode dar a entender que sistemas cibernéticos são apenas materiais. Mas o mesmo pode ser dito de algo aparentemente mais abstrato: a linguagem. John Austin ([1962] 1990) propôs a noção do *performativo* para delimitar os enunciados que não descrevem o mundo tal como ele já se apresenta, mas produzem realidades no ato mesmo de serem expressos. Seu valor de verdade se liga ao contexto da enunciação, onde os elementos certos devem estar presentes para que ele seja eficaz. Um exemplo trazido por Austin é um casamento, quando o padre, ao dizer "eu vos declaro marido e mulher", está realizando o ato de casá-los. Para que esse enunciado gere o resultado pretendido, as condições de felicidade adequadas ao ritual precisam estar presentes: o padre deve ser mesmo um padre, e não um charlatão; as leis do país devem reconhecer o casamento católico; os noivos devem ser solteiros etc.

Contextos altamente ritualizados, como o jogo de bilhar e a cerimônia de casamento, são, contudo, excepcionais, diferentes da maioria das situações da vida cotidiana. Estas são bem mais dinâmicas, não lineares e imprevisíveis. Assim como o laboratório científico descrito na etnografia de Latour e Woolgar ([1979] 1997), o jogo e o casamento se desenrolam em ambientes artificiais onde boa parte das variáveis são controladas. Basta uma alteração imprevista em uma delas para percebermos isso: durante o jogo, se bate um vento forte pela janela, ou o pé da mesa quebra, ou alguém dá um grito na sala, o sistema se desestabiliza e a trajetória da bola se tornará imprevisível, ficando mais difícil discernir causa e efeito. Caso se descubra que o padre na verdade nunca foi ordenado pela Igreja, o casamento se tornará inválido e uma pequena crise se instalará. Se alguém entra à noite no laboratório e troca as etiquetas dos tubos de ensaio, todo o trabalho feito até então com os experimentos será desperdiçado, pois a "cadeia de inscrição" necessária à purificação do fato científico terá sido rompida.

Se estendermos isso para as relações cotidianas no mundo real, teremos a predominância de sistemas não lineares. Aqui, ainda temos os mesmos agentes cibernéticos (organismos e máquinas) atuando. Porém, eles devem constantemente ajustar seu comportamento ao ambiente e entre si, em interações cujos resultados são bem menos previsíveis e as causalidades, menos lineares. O surpreendente é que, ainda assim, se obtém algum tipo de ordem – salvo em situações raras de catástrofe extrema, o comportamento dos agentes não é totalmente aleatório. Não se trata da ordem estável e previsível dos sistemas lineares newtonianos, mas da ordem emergente e não linear dos sistemas dinâmicos. Desde Heráclito, passando por Poincaré, Hegel e outros, a metafísica ocidental tem buscado entender essa curiosa união entre estrutura e contingência, determinismo e não determinismo. Nos anos 1940, a cibernética ofereceu uma proposta forte neste sentido, que viria a influenciar os rumos da sociedade global no século XX.

CIBERNÉTICA E O ALINHAMENTO MÁQUINA-ANIMAL-HUMANO

O sentido comum do termo "cibernética" não é de todo equivocado. A visão original da cibernética de fato fundou os parâmetros elementares do complexo industrial-militar a partir do qual emergiu a atual indústria *tech*. Assim, além de constituir uma entrada para o campo mais vasto e complexo das ciências de sistemas que discutiremos neste capítulo, a cibernética também lança luz sobre nossa relação com essas infraestruturas digitais.

Muito já foi dito sobre as Conferências Macy, seus principais personagens e desdobramentos – a leitora interessada em aprofundar o tema pode buscar essas referências (Mirowski, 2006; Chaney, 2017; Medina, 2014). Esta seção traz uma breve recapitulação da ideia geral do movimento, sua fragmentação ao longo das décadas e o que poderíamos chamar da "cibernética realmente existente" – o modo como essas ideias se desdobraram na prática ao longo do século XX, não necessariamente em continuidade com as ideias de seus formuladores originais.

Cibernética foi o termo escolhido pelo matemático estadunidense Norbert Wiener (1948) para batizar a nova "super ciência" cujo objetivo era buscar "os elementos comuns no funcionamento de máquinas automáticas e no sistema nervoso humano, e desenvolver uma teoria capaz de cobrir todo o campo da comunicação e controle em máquinas e organismos vivos" (Wiener, 1948: 14). Ele vem do grego *kubernetes*, tem a mesma raiz do termo "governo", e originalmente significa condutor de uma embarcação. A metáfora ilustra um sistema cibernético simples. O conjunto embarcação + piloto se individua enquanto sistema, que tem no mar seu ambiente (formado por outros sistemas – atmosféricos, orgânicos etc.). O piloto tem um propósito: fazer com que a embarcação siga numa certa direção. Para tanto, ele deve perceber corretamente as perturbações do ambiente e, com base nessas informações (input), responder corretamente (output), de modo a manter a linearidade de seu trajeto. Esse ajuste se dá via *feedback loops* (alças de retroalimentação): causalidades circulares que medeiam a relação, ou adaptação dinâmica, entre o sistema e seu entorno. Num circuito cibernético, outputs retornam ao sistema como inputs e o aprendizado gerado passa a um plano pré--consciente – torna-se a "segunda natureza" do piloto.[1]

Essa dinâmica subjaz ao funcionamento de todos os sistemas vivos. Fundamenta, por exemplo, o mecanismo da seleção natural descrito por Darwin ([1859] 2018) em *A origem das espécies*, além da cognição individual de seus membros na relação com o ambiente. Tudo o que fazemos se orienta por esses princípios, ainda que nem sempre o percebamos – no mais das vezes, o aprendizado já ocorreu e tornou-se hábito. Um exemplo clássico da cibernética é uma pessoa que alcança e bebe de um copo (Rosenblueth, Wiener e Bigelow, 1943). Experimentamos essa ação como um comportamento automático, linear e de baixíssima equiprobabilidade – nem cogitamos que dê errado, afinal, já a realizamos tantas vezes. Mas essa ação é uma técnica e, enquanto tal, foi originalmente aprendida.

Esse esquecimento está previsto – ao dominarmos a técnica, fechamos essa "caixa-preta" e podemos assim "abrir" nossa atenção em outras frentes, como conversar com alguém ou ler um livro enquanto bebemos. Porém, quando éramos bebês, a

---

[1] Na antropologia, cf. *habitus* de Marcel Mauss ([1934] 2018), além de Boas ([1889] 1999) e Geertz ([1973] 1981), e o campo mais recente da técnica e aprendizagem (Lave e Wenger, 1991; Ingold, 2010).

ação de beber de um copo era composta de movimentos oscilatórios que, no mais das vezes, não alcançava o objetivo. Foi com o treinamento e a encorporação (*embodiment*)[2] dessa técnica que o comportamento passou a ser praticamente inato (na prática, não temos como "desaprender" a beber de um copo). Todavia, as oscilações *ainda estão lá*, ainda que reduzidas a ponto de se tornarem imperceptíveis. Tanto que, quando nosso sistema de controle sofre algum prejuízo – batemos a cabeça ou ingerimos álcool ou outras drogas –, as oscilações podem retornar.

Esse exemplo evidencia o núcleo do paradigma cibernético, que o diferencia da dinâmica newtoniana: o que garante a performance do sistema é a *causalidade circular* processando a informação de modo contínuo e inconsciente pelo circuito sujeito--copo *como um todo* – os feedbacks positivos e negativos. A pessoa que bebe do copo

> é, do início ao fim, governada por informação, por feedback, que diz a ela como está se saindo [...] Se sua mão sai fora do trajeto, muito à direita, essa informação é processada como feedback negativo, e uma correção é feita. Sua mão então se move para a esquerda. Se a correção sobrecompensa e sua mão desvia demais para a esquerda, um ajuste para a direita é feito, e assim subsequentemente, até que o comportamento seja concluído e o propósito, alcançado. A coordenação cérebro-braço opera de modo tão eficiente que as correções são mínimas, quase inexistentes. Mas os círculos ainda estão lá, ainda que apenas nos dados sensoriais que rodam continuamente pelo circuito. (Chaney, 2017: 65)

O mesmo acontecia com a artilharia antiaérea estudada por Wiener e outros membros do grupo de Macy: um desvio excessivo

2 Cf. Viveiros de Castro (1996).

numa direção podia levar a um desvio pior na outra direção e, assim, a "oscilações cada vez maiores" (: 65). Citei essa passagem pois os capítulos seguintes irão sugerir que as polarizações – o realce de extremos e oscilação entre eles – observadas no atual ambiente midiático são sinais desse tipo de instabilidade sistêmica. Esses princípios orientam sistemas não apenas vivos mas também maquínicos, como mísseis ou termostatos. As máquinas cibernéticas são produto da Revolução Industrial, quando apareceram os primeiros dispositivos a operarem em circuito fechado, recebendo informações do ambiente e ajustando seu comportamento. Uma precursora foi a máquina a vapor, que, como Marx e outros mostraram, mudou a história global ao propiciar um ganho em escala energética e de mobilidade sem precedentes. O artefato construído por James Watt ainda precisava da intervenção humana para ajuste da quantidade de carvão e demais controles. Mas sensores como termômetros e manômetros logo passaram a automatizar essas funções, inaugurando a mecanização do trabalho responsável pelos avanços – e contradições – do capitalismo industrial e seus desdobramentos, como a atual economia da atenção.

Mas foi nos anos Estados Unidos dos anos 1940 que emergiu um esforço mais sistemático para aprofundar as analogias entre o funcionamento de organismos vivos e máquinas. Começando em 1941, a Fundação Josiah Macy Jr. financiou uma série de encontros entre grandes cientistas nos Estados Unidos, muitos dos quais recém-chegados de uma Europa em guerra. Sob a liderança de Wiener, lançaram-se num esforço coletivo e inédito de construir uma metaciência dos processos de "comunicação e controle no animal e na máquina" (Wiener, [1948] 2017).

A antropologia de Wiener ia, portanto, menos no sentido humanista do iluminismo, focada na autonomia do sujeito, do que no sentido daquilo que seu comportamento e cognição teriam em comum com outros animais e máquinas. Num artigo seminal, Peter Galison (1994) mostrou, ainda, como a ontologia do humano subjacente à cibernética de Wiener se ancorava numa visão do inimigo de guerra enquanto servomecanismo, ou seja, enquanto dotado de comportamento maquínico desprovido de interioridade subjetiva e moral. Esse princípio "invertido" segue fundamentando a arquitetura das atuais mídias digitais e é central para compreender seus efeitos sociais.

Esse movimento pela construção de um saber transversal ao divisor humano-animal-máquina foi protagonizado por especialistas das ciências "duras", como medicina, engenharias, matemática e teoria da informação. Os principais representantes das ciências humanas no grupo original eram antropólogos: justamente Gregory Bateson e Margaret Mead. O ousado experimento não durou muito em sua forma original: o grupo pioneiro, que foi incorporando novos membros ao longo das edições da conferência, com o tempo se fragmentou em linhas distintas. Uma das cisões se deu em torno da ênfase em máquinas versus organismos vivos. Muitos enveredaram para a pesquisa tecnológica, apoiada por volumoso financiamento governamental e industrial durante o esforço de guerra e, depois, a Guerra Fria. Essa via, ligada à teoria da informação, acabou chegando ao computador analógico e, depois, às tecnologias digitais, influenciando inclusive o deslocamento da teoria econômica para a direção neoliberal hoje dominante (Mirowski, 2006).

A outra linha seguiu com o interesse pelo que Darwin chamou de teia da vida ou, na expressão de Bateson (1972), o "padrão que conecta" todos os organismos vivos. Aos poucos convergiu com universos mais familiares à antropologia, como a autopoiese dos biólogos chilenos Maturana e Varela ou a teoria de Gaia de Lovelock e Margulis (Thompson, [1988] 2014). Enquanto a primeira vertente se ligou à *big science* e à indústria *tech*, a segunda se aproximou de epistemologias não científicas e não ocidentais, como o movimento contracultural dos anos

1960 e a metafísica budista (Macy, 1991; Chaney, 2017). É possível que, hoje, as duas possam se reaproximar, porém num contexto distinto daquele que marcou sua origem comum.

O estudo antropológico das infraestruturas digitais poderia se beneficiar de uma reaproximação entre a cibernética das máquinas e da vida, diante da coprodução cada vez mais intensiva entre agentes humanos e algorítmicos. Uma antropologia que reintegre os "quatro campos" – cultura, linguagem, materialidade técnica e cognição encorporada (*embodied*) – está implicada no próprio sentido do termo *digital*. Como notou Boellstroff (2012), a etimologia do termo se refere não apenas ao binarismo estático da linguagem dos computadores (zero e um), mas ao desenvolvimento dos dedos por bifurcações emergentes, orientadas por princípios formais embutidos no próprio "design" do organismo. É assim que podemos, acredito, reler o sentido dialético que Horst e Miller (2012) associam à estrutura do digital (Cesarino, 2021a).

Em larga medida, a teoria antropológica já opera numa camada analítica próxima à da cibernética. Muitas descobertas da etnografia clássica descrevem padrões transversais ao conjunto das culturas humanas – e que, enquanto tal, também remetem à explicação negativa. É nesse sentido que noções de ritual, tabu, liminaridade, segmentaridade, cismogênese, mímese, dupla torção, pessoa fractal, englobamento do contrário e outras, originalmente desenvolvidas para a compreensão de sociedades não modernas, podem ser produtivamente acionadas para iluminar alguns dos temas a serem abordados nos capítulos seguintes (Cesarino, 2019a, 2020b; Luhrmann, 2016; Mazzarella, 2017).

Meu recurso à etnografia de povos não modernos diverge contudo da alegação – por vezes ventilada por comentadores de viés liberal, como no próprio filme *O dilema das redes* – de que a plataformização estaria "tribalizando" as sociedades democráticas. Tribalismo é um tipo de orientalismo (Said,

[1978] 2007) que não condiz com a realidade histórica dos povos não ocidentais: um nome que os ocidentais dão a projeções de seus próprios lados obscuros nos outros. O problema da violência política que hoje enfrentamos é, por assim dizer, exclusivamente nosso. As analogias trazidas aqui remetem, portanto, não a esses povos "em si", mas àquilo que podemos aferir a partir das objetivações registradas em etnografias feitas por antropólogos que vieram antes de mim (Wagner, [1975] 2017).

Mais especificamente, interessa-me explorar a hipótese de que a coprodução cada vez mais intensiva e extensiva entre cognição maquínica e humana possa estar levando a um alinhamento no sentido de uma "redução" da última, mais complexa, à primeira, menos complexa. Justamente porque a biologia do *Homo sapiens* é tão subdeterminada, plástica e dependente das externalizações que os antropólogos chamam de cultura ou técnica – e outros como McLuhan ou Kittler, de mídia –, ela estaria disponível para ser moldada pela interação com os sistemas algorítmicos. Não por acaso, os efeitos desse alinhamento nos populismos e conspiracionismos parecem próximos do que a sensibilidade liberal remete ao domínio da animalidade (Ingold, 1995): irracional, afetivo, instintivo, gregário, mimético etc. Por outro lado, como veremos, o alinhamento humano-animal não é um problema para os saberes e técnicas da indústria *tech* – pelo contrário, é um dos seus principais pilares.

Finalmente, a cibernética deve ser vista em articulação com outros movimentos igualmente centrais à trajetória das sociedades ocidentais ao longo do século xx. *Grosso modo*, esse nexo histórico envolve uma composição entre a cibernética e as tecnologias computacionais, a emergência de públicos de massa e de formas de geri-los com base no conhecimento sobre a psique humana (Mazzarella, 2017); a evolução na teoria militar, que expande o escopo da guerra para o "terreno humano" (Osinga, 2007; Leirner, 2020); e a doutrina neoliberal que, especialmente em sua linha hayekiana, fez convergir livre mercado e moralidade tradicional, propondo um "social" desagregado em indivíduos e famílias, cuja ordem emergente se baseia em princípios da cibernética e da teoria da informação (Mirowski, 2006, 2019; Halpern, 2022). Em vários momentos, Bateson antecipou a possibilidade de captura do conhecimento produzido pela cibernética pelo que o presidente estadunidense Dwight Eisenhower chamou de complexo industrial-militar, e atentou para as contradições e ameaças disso para as sociedades democráticas. É significativo que muitas teorias da conspiração vigentes, como as que versam sobre uma Nova Ordem Mundial, chips 5G e afins, intuam formas cibernéticas de controle. Mas, como toda gramática conspiracionista, elas apontam causalidades simplificadoras e imaginárias – a realidade é muito mais complexa, e muito mais mundana, do que propõem essas narrativas. Sugeriremos como o mosaico que faz convergir cibernética, indústria *tech*, marketing de massa, novas teorias da guerra e a convergência ultraliberal-reacionária é central para entender as novas fronteiras da (re)articulação entre verdade e política. Antes de prosseguir, contudo, é preciso complementar a cibernética clássica com formulações de outros campos do conhecimento, para compor um quadro mais completo de como operam sistemas dinâmicos não lineares.

A ESTRUTURA DA HISTÓRIA

Antes e depois da cibernética, muitas teorias dentro e fora das ciências humanas buscaram elucidar o modo de operação geral dos sistemas, ainda que usando outros termos. Na antropologia do pós-guerra, por exemplo, o termo *estrutura* foi tão utilizado quanto a ideia de sistema – ou até mais –, para fins semelhantes. De modo geral, o estruturalismo enfatiza a análise sincrônica dos sistemas, ou como eles funcionam num momento determinado. Nesta seção, trataremos da dinâmica diacrônica dos sistemas – ou seja, sua mudança ao longo do tempo. Um modelo elegante e influente que buscou descrever essa dinâmica, também empregando o termo estrutura, foi oferecido pelo físico e filósofo da ciência Thomas Kuhn.

Não é exagero dizer que, em 1961, Kuhn ([1962] 2020) revolucionou a epistemologia e os estudos da tecnociência com a publicação de *A estrutura das revoluções científicas*. Seu impacto teve um alcance muito além da academia. Junto com Michel Polanyi, Karl Popper e outros, por exemplo, influenciou o pensamento do coronel John Boyd sobre a guerra não linear (Osinga, 2007). Hoje, termos como "quebra de paradigma" são utilizados pelo senso comum, inclusive nas *alt-sciences*, no terraplanismo, no olavismo ou em práticas neoliberais como *coaching*. Previsivelmente, são utilizados ali de forma parcial e reducionista, totalmente fora do enquadramento proposto pelo autor.

Em *A estrutura das revoluções científicas*, Kuhn teceu uma crítica não à ciência em si, mas à ideologia cientificista que afirma seu desenvolvimento linear, rumo a uma verdade única e universal situada fora da história e das relações sociotécnicas. O estudo das ciências na prática evidencia outros padrões. O acesso ao real nunca se dá de forma direta, como sugere a metáfora da descoberta científica (e as teorias da conspiração): ou seja, no sentido de que o real já está dado, basta retirar algum tipo de "véu" de engano. Nas ciências como na cognição humana, o acesso ao real se dá de forma contraditória: pela via de mediações tanto simbólicas (enquadramentos metateóricos) como materiais (práticas, artefatos etc.) que, no movimento mesmo em que buscam contemplá-lo, nele intervêm (Hacking, [1983] 2012). Como consequência, o desenvolvimento da ciência se dá não de forma eternamente linear e progressiva, mas pontuado por momentos de ruptura e reorganização.

Quando visto sob uma perspectiva sistêmica ou *global* (e não local, dos atores individuais), o desenvolvimento das ciências assume uma forma espiralada, alternando entre dois tipos de dinâmica: uma cumulativa, que estabelece patamares estáveis para mudanças incrementais organizadas na mesma direção; e outra liminar ou de crise, onde é esse patamar mais fundamental que está, em si, em processo de mudança, não havendo condições para mudança cumulativa ou progressiva. Essa alternância entre linearidade, crise e reorganização ecoa outros modelos de dinâmicas coletivas e individuais, na cultura e na natureza, como os propostos por Lévi-Strauss ([1952] 2017), Jean Piaget (1976), Prigogine e Stengers (1984), Turner ([1969] 2013) e o próprio materialismo histórico-dialético.

Assim, segundo Kuhn, durante boa parte do tempo opera o que ele chamou da *ciência normal* (e Lévi-Strauss, de história cumulativa, ou Piaget, de assimilação): uma prática eficaz de produção de fatos consolidada dentro de um paradigma compartilhado. O paradigma não é (apenas) um enquadramento mental individual, mas é todo um conjunto de práticas coletivas que são reproduzidas de forma "tradicional" (o termo é meu) por uma certa comunidade científica através de sua pedagogia, seus modelos e seus manuais. Eu acrescentaria o processo de revisão por pares, normas éticas, entre outros procedimentos neguentrópicos (Latour e Woolgar, [1979] 1997) que se consolidaram ao longo do século XX. É, portanto, a existência de um consenso minimamente estável da comunidade em torno de um paradigma comum que permite que o conhecimento seja capaz de evoluir em sua relação com o entorno – no caso, o mundo natural.

Na ciência normal, os cientistas operam a partir de fundamentos comuns com os quais eles não precisam se preocupar, e que orientam de forma tácita (Polanyi, 2010) sua prática. Esses fundamentos – o paradigma – são análogos ao que Piaget chamou, no plano da cognição individual, de esquema:

eles definem a própria tessitura do real, os elementos básicos dos quais ele é feito. O que permite o avanço do conhecimento é, assim, a *confiança* da comunidade de cientistas no paradigma, que conforma a experiência de trabalharem em simultaneidade, ou seja, em um *mundo comum*. É, portanto, na medida em que a ciência normal opera *dentro e a partir* do pano de fundo de um paradigma compartilhado e estável que ela é capaz de assumir um caráter cumulativo e linear, como no exemplo do jogo de bilhar. É apenas a partir desse pano de fundo convencional que a invenção (Wagner, [1975] 2017) – o fato científico novo e eficaz – pode ser produzida.

A ciência normal não pode, porém, se desenrolar *ad infinitum*, pois é próprio de qualquer dinâmica sistêmica cumulativa chegar a um limiar de exaustão – como na morte de um organismo, ou no colapso de um bloco histórico hegemônico. Nos termos de Kuhn, é a própria dinâmica de funcionamento do paradigma, marcada pela rigidez de suas convenções, que acaba fazendo com que ele chegue a seu limite e perca eficácia enquanto base para a ciência normal. Isso ocorre porque nenhum paradigma, por melhor que seja, é capaz de esgotar *completamente* o real – como qualquer enquadramento cognitivo ou linguístico, ele tem sempre um grau de incompletude. Nos termos de Luhmann ([1984] 2016), o modo como os sistemas se apropriam de seu entorno implica sempre a realização de seleções ou incisões no real: o mesmo movimento pelo qual o real é apreendido (no caso, pelo paradigma) por meio de seus códigos faz com que parte desse real seja necessariamente deixado de fora.

São esses resíduos, sistematicamente excluídos do processo incremental vigente, que vão se acumulando ao longo do tempo e, mais à frente, voltarão na forma do que Kuhn chamou de anomalias. A proliferação de anomalias instaura uma crise com a qual os parâmetros vigentes não são mais capazes de lidar. Torna-se necessária uma adaptação estrutural do próprio paradigma – a depender do grau de crise, sua reorganização completa – para que o processo da ciência normal possa ser retomado, agora em novas bases. Nos termos de Piaget, não sendo mais possível a assimilação do ambiente no esquema vigente, ocorre um processo de acomodação do sistema como um todo em torno de um novo esquema. Nos termos de Kuhn, uma mudança de paradigma (*paradigm shift*).

A influência de Piaget sobre Kuhn reforça a ideia de que essa dinâmica, em suas linhas gerais, é constitutiva de qualquer sistema vivo, em qualquer escala. Além da psicologia do desenvolvimento segundo Piaget, ela ocorre no desenvolvimento embriológico, que também procede pela alternância entre bifurcação e linearidade (Prigogine e Stengers, 1984: 171). É possível entrevê-la, de formas mais sutis, também na cognição de adultos. Enquanto organismos vivos, também operamos de forma linear e cumulativa durante apenas parte do tempo. Precisamos, por exemplo, parar periodicamente para "recarregar as baterias": descansar, fazer uma pausa para um café ou algum outro pequeno ritual depois do qual nos sentimos prontos para retomar a rotina. Nossas atividades cotidianas também acumulam "resíduos" que são, literalmente, removidos num bom banho no fim do dia. Depois de atividades mais prolongadas, precisamos, finalmente, desligar totalmente e dormir: um período em que não apenas nosso corpo se renova mas também nossa psique se reorganiza, como bem entendeu Freud ([1900] 2014), através dos sonhos.

Na mesma época que Kuhn, a antropóloga britânica Mary Douglas ([1966] 2010) avançou proposições similares numa obra bastante original. Em *Pureza e perigo*, ela sugeriu que todas as culturas humanas operam rituais periódicos de higiene tanto simbólica como material, que não podem ser reduzidos a explicações de determinismo médico. Partindo da suposição de que "onde há sujeira, há sistema" (: 50), ela argumentou que padrões classificatórios com base em códigos de pureza e impureza fazem parte da dinâmica própria de estruturação das sociedades, nos níveis tanto coletivo como individual, do corpo físico à linguagem abstrata.

De fato, constantemente excluímos de nossa casa e nossos corpos elementos que classificamos como impuros. Como sintetizou Luhrmann (2016), "o que chamamos de 'sujeira' são simplesmente coisas fora do lugar no mundo conforme imaginamos que ele deva ser". Alguns desses processos de exclusão podem tomar a forma de "limpeza étnica" ou "purga" de bodes expiatórios, tendo assumido sua forma mais radical no Ocidente no caso do fascismo. Outros são mais sutis, como a sabedoria popular de colocar uma vassoura atrás da porta quando uma visita (ou seja, alguém que não pertence ao núcleo familiar) fica na casa por mais tempo que o conveniente. Outros, ainda, se materializam numa artificialização extrema do ambiente, como a assepsia dos laboratórios científicos que permitem produzir "ordem a partir do caos" (Latour e Woolgar, [1979] 1997). Muitas culturas reservam um lugar especial para grupos no limiar entre puro e impuro, como os intocáveis na Índia, que trabalhavam com substâncias nas fronteiras do corpo, como cabelos e fezes (Dumont, [1966] 1997).

Como na cibernética, nas culturas a seleção do elemento impuro se dá a partir de uma *forma global* que delimita os extremos de pureza e impureza – uma classificação que opera, em larga medida, de forma pré-consciente. Por mais que saibamos, por exemplo, que baratas criadas são limpas, teremos nojo de comê-las, pois não aprendemos a classificá-las como comestíveis. Em outras culturas onde não há uma associação entre esses insetos e a sujeira, as pessoas os comem sem problemas. Do mesmo modo, a associação culturalmente aprendida entre certo fenótipo – por exemplo, pele negra – e elementos impuros do tecido social – por exemplo, "bandidos" – não precisa se dar de forma consciente. Pelo contrário: ela é mais tenaz e insidiosa precisamente lá onde se incorpora ao pano de fundo do hábito e das reações automáticas.

Finalmente, Douglas, Dumont e outros sugerem que, nesses processos, é comum um espelhamento simbólico entre as fronteiras do corpo individual e as fronteiras do corpo coletivo. Como veremos, a psicologia experimental recente sugere que pode haver uma base "biológica" para esse viés cultural, que encontramos de forma marcada tanto nos populismos como nos conspiracionismos. É o caso dos chamados neurônios-espelho e da extensão do aparato cognitivo humano para além do sistema nervoso central, chegando ao nosso trato digestivo e, inclusive, às espécies companheiras (Haraway, 2021), como as bactérias que lá habitam.

No modelo de Kuhn, o acúmulo dos resíduos que ele chamou de anomalias sinaliza a exaustão do paradigma: problemas que nem os melhores em uma comunidade científica conseguem solucionar a partir das convenções do paradigma vigente. Em outras palavras, chega-se aos limites da forma global do real tal qual ela havia sido delimitada por aquele paradigma. Nesse momento, tornam-se comuns *inversões* similares à figura-fundo da Gestalt: a elite daquela comunidade científica se enfraquece e elementos marginais podem emergir como vanguarda de um novo paradigma; o que era a força do paradigma durante o período da ciência normal (sua rigidez, suas regras) torna-se sua fraqueza etc.

Diante da incapacidade do paradigma de seguir orientando a prática da ciência normal, uma crise de confiança se instala na comunidade de pares. Essa crise pode se desdobrar na reorganização do paradigma vigente (caso não seja profunda o suficiente), ou em sua suspensão e na abertura de um período de estado de exceção científico. Neste caso, candidatos a paradigma alternativo entrarão em disputa com o anterior e entre si, até que um deles seja abraçado pela maioria da comunidade de pares. Como nos períodos de crise e revolução política que inspiraram Kuhn, essa disputa se dá sem um árbitro, pois, justamente, é esse nível "meta" – o paradigma compartilhado – que está em jogo. Nesses momentos liminares, posições heterodoxas podem ganhar protagonismo, se colocando como fonte do que, naquele momento, são apenas sinais de uma possível reorganização bem-sucedida.

Exemplos conhecidos de mudanças de paradigma na história da ciência ocidental são a passagem do modelo geocêntrico para o heliocêntrico (a chamada "revolução copernicana" no século XVI) e a transição da física newtoniana para a einsteiniana no início do século XX. No modo como Kuhn os descreve, processos de mudança de paradigma são profundamente paradoxais. Ao mesmo tempo que o novo paradigma é incomensurável com o anterior, ele não implica um abandono completo do paradigma vencido. O que ocorre é seu englobamento (Dumont, [1966] 1997) e ressignificação pela nova hegemonia emergente. Noções de massa e força, por exemplo, não foram abandonadas pela física einsteiniana, mas tiveram seus significados profundamente transformados ao serem (re)inseridos em uma nova matriz de relações não determinísticas.

Isso ocorre porque, como em qualquer sistema emergente, o novo paradigma não pode criar nada *ex nihilo* – ou seja, a partir do zero. Ele produz sua novidade a partir dos elementos e categorias que já estavam dados. Essa dinâmica aparentemente paradoxal pode ser pensada a partir da convecção de fluidos. Um fluido em convecção, como a água em um recipiente esquentando no fogão, segue de forma circular, entre uma camada "superior" (fria) e outra "inferior" (quente). O calor na camada inferior "sobe" e pressiona a camada superior, cujo fluxo laminar (estável) vai gradualmente se desestabilizando e mostrando sinais de exaustão.

Na analogia, a camada superior seria o paradigma vigente durante um determinado período, enquanto a parte inferior equivaleria a sua *antiestrutura*. Em sua obra seminal sobre rituais, Victor Turner utilizou o termo para designar o movimento reflexivo pelo qual uma sociedade "se dobra sobre si mesma", trazendo à tona elementos que contestam os "modelos políticos e legais que controlam o *centro* da vida de uma sociedade" (Turner, [1969] 2013: VII; grifo meu). A antiestrutura tematiza as dimensões do real que foram marginalizadas ou sufocadas pela constituição de uma normatividade dominante, abrindo nesta última fendas que apontam para outras possibilidades e, assim, para a mudança estrutural.

Como as anomalias de Kuhn, essas "sobras" não são de fato excluídas do sistema, mas apenas de seu centro. Elas não desaparecem, mas se acumulam de forma latente em sua antiestrutura. Em períodos lineares, a antiestrutura se mantém subterrânea, porém não estática; vai se movimentando em contraposição à camada dominante e, aos poucos, vai pressionando-a. Com o tempo, o sistema hegemônico pode ir perdendo o caráter cumulativo e linear que o mantinha estável naquela posição central. A situação de crise (ou, nos termos de Turner, liminaridade) se mantém até que o sistema se reestabilize num novo patamar, seja por reacomodação de sua estrutura interna, seja por sua ruptura e substituição por outra.

Um último ponto da proposta kuhniana é que processos de desenvolvimento, crise e reorganização não são fixos ou unidimensionais, mas multiescalares – nos termos que utilizarei aqui, se desdobram em topologias fractais. Eles ocorrem num plano sociológico, em que o paradigma não é transcendente, sendo abraçado pela comunidade de cientistas, junto com suas teorias, equipamentos e outros atores não humanos. Essa comunidade pode ser o conjunto de pesquisadores de um mesmo grande campo (digamos, a física), mas também pode ser um segmento menor dentro dela. Ao mesmo tempo, a mudança de paradigma deve se dar na escala individual de cada cientista, inclusive em termos do modo como sua cognição encorporada é treinada para literalmente passar a *ver* o mundo nos termos do novo paradigma.

A etimologia do termo paradigma – exemplar ou modelo – denota o modo holístico, fractal e mimético pelo qual o paradigma, enquanto conquista coletiva da comunidade de pares, se instala e se reproduz em cada um de seus membros. Isso ocorre pela via da pedagogia, da emulação dos praticantes habilidosos, da leitura de manuais, da memorização de regras básicas e da repetição de exercícios práticos. Já nos períodos de crise, essas mesmas tendências farão com que, no mais das vezes, sejam cientistas jovens, estrangeiros ou vindos de outras áreas os primeiros a colocarem fé nas promessas de um novo paradigma, enquanto o paradigma antigo só morrerá em definitivo junto com seus últimos e teimosos aderentes.

É significativo que boa parte das inspirações de Kuhn tenha vindo de fora da história da ciência: a psicologia da Gestalt e do desenvolvimento, a seleção natural de Darwin e a história das revoluções políticas. Não surpreende, tampouco, que encontre fortes ecos no materialismo histórico-dialético, notadamente na versão gramsciana, em que a ideia de paradigma corresponderia à de hegemonia. Em suas linhas gerais, o modelo kuhniano não se restringe à ciência, tampouco ao mundo social. A teoria da seleção natural, com a qual Kuhn encerra o livro, oferece um modelo elegante de dinâmica sistêmica que vale também para outros domínios – embora, no caso de leituras libertárias como o darwinismo social, ela seja utilizada de modo reducionista.

Neste livro, abraçaremos esse espelhamento entre a dinâmica da tecnociência e a da política nas sociedades com Estado. Ambas oscilam entre períodos de estabilidade e de crise, que abre estados de exceção onde normas, instituições e procedimentos encontram-se suspensos. Nesses momentos, uma lógica competitiva se instala e as partes em disputa aparecem como ameaça existencial umas às outras. Na ausência da mediação de regras compartilhadas, a resolução da crise só ocorre à medida que os indivíduos forem escolhendo em qual campo confiar e inserir sua prática. Essas escolhas se dão com base em fatores extrâneos ao paradigma vigente, frequentemente relativos a estética, carisma, socialidade, afetos, vantagens pessoais e mesmo crenças místico-religiosas (Kuhn, [1962] 2020). A adesão a um novo paradigma só pode ser um ato de *fé*, pois naquele momento seu modelo de normalidade é apenas uma *promessa*. A crise só termina quando um novo fluxo incremental se reestabiliza dentro de um novo paradigma, o que pode levar poucos anos ou muitas décadas.

Embora descreva de modo magistral a alternância entre linearidade, crise e reorganização, Kuhn não propôs um modelo sistemático para como esta última se dá – ou seja, como uma nova ordem pode emergir a partir do caos da crise instalada. Insights nesse sentido teriam que esperar a emergência das novas ciências da não linearidade, alguns anos depois.

FRACTAIS E AS NOVAS CIÊNCIAS DA NÃO LINEARIDADE

Campos mais recentes no estudo de sistemas não lineares produziram subsídios importantes para pensarmos a relação entre ordem e caos, especialmente aqueles que oferecem uma *imaginação topológica* – pois sistemas devem ser, antes de vistos, imaginados. No último quartil do século XX, destacam-se a chamada teoria do caos e as geometrias não euclidianas. Essas formulações tiveram impacto em vários campos, como nas teorias da guerra de espectro total (Osinga, 2007) e em linhas pós-estruturalistas dentro e fora da antropologia (Mosko e Damon, 2005), ainda que, de modo geral, a ciência normal das humanidades continue mais investida em modelos do tipo explicação positiva.

Um grande salto nesse sentido aconteceu nos anos 1960 e 1970, quando as novas tecnologias computacionais possibilitaram a construção de modelos iterativos em que os fractais, previstos há décadas em teoria, pudessem ser finalmente visualizados. Fractais são mais conhecidos por suas propriedades autossimilares, ou seja, pelo fato de as partes reproduzirem a "mesma" forma do todo. Essa estruturação é produto de funções recursivas, ou seja, que são repetidamente aplicadas "de volta" ao seu resultado para produzir sequências de padrões infinitamente complexos. Exemplos comuns de fractais na natureza são plantas como samambaias e couves-flor, e formas não orgânicas como cristais, nuvens e ondas. Como veremos, a fractalidade também caracteriza padrões de coemergência entre usuários e algoritmos, que também são regidos por funções recursivas (Lury e Day, 2019).

Mas as propriedades dos fractais vão além da autossimilaridade e da recursividade, pois desvelam toda uma topologia não euclidiana, ou seja, que não pode ser medida em números ou dimensões inteiras. Fractais lógicos já haviam sido descritos na matemática, como a curva de Koch em 1906 e o conjunto de Cantor em 1886. Mas foi num artigo publicado na *Science* em 1967, chamado "Quanto mede a costa da Grã-Bretanha?", que o matemático polonês Benoît Mandelbrot apresentou ao público uma dimensionalidade situada entre 1 e 2 – que ele viria a chamar, oito anos depois, de fractal. Nele, Mandelbrot (1967) propôs um exercício de mensuração da costa da ilha da Grã-Bretanha, mudando a escala a cada etapa. Assim, numa imagem de satélite a X quilômetros da terra, o contorno da ilha terá uma medida. Quando a perspectiva é aproximada, será capaz de abarcar mais detalhe, e a medida aumentará. Aproximando ainda mais, mais detalhe entrará no enquadramento, e assim progressivamente até um ponto-limite em que o observador estará situado no nível do solo e, olhando para a areia molhada na praia, não será mais capaz de perceber onde termina o mar e começa a ilha. Chegamos a um paradoxo similar ao implicado na matemática infinitesimal e na poeira de Cantor: considerando que o número de casas decimais depois de uma vírgula é potencialmente infinito, quantos números existem entre 0 e 1?

A ciência do caos surgiu aproximadamente na mesma época e também se relaciona ao advento dos computadores eletrônicos, que permitiram cálculos em escalas impossíveis a precursores como Cantor ou Poincaré. Essa "nova ciência" respondia à necessidade de pensar além dos sistemas determinísticos do tipo newtoniano. Na ciência newtoniana, linear e reversível, conhecendo a posição e o valor dos elementos consegue-se prever o comportamento de sistemas. Todavia, embora sejam matematicamente coerentes, as equações newtonianas não podem representar fielmente os sistemas tal qual eles existem no mundo real. Sua linearidade é "forçada" em situações bem particulares como pêndulos ou órbitas, por meio de aproximações que implicam uma "limpeza" de resíduos que sobram dos cálculos. Como colocou Gleick ([1987] 2006), em termos que lembram o código puro-impuro de Douglas ([1966] 2010), essa produção de regularidade envolve "não levar em conta pequenas irregularidades [*messiness*] que interferem numa imagem fixa [*neat*]" (: 37). Assim, o comportamento newtoniano de um pêndulo só é passível de previsibilidade matemática porque é um sistema onde muitas variáveis são controladas e os resíduos, descartados.

Um jogo de bilhar – para retomar nosso exemplo – é um sistema cuja trajetória global é impossível de ser calculada com 100% de precisão. Qualquer alteração milimétrica na tacada vai desencadear uma reação diferente entre as bolas que formam o sistema. A ideia do caos vem do reconhecimento de que, em sistemas reais fora de condições experimentais, alterações mínimas no comportamento de um elemento podem influenciar o conjunto inteiro de forma ampla e impre-

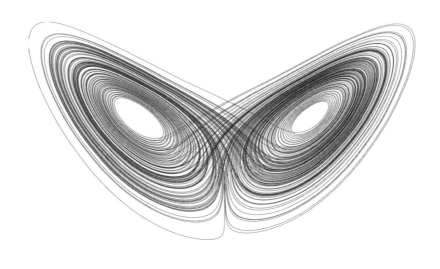

FIGURA 1 Atrator estranho de Edward Lorenz.

visível. A isso se deu o nome de *sensibilidade às condições iniciais*. Embora, em tese, seja possível prever o comportamento de qualquer sistema conhecendo-se a posição e valor exatos de todos os elementos, obter esses dados com precisão exigiria uma onisciência quase divina que é, na prática, inviável. Esse quadro foi complicado, ainda, por desenvolvimentos como o princípio da incerteza e a física quântica, que enterraram de vez pretensões de onisciência com base na constatação de que o próprio observador exerce uma influência sobre o sistema observado (Gleick, [1987] 2006).

A ciência do caos é conhecida pelo "efeito borboleta", nome popular do *atrator estranho* descoberto por Edward Lorenz nos anos 1970. Curiosamente, os dados que ele utilizou na plotagem que acidentalmente levou a sua descoberta eram, justamente, de correntes de convecção atmosféricas. Lorenz – meio matemático, meio meteorologista – trabalhava com uma nova frente de pesquisa, a modelagem computacional para previsão climática. Diferente das ciências experimentais que produzem fatos pelo controle de variáveis em ambientes artificializados como laboratórios, as ciências do clima não têm como controlar diretamente variáveis atmosféricas. Trabalham, assim, com modelagens que aproximam padrões de comportamento de sistemas em seu estado, digamos, "selvagem". O que Lorenz descobriu foi que, mesmo no caso de sistemas não lineares como os atmosféricos, existe uma ordem subjacente. A forma dessa "ordem no caos", desenhada na tela de seu computador, ficou conhecida como efeito borboleta devido a sua semelhança visual com o inseto.

O termo foi popularizado como um exemplo da sensibilidade às condições iniciais: "Uma borboleta batendo as asas no Brasil pode produzir um tufão no Texas". Lorenz havia notado em seu modelo que uma mudança mínima nos valores iniciais do sistema produzia uma "borboleta" completamente diferente. Isso sugeria que o comportamento de elementos individuais podia ter efeitos de escala imprevisíveis. Porém, mais fascinante ainda era a constatação de que, ainda que do ponto de vista local a trajetória dos elementos fosse imprevisível e irregular, do ponto de vista *global* ela se mantinha invariavelmente dentro das duas "asas" do atrator.

Devemos, todavia, evitar a leitura que o senso comum liberal (e a indústria do entretenimento) costuma fazer do caos: um indivíduo pode, sozinho, mudar a história. Na realidade, o tipo de dinâmica preconizada aqui se aproxima mais do modelo dialético, como no conhecido enunciado de Marx ([1852] 2011), de que os homens fazem a história, mas não dentro de condições escolhidas por eles. O jogo paradoxal entre livre-arbítrio e ordem transcendente, constitutivo da cultura ocidental, é recolocado aqui de outra forma. Como insistiu Bateson (1972) entre outros, nos sistemas dinâmicos essa ordem é emergente na escala do próprio sistema, e não transcendente em algo como o "truque de Deus" (Haraway, [1988] 1995).

ESTRUTURAS DISSIPATIVAS

O atrator estranho descreve como sistemas que aparecem como caóticos do ponto de vista local podem ter uma ordem no nível global ou holístico, resultante de um equilíbrio dinâmico. Mas e no caso de sistemas longe do equilíbrio, ou em crise? Estados de crise são tipicamente associados a contingência, aleatoriedade, primazia da experiência individual e indisponibilidade de estruturas que organizem o comportamento coletivo. Mas o que as novas ciências da não linearidade vêm mostrando é que, além da "ordem no caos" em sistemas dinâmicos perto da estabilidade, haveria, ainda, formas de ordem emergentes também em sistemas longe do equilíbrio.

Nos anos 1970, o químico russo radicado na Bélgica Ilya Prigogine e sua parceira intelectual, a filósofa da ciência Isabelle Stengers, sugeriram que sistemas longe do equilíbrio podem se reorganizar de forma espontânea. Sua proposta, uma ousada tentativa de composição da dinâmica newtoniana com a termodinâmica, se baseia na descoberta do que chamaram de *estruturas dissipativas* (Prigogine e Stengers, 1984). Diferente dos sistemas newtonianos reversíveis e lineares, a formação dessas estruturas envolve irreversibilidade, pois elas contêm em si uma temporalidade que distingue passado do futuro (quando se mistura café com leite, não é possível "desmisturar"). Essas estruturas não tendem à indiferenciação (entropia) da termodinâmica clássica, mas apresentam uma "associação próxima, e à primeira vista paradoxal [...] entre estrutura e ordem de um lado, e dissipação ou perda de outro" (:143). Sua ordem vem não de propriedades intrínsecas das partes (como nas moléculas de um cristal), mas da "situação global de não equilíbrio que as produzem" (:144). A convecção de fluidos ilustra esse estado de não equilíbrio, onde é o diferencial de "temperatura" interno (a fricção entre as camadas) que imprime movimento e estrutura ao sistema como um todo: que o torna dinâmico e vivo. É também o que o leva, finalmente, a um limiar de transformação irreversível – por exemplo, a um ponto de bifurcação onde o sistema se torna turbulento (como a fervura da água).

Na teoria social, podemos entender esse diferencial nos termos das contradições que tanto ocuparam autores como Marx e Hegel. Como qualquer sistema vivo, sociedades se estruturam em torno de processos neguentrópicos, ou seja, em contraposição à tendência do universo à entropia. Desequilíbrio, incompletude e irreversibilidade são, portanto, propriedades inerentes: um sistema vivo estático e homogêneo estaria morto. É nesse sentido que podemos entender, por exemplo, por que as derivas fascistas que aspiram à identidade e pureza total do corpo social são sempre, em última instância, suicidárias (Safatle, 2020): qualquer sistema social vive na e pela diversidade de suas contradições internas.

Mas Prigogine fez mais que identificar estruturas dissipativas em sistemas químicos – trabalho pelo qual, aliás, ganhou um Nobel em 1977. Junto com Stengers, propôs um modelo de como novas estruturas dissipativas emergem espontaneamente a partir do caos de sistemas longe do equilíbrio. Essa proposta é controversa – James Gleick, por exemplo, não a incluiu em sua história das ciências do caos, limitando-se a apontá-la como uma "visão altamente individual e filosófica" (2006: 305). Essa teoria supõe que sistemas longe do equilíbrio possuem capacidades auto-organizativas no nível global, e que moléculas em estado caótico seriam, de alguma forma, capazes de se comunicarem entre si. Para muitos no *establishment* científico, isso equivale a se aproximar perigosamente de concepções místico-religiosas – uma dificuldade que autores como Bateson também enfrentaram (Chaney, 2017).

Um ponto importante da proposta de Prigogine e Stengers é que a reorganização de sistemas longe do equilíbrio se daria com base em dinâmicas diferentes – ou mesmo inversas – das que prevalecem em estados de maior estabilidade. Numa direção semelhante à de Kuhn, sugerem que essa ordem emergente se dá menos nos termos do comportamento das partes do que a partir de sua forma global. Nas ciências humanas, um exemplo nessa linha é a enigmática noção de *optimum de diversidade* trazida por Lévi-Strauss ([1952] 2017) em *Raça e história*. É como se, ao se afastarem do estado de equilíbrio, os sistemas sociais buscassem, espontaneamente, recuperar uma proporção ótima entre identidade e diferença – seja por rediferenciação interna, seja por meios disruptivos como guerras. Esse seria o caso, novamente, do fascismo histórico, quando um sistema em crise extrema buscou a regeneração total de sua identidade excluindo qualquer diferença – e levando assim a uma bifurcação caótica que destruiu não apenas o inimigo, mas seu próprio corpo sociopolítico.

As guerras de aniquilação total são uma situação-limite rara nas sociedades humanas, além de praticamente inexistentes entre espécies não humanas (Chaney 2017). Mais interessante é perceber como o modelo de Prigogine e Stengers complementa o de Kuhn. Com base no estudo experimental de sistemas químicos, os autores notaram o papel central, na reorganização de sistemas longe do equilíbrio, de flutuações, oscilações e recomposições dos parâmetros que outrora organizavam o sistema. Embora não utilizassem esse termo, a dinâmica descrita também inclui os movimentos de inversão que são centrais aos fenômenos analisados neste livro. Como se dá, portanto, essa reorganização?

Parte dos exemplos trazidos por Prigogine e Stengers (1984) remete, novamente, à convecção de fluidos – mais precisamente, à chamada instabilidade de Bénard. Nesse modelo, o sistema inicialmente se encontra em um "estado estacionário em que o calor é conduzido apenas por condução" (: 142). Após um limiar, esse "estado de descanso" se torna instável e a transferência de calor passa a se dar através de convecção, num "movimento coerente de conjuntos de moléculas" (: 142). À medida que se afasta do equilíbrio, o fluxo de convecção começa a oscilar com frequência cada vez maior, produzindo uma região "caótica" intermediária onde "a ordem ou coerência fica espremida entre o caos termal e o caos turbulento do não equilíbrio" (: 167). Os padrões de comportamento vão se complexificando até que seu "aspecto ordenado é, em larga medida, destruído" (: 168). Contudo, embora o sistema macroscópico parecesse turbulento, o que se viu no plano molecular *não foi desordem*, mas uma "organização espacial complexa do sistema. Milhões de moléculas se movem de forma coerente" (: 142).

Os autores chamaram de *bifurcações* esses momentos "revolucionários" de cruzamento de limiares sistêmicos. São processos de quebra de simetria, que podem desencadear o que na cibernética se chamou de *runaway* (feedback positivo descontrolado). Ocorrem quando certas flutuações que, entre tantas outras, compõem um sistema em equilíbrio dinâmico ganham tração e escala via efeitos autocatalíticos (: 153). Nesses momentos, é impossível determinar de antemão a direção da mudança do sistema: se ele persistirá no caos ou se vai se reorganizar num nível superior de ordem (ou seja, numa nova estrutura dissipativa).

Entre os comportamentos auto-organizativos observados experimentalmente neste último caso está o das oscilações entre os extremos que delimitam o sistema. É como se elas servissem para que um sistema em crise pudesse buscar um novo caminho, naquele momento, ainda desconhecido. Essa "busca" se dá do ponto de vista *global*. Do ponto de vista *local* (ou seja, das partes que compõem o sistema), as oscilações entre extremos no ponto de bifurcação podem ser vistas como um estado de "guerra [...] em que um aniquila o outro" (Prigogine e Stengers, 1985: 163) – onde há, em termos dumontianos, risco de englobamento pelo contrário.

Há, contudo, uma ordem emergente no aparente caos. Na situação experimental do "relógio químico", um sistema instável não mistura as moléculas de forma aleatória, mas ocorre uma reorganização comandada a partir do "todo". Os autores dão um exemplo simples: um sistema instável de moléculas azuis e vermelhas não fica violeta, com breves flashes de uma ou outra cor. Pelo contrário, ele oscila entre um extremo e outro: "Fica todo azul e de repente muda de cor para vermelho, depois de novo para azul. Porque todas essas mudanças ocorrem em intervalos de tempo regulares, temos um processo coerente [...]. Para mudarem de cor todas ao mesmo tempo, as moléculas devem ter alguma forma de se 'comunicar'. O sistema precisa agir como um todo" (: 148).

Essa curiosa reorganização ocorre depois do cruzamento de certo limiar crítico, no qual as flutuações no sistema lançam-no para fora do espaço físico perto do equilíbrio em que ele se encontrava. O sistema se desvencilha de suas condições iniciais e, como num "salto" para o desconhecido, se deixa capturar por algum atrator do novo limiar de reorganização. Esse extraordinário processo químico espelha o modo como Kuhn descreve a adesão a novos paradigmas em momentos de crise: o cientista individual não consegue ver o "todo" à frente, pois, naquele momento, o que novo paradigma traz são apenas promessas ainda não estabilizadas numa nova ciência normal. Também ele dá um salto no escuro com base na confiança em algo que ainda não conhece totalmente. Veremos que essa é uma atitude marcante em todos os ecossistemas estudados, e se encapsula num dos principais slogans do movimento conspiratório QAnon: *trust the plan* ("acredite no plano").

Como a ecologia da mente, a proposta de Prigogine e Stengers para a produção da ordem a partir do caos problematiza pressupostos arraigados sobre onde se situa a agência e a tomada de decisão. Levá-la a sério implica conceber que estas, ao menos em momentos liminares, podem se dar sobretudo *na escala global dos sistemas*. Reconhecer esse plano de agência e tomada de decisão *não implica* resvalar para explicações messiânicas ou místicas, como a teoria do centésimo macaco. Nos casos que analisaremos, a espontaneidade dessas reorganizações é material, mediada pela infraestrutura cibernética que descreveremos. Também por isso, é provável que não nos encontremos num limiar de bifurcação caótica no sentido estrito. A reversão para padrões de comportamento sistêmico típico de situações de crise estaria se dando, paradoxalmente, de forma "controlada", pois mediada pela dinâmica invertida das atuais mídias cibernéticas.

Como veremos a seguir, boa parte das consequências não pretendidas do controle cibernético embutido nas plataformas se funda numa compreensão equivocada da relação entre liberdade e determinação: que as coloca como opostas e associadas uma ao indivíduo, e a outra, à ordem social. As novas mídias invertem esses polos, fazendo com que, assim como o alcoólatra que insiste em agir como o "capitão da própria alma" mesmo em face das repetidas derrotas para a garrafa (Bateson, 1972), os usuários das plataformas se sintam mais livres e soberanos exatamente lá onde estão sendo mais influenciados. A explicação cibernética ajuda a desfazer esse paradoxo, ao mudar a chave analítica do plano das interações entre indivíduos para as formas de ordem emergentes na escala global dos sistemas, visibilizando assim suas formas peculiares de comunicação e controle: na coemergência entre usuários comuns, sistemas algorítmicos, e influenciadores. Os padrões sistêmicos aí observados não estão acima de tudo e de todos: eles *atravessam* todas essas escalas, fazendo-as ressoar numa mesma sintonia infraestrutural. Prosseguiremos neste capítulo detalhando essa propriedade holística dos sistemas, sem a qual não é possível entender o tema das inversões que estrutura o argumento principal deste livro.

HOLISMO E INVERSÕES

A última particularidade dos sistemas que precisamos aprofundar é seu caráter global ou holístico. Embora sistemas vivos não sejam isolados do ambiente, eles operam a partir de uma delimitação de sua forma global: nos termos de Luhmann ([1984] 2016), se constituem enquanto tais – autoproduzem sua identidade – demarcando uma fronteira entre si e o entorno. Para Prigogine e Stengers (1984), a irreversibilidade e, portanto, a temporalidade dos sistemas vivos é apreendida apenas com referência a esse todo: quando "olhamos para uma criança e adivinhamos sua idade, essa idade não está localizada em nenhuma parte especial do seu corpo. É um julgamento global" (: 17).

O processo mediante o qual sistemas vivos se (auto) constituem, inscrevendo uma diferença com relação a seu ambiente, é um processo complexo e paradoxal, que Maturana e Varela (2004) chamaram de autopoiese. Segundo Luhmann ([1984] 2016) e outros, essa propriedade de autocriação, que se confunde, no plano dos organismos individuais, com o que conhecemos como cognição ou percepção, também se estenderia às coletividades formadas por eles. O holismo estaria tanto no comportamento dos sistemas em si (que se individuam enquanto totalidades) como na perspectiva do observador (que percebe realizando recortes globais). Holismo, neste caso, *não* significa a delimitação de uma fronteira fixa ou linear entre sistema e ambiente, mas deve ser entendido, como tudo o mais neste livro, a partir dos termos não determinísticos e não lineares da explicação cibernética.

No caso da cognição humana e de outros animais, isso implica que o modo como apreendemos o real envolve delimitar preliminarmente *formas* que são globais e totalizantes. Essa delimitação é orientada por uma combinação entre fatores que no Ocidente purificamos como biológicos (ou seja, geneticamente herdados) e outros, adquiridos na relação com o ambiente ao longo da vida (ou seja, aprendidos culturalmente). Há, aqui, um espelhamento holístico entre a totalização do organismo/corpo que percebe o ambiente e a totalização da realidade que ele captura através dos sentidos. Esse espelhamento se reflete, no arquivo etnográfico, na centralidade de simbologias relacionadas ao corpo, observadas em inúmeras culturas (Douglas, [1966] 2010). Isso vale também para a nossa – por exemplo, a ideia do povo, nação etc. enquanto corpo coletivo abstrato projetado no corpo físico do líder populista (Laclau, 2013).

Identificar o caráter holístico da cognição foi a grande contribuição da psicologia da Gestalt, que influenciou muitos dos autores citados aqui. O termo *Gestalt*, que significa forma total ou global, indica que, ao perceber o ambiente, *primeiro* delimitamos sua forma global, e a partir dela capturamos o sentido dos elementos que o compõem. Esse pressuposto fundamenta o que Bateson chamou de enquadramento (*framing*) e Kuhn, de paradigma. Também é a base das ilusões óticas ou sonoras: vemos ou ouvimos coisas que não "existem", deixamos de ver outras que "existem", pois nossa cognição *completa* o real com as expectativas sedimentadas ao longo da experiência pregressa.

No caso do *Homo sapiens*, essas expectativas são menos dadas geneticamente do que sedimentadas ao longo da vida individual e coletiva por meio do aprendizado: pela encorporação dos enquadramentos e comandos externalizados na cultura, na linguagem e na técnica (Geertz, [1973] 1981; Mauss, [1934] 2018). Por isso as mídias são tão centrais nas sociedades contemporâneas: como não existe relação não mediada com o real, quem controla essas mediações controla o próprio acesso das pessoas ao real. E isso não poderia deixar de incluir também a internet participativa de hoje, ainda que, como veremos, sua ideologia de mídia proponha o contrário.

O fato de os comandos encorporados mais relevantes ao *Homo sapiens* serem de ordem cultural não significa que sejam menos impositivos que os de ordem genética. Originalmente aprendidos, eles se tornam parte de nossa corporalidade. Por isso, é impossível para um adulto desaprender uma língua e, pelo mesmo motivo, quanto mais velhos ficamos, mais difícil é aprendermos novas técnicas corporais ou linguagens. Por isso, também, uma mudança muito rápida nos sistemas de mídia pode ter um impacto tão significativo no conjunto da cultura.

Esses descompassos podem fazer proliferar dissonâncias cognitivas que, em períodos mais lineares, ficariam restritas às socialidades marginais que chamamos de seitas ou cultos (Festinger et al., 2009).

As expectativas nas quais fomos treinados estabelecem assim os limites daquilo que somos capazes de apreender em determinado momento. Essas fronteiras são tanto simbólicas como materiais e sua delimitação se dá a partir de *situações extremas* que "bordeiam" as possibilidades do real do ponto de vista da percepção sensorial e da sensibilidade cultural. É a partir desses polos opostos que organizamos nossa experiência. Na antropologia, isso corresponde à problemática do *tabu*, um universal etnográfico encontrado, de formas variadas, em todas as sociedades (Douglas, [1966] 2010). O tabu do incesto, por exemplo, estabelece os próprios limites da cultura: nenhuma regra de incesto se repete exatamente da mesma forma em todas as sociedades, mas todo sistema de parentesco humano inclui alguma regra diferenciando as categorias de mulheres "casáveis" das "não casáveis" (Lévi-Strauss, [1949] 2012).

Toda cultura, como todo organismo vivo, é um sistema neguentrópico: só pode existir delimitando fronteiras do concebível ou do dizível. Como as trajetórias do atrator de Lorenz, os indivíduos que a compõem, tipicamente, não ultrapassarão esses limites. E aqueles que chegarem perto de fazê-lo – os criminosos, os loucos – terão um lugar atribuído dentro da própria cultura, seja de exclusão, seja de reintegração. Essas fronteiras culturais não são abstratas: são performadas por aparatos rituais e simbólicos que sustentam e transmitem às gerações seguintes os metacódigos daquela cultura (puro-impuro, amigo--inimigo etc.).

Essa função negativa e "repressora" dos tabus implica uma contrapartida positiva e "liberadora": ao fixar padrões básicos, estabelecem "um limite, um enquadramento, por assim dizer,
dentro do qual a mudança progressiva é permitida, se não encorajada" (Goldenweiser, 1936: 102). Ou seja, sem uma

delimitação bem-sucedida da forma global do real pelos códigos da cultura, não é possível sua mudança incremental, ou, nos termos do senso comum, seu progresso ou evolução. Esse é, colocado de outro modo, o argumento de Kuhn sobre como a estabilização dos paradigmas é responsável pelo sucesso da ciência normal.

No mesmo sentido, uma sociedade com liberdade de expressão e ação individual irrestritas seria totalmente disfuncional e logo pereceria, tomada pela entropia. Como discutimos acima, a fragilização de um sistema hegemônico costuma levar não a sua pulverização em agentes individuais livres – como defendem as ideologias libertárias de hoje –, mas a sua substituição mais ou menos gradual, mais ou menos disruptiva por outro arranjo que apenas refaz, com outros contornos, a linha dos tabus e limites. Uma sociedade sem tabus equivaleria não a uma situação de liberdade individual total, mas a uma situação caótica de exceção total. Mesmo os propositores da doutrina neoliberal original entendiam isso: a liberalização das regulações de mercado precisaria ser complementada por uma defesa da moralidade tradicional que reforçasse os tabus em outra escala, a dos "costumes" (Brown, 2019).

O modelo da convecção de fluidos também sugere a existência desses limites globais, e de seu papel nos estados de equilíbrio e de crise. Num estado perto do equilíbrio "normal", esses limites orientam o comportamento local (digamos, das moléculas de água) numa dinâmica de alternância entre as camadas quentes e frias, conforme vão dissipando calor (o fluxo laminar). À medida que o sistema se desestabiliza, ele se aproxima de um "limiar, uma distância do equilíbrio, no qual flutuações podem levar a um novo comportamento, diferente do 'normal'" (Prigogine e Stengers, 1984: 141). No cruzamento desse limiar,

> o movimento turbulento aparece como irregular ou caótico na escala macroscópica, mas está, pelo contrário, altamente orga-

nizado na escala microscópica. As múltiplas escalas espaciais e temporais envolvidas na turbulência correspondem ao comportamento coerente de milhões e milhões de moléculas. Sob essa perspectiva, a transição do fluxo laminar para a turbulência é um processo de auto-organização. (: 141)

Na passagem do limiar colocado pelos limites holísticos do sistema ocorre, portanto, uma espécie de inversão entre parte e todo: "Parte da energia do sistema, que, no fluxo laminar, estava no movimento termal das moléculas, é transferido para o movimento macroscópico organizado" (: 142).

A hipótese que exploro aqui é de que, no caso de um sistema em crise ou longe do equilíbrio, como o nosso, se não se chega a esse ponto de bifurcação ou ruptura definitivo, o estado de liminaridade vai se prolongando. Nessa situação paradoxal de crise permanente, há o colapso das diferenciações que organizavam o sistema anterior, sem que uma nova síntese estável tenha emergido. Os limites holísticos do sistema fazem com que a dinâmica de alternância entre as camadas fique assim "trancada" em inversões de fluxo, e o sistema passe a oscilar de forma caótica entre os extremos que o delimitam. Sem estruturas para mediar a relação de oposição entre esses extremos, ela assumiria uma forma-limite onde um polo aparece como a identidade invertida do outro – o que chamarei, à frente, de mímese inversa. A hierarquia entre os extremos que outrora organizavam a forma global do sistema (por exemplo, público--privado, fato-ficção) se desestabiliza e os polos vão se reorganizando em novas combinações.

Essa possibilidade de inversão periódica de fluxos já foi observada em sistemas físicos com dinâmica análoga à da convecção de fluidos, como dínamos e o campo eletromagnético da Terra (Gleick, [1987] 2006: 31). O próprio Lorenz trabalhou essa possibilidade, através do modelo da roda d'água.

Assim como o fluido em convecção perde calor, a roda perde água, e é essa dissipação de energia que põe o sistema em movimento. Se o fluxo da água for lento demais,

> a palheta do alto não se encherá o suficiente para superar o atrito e a roda nunca começará a girar [...]. Se o fluxo for mais rápido, o peso da palheta superior coloca a roda em movimento [...]. A roda d'água pode estabilizar-se numa rotação que continua em ritmo constante [...]. Se, porém, o fluxo for mais rápido ainda, [...] a rotação pode tornar-se caótica, em virtude dos efeitos não lineares embutidos no sistema [...]. Se [a rotação] for rápida, as palhetas têm pouco tempo para se encherem [...]. [A]s palhetas podem começar a subir do outro lado antes de se esvaziarem. Consequentemente, palhetas pesadas do lado que sobe podem provocar diminuição da velocidade e inverter o movimento. De fato, Lorenz descobriu que em períodos prolongados a rotação deve reverter-se muitas vezes, sem nunca se estabilizar num ritmo constante e sem repetir um padrão previsível. (Gleick, [1987] 2006: 24)

É essa possibilidade de reversões de fluxo dentro do mesmo sistema em crise que nos interessa, pois inversões entre povo e elite, fato e ficção e outras constituem a base dos públicos antiestruturais que discutiremos adiante. No exemplo da roda d'água, um fator central para determinar o comportamento que um sistema vai assumir é sua *viscosidade*, ou seja, a resistência à deformação de suas partes em relação umas às outras (o mel, por exemplo, é mais viscoso que a água). Grandes variações na viscosidade podem "causar grandes diferenças num sistema – por exemplo, a diferença entre chegar-se a um regime estacionário ou à oscilação periódica" (Gleick, [1987] 2006: 42).

Uma hipótese é que, nas últimas décadas, uma mudança muito rápida no ambiente de mídia tenha reduzido bruscamente essa viscosidade, intensificando assim desequilíbrios nos fluxos sociotécnicos. Em outras palavras, mudanças sociais que teriam ocorrido mais lentamente estão se dando de forma bem mais acelerada e caótica. É como se, ao encontrar seus limites globais, porém incapaz de levar a cabo uma nova síntese, o sistema não tivesse outra opção senão dobrar-se sobre si mesmo. Ao invés de evoluir na relação com o entorno, ele "involui", se trancando num fluxo caótico de oscilações e inversões internas num ritmo de crise permanente.

Nos anos 1930, o antropólogo boasiano Alexander Goldenweiser (1936) descreveu padrões de involução estética na então chamada "arte primitiva". O termo foi retomado por Geertz (1969) no pós-guerra para entender os efeitos corrosivos do colonialismo na rizicultura tradicional da Indonésia. Em ambos os casos, os sistemas chegaram aos limites de sua forma global e passaram a replicar, internamente, os mesmos padrões já existentes, produzindo mais complexidade, porém sem progresso incremental – em outros termos, sem evoluir. Nesse estado, as partes precisam fazer cada vez mais apenas para conseguir ficar no mesmo lugar – nos termos de Wendy Chun (2016), "se atualizar para continuar iguais".

Nos conhecidos estudos sobre esquizofrenia que deram origem ao conceito de *double bind* (duplo vínculo) nos anos 1950, Bateson havia identificado um padrão similar nas famílias dos pacientes:

> As famílias com um membro esquizofrênico eram, com frequência, acometidas de um hábito de indecisão. Não conseguiam chegar às consultas pontualmente; seus membros estavam sempre brigando pelas mesmas coisas; não conseguiam fazer planos para o futuro. Havia uma paralisia, mas não no sentido de que eles estavam imóveis. Pelo contrário: eles não conseguiam deixar de fazer o que já estavam fazendo. E o que eles já estavam fazendo, faziam cada vez mais. (Chaney, 2017: 48)

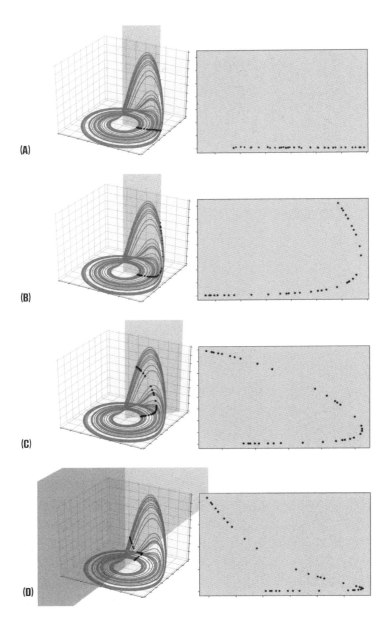

FIGURA 2 Corte transversal do atrator de Rössler num mapa de Poincaré. © Nayher Clavijo Vallejo / Divulgação

No grupo da cibernética, Wiener e von Neumann observaram esse estado de instabilidade sistêmica em computadores digitais. Quando a máquina encontrava um paradoxo, ela ficava instável, começava a oscilar e entrava em processo de *runaway*, ou de feedback positivo descontrolado: sem a contraposição de algum tipo de feedback negativo, o mesmo comportamento era continuamente reforçado (Chaney, 2017).

Uma situação de *runaway* pode, em tese, levar a um cisma definitivo entre os extremos. Todavia, não foi o que ocorreu, por exemplo, com o temido apocalipse nuclear durante a Guerra Fria. Os blocos soviético e capitalista entraram numa relação de cismogênese controlada, em que a guerra total foi "pulverizada" numa rivalidade de ordem industrial e simbólica (como na corrida espacial), e em guerras *proxy* no sul global, como a do Vietnã. Algo semelhante pode estar ocorrendo com a polarização política contemporânea. A auto-organização de um sistema em crise está conformando, em vez de um cisma, um atrator duplo que, do ponto de vista local, aparece como bordeado por opostos simetricamente invertidos (como foi também o caso na Guerra Fria). Como numa fita de Moebius, um objeto que se move ali se transforma num espelho invertido de si mesmo toda vez que atravessa para o outro lado.

O tipo de torção em jogo nas inversões que nos interessam não é, contudo, simétrica como a fita de Moebius e o atrator de Lorenz. Em termos topológicos, ela se parece mais com uma variação deste último no campo da cinética química, o atrator de Rössler, que aponta para uma dinâmica mais próxima dos públicos antiestruturais que analisaremos adiante. Como demonstra a figura acima, a órbita dentro desse atrator inicialmente oscila num plano horizontal bidimensional (x e y). Em minha leitura, ela corresponde ao público dominante numa situação próxima do equilíbrio, onde o sistema se organiza de acordo com dois extremos: um central, que também representa o todo, e um periférico, que delimita suas fronteiras externas (Dumont, [1966] 1997). À medida que o sistema vai se afastando da posição de equilíbrio, as trajetórias periféricas vão sendo esticadas, até um limiar em que são capturadas por um terceiro eixo (eixo z) perpendicular, que provoca seu desvio para um segundo plano, o qual leio aqui como sendo o plano antiestrutural.

A Figura 2 permite visualizar que esses desvios, que ocorrem em frequências irregulares, perfazem um movimento de: (a) esticar o espaço fásico, afastando os extremos das trajetórias; (b) desviar a trajetória para o eixo z; (c) realizar uma inversão perpendicular (que, como detalharemos no capítulo 3, toma a forma de uma dupla torção); (d) dobrar (*fold*) a trajetória numa ferradura, desta vez com o polo periférico englobando o central; e, finalmente, reinjetar a trajetória de volta no lóbulo principal, recombinando os extremos em outra região do espaço fásico.

A dinâmica topológica de esticar e dobrar (*stretch and fold*) do caos foi descrita pelo matemático Steve Smale nos anos 1960 e ficou conhecida como mapa de ferradura. Como Poincaré séculos antes, Smale buscou trazer a imaginação topológica[3] para o estudo de sistemas dinâmicos, usando "uma forma para ajudar a visualizar toda a gama de comportamentos de um sistema" (Gleick, [1987] 2006: 43), em vez de fazê-lo por recortes, como era o padrão na época. Recolocando nos termos do caos o antigo problema dos osciladores na física, ele chegou a um modelo que oferecia um "visual análogo da dependência sensível das condições iniciais que Lorenz descobriria na atmosfera, alguns anos depois" (: 47).

Com isso, Smale inaugurou todo um novo ramo da ciência do caos na interface entre a matemática e a física. No paradigma

---

3 A topologia "estuda as propriedades que permanecem inalteradas quando as formas se modificam ao serem submetidas a torções, dilatações ou compressões" (Gleick, [1987] 2006: 42).

newtoniano, a ciência normal linear engloba a não linearidade, forçando esta última nas equações lineares na forma de aproximações numéricas. Já no paradigma do caos, determinismo e não determinismo, aleatoriedade e ordem se recombinam. Nos termos de Doyne Farmer, um dos pioneiros do novo campo, "aqui estava uma moeda com dois lados. Havia ordem, com aleatoriedade emergente, e um passo à frente havia aleatoriedade com sua própria ordem subjacente" (Farmer apud Gleick, [1987] 2006: 236).

No senso comum, a metáfora da ferradura indica a união de extremos opostos, como a convergência conspiritual entre conspiracionismos políticos e espiritualidades *new age* ou a aproximação de disposições antissistema nos dois polos do espectro político. Com efeito, as novas mídias parecem "esticar" o sistema, afastando trajetórias na direção de extremos: culto à autenticidade e a falar livremente o que se pensa coexistindo com hipersensibilidade aos enunciados alheios; distribuição livre de conteúdo pornográfico, com um acirramento do conservadorismo moral; positivação de estéticas corporais naturais e não normativas convivendo com obsessão por *body building* e intervenções estéticas altamente padronizadas etc. Enquanto algumas trajetórias permanecem se afastando, outras são dobradas e recombinadas de novas formas, como no fosso cada vez maior entre trabalhador hiperprecarizado e bilionários super-ricos colapsando na figura do empreendedor.

No mesmo sentido, como veremos, metaenquadramentos como público-privado e fato-ficção estão sendo menos desfeitos do que forçados em seus limites e recombinados em novas hierarquias que recosturam as relações entre as escalas individual, global e de grupo. Essas formas emergentes de reintermediação antiestrutural, que são periodicamente reinjetadas no sistema dominante, parecem ainda não ter alcançado um patamar de estabilidade. Como resultado, o estado liminar vai se prolongando: nem logra evoluir numa dinâmica incremental normal, nem se desestabiliza o suficiente a ponto de bifurcar em comportamento turbulento.

A dinâmica involutiva resultante ecoa o que Fisher (2020: 10) chamou de realismo capitalista: a "extrapolação ou exacerbação da nossa própria realidade" diante da incapacidade de vislumbrar uma alternativa a um sistema que se encontra trancado em si mesmo, oscilando entre extremos. Como notou Guyer (2007), a temporalidade neoliberal é não linear, impedindo a projeção de um futuro no médio prazo. Nos resta apenas um presente imediato que "patina" sobre si mesmo, e um futuro distante e inescrutável que só pode ser imaginado na forma de visões messiânicas ou apocalípticas que sejam o inverso da realidade existente. Isso não se manifesta apenas de forma religiosa ou espiritual: boa parte do reencantamento do mundo neoliberal se dá na forma das teologias econômicas do mercado financeirizado e suas formas oraculares, conspiratórias, piramidais e fantasmagóricas (Comaroff e Comaroff, 2000). Os proponentes carismáticos e/ou conspiratórios dessas visões, como os políticos populistas e gurus de todo tipo que proliferam pela internet, se vendem como aqueles capazes de quebrar esse ciclo involutivo por supostamente incorporarem alguma forma de autenticidade fora do sistema.

O desenrolar desses movimentos sempre mostra, contudo, que também eles são agentes em disputa dentro do *mesmo* sistema sócio-histórico. A diferença é que, como vimos com Kuhn, essas disputas não se dão dentro dos enquadramentos do sistema que está em crise – a ciência normal, a democracia liberal. Esse tipo de situação pode tornar obsoletas ferramentas analíticas convencionais, nos convidando a buscar inspiração conceitual em campos intersticiais capazes de "reconectar os pontos" entre as ruínas de contextos colapsados: é o caso, por exemplo, da atual revitalização do campo da teologia política ou da teologia econômica. Concluo este capítulo trazendo um último conjunto de noções da antropologia que, a meu ver, também cumprem bem esse papel analítico.

ANTIESTRUTURA E ENGLOBAMENTO DO CONTRÁRIO

Em outra passagem conhecida do *18 Brumário de Luís Bonaparte*, Marx ([1852] 2011) parafraseou Hegel sobre os grandes acontecimentos da história europeia acontecendo duas vezes: a primeira como tragédia, a segunda como farsa. Um modo de lê-la é reconhecer que, no fluxo histórico, estamos sempre voltando, e ao mesmo tempo não voltando, para o mesmo lugar. Louis Bonaparte era e não era o retorno de seu tio Napoleão; o governo Bolsonaro é e não é o retorno dos generais do Regime Militar de 1964. A irrupção da antiestrutura não vem de fora do sistema, mas tampouco se dá exatamente da mesma forma que antes. Os repertórios antiestruturais nunca são totalmente novos, contudo, são recuperados a partir do "arquivo mimético" (Mazzarella, 2017) latente que havia sido subsumido pelas ortodoxias vigentes num ciclo histórico anterior.[4] Nos termos de nossa metáfora, o fluido que circula pela corrente de convecção permanece o mesmo, ao mesmo tempo que também se transforma a cada ciclo, podendo sofrer inclusive reversões de fluxo.

Isso ajuda a entender alguns dos padrões "estranho-familiares" observados nos públicos populistas e conspiratórios. Todos envolvem o acionamento constante de extremos, seja para rea-

---

4 O arquivo mimético é "o resíduo, enraizado não apenas nas formas explicitamente articuladas e comumente reconhecidas como discursos culturais mas também em ambientes e formas materiais, na história concreta dos sentidos e nos hábitos de nossa encorporação comum" (Mazzarella, 2017: 8).

firmar sua oposição, seja para recombiná-los de novas formas. É o caso das ferraduras onde extremos políticos e epistêmicos se tocam e se recombinam: nas conspiritualidades (Ward e Voas, 2011), nos comportamentos oscilatórios e bipolares (Fisher, 2020; Abreu, 2019), nas inversões figura-fundo que parecem "virar do avesso" (Riles, 2001) a normatividade vigente, trazendo para o centro o que era marginal, para cima o que era inferior (Cesarino, 2021e; Cesarino e Silva, no prelo).

Nos termos vistos acima, o realce e a oscilação de extremos seria uma resposta auto-organizativa ao colapso de contextos gerado pela desestruturação da "espinha dorsal" do sistema sociotécnico preexistente, que o afastou do estado de equilíbrio. Os sistemas de peritos pré-digitais ofereciam um campo socialmente compartilhado de controle da entropia, ao fixar normativamente binarismos organizadores do real como público-privado e fato-ficção. Sem esse campo comum, as antigas categorias não desaparecem, mas se desestabilizam, oscilando e se recombinando nos termos de novas matrizes sistêmicas ainda emergentes. Essa reorganização – a produção das fronteiras epistêmicas (verdade) e políticas (identidade) – tende a se dar, como nas moléculas do relógio químico, em escala menos individual do que sistêmica (Cesarino, 2021d).

Em situações-limite, essa instabilidade pode "se resolver" no tipo de inversão conspiratória característica dos públicos antiestruturais. Como veremos adiante, o sistema se abre para a camada antiestrutural (o eixo z do atrator de Rössler) por meio de uma dupla torção do tipo mímese inversa, em que a forma das categorias normativas preexistentes é mantida, porém seu conteúdo e função relativa são invertidos. Assim, por exemplo, o colapso de contextos entre fato e ficção, levado a seu limite pela lógica da plataformização, é "resolvido" por meio de uma bifurcação no nível *da própria estrutura*: entre uma camada antiestrutural (as mídias alternativas) na qual tudo é real e autêntico, e outra (público dominante) na qual tudo é falso e fruto da agência conspiratória de inimigos ocultos.

Já no caso do populismo, o colapso de contextos entre público e privado leva a uma bifurcação do tipo amigo-inimigo em que o campo público da política é englobado pela lógica privada de comunidades de destino compartilhadas apenas por aqueles reconhecidos como "amigos", e que são vistas como fonte da vida, do valor, da autenticidade e da verdade: o povo, a nação, a família, a igreja etc. Elas passam a ocupar o centro simbólico das socialidades antiestruturais emergentes, que autorizam práticas às margens da legalidade, como orçamentos secretos, pseudociências ou milícias (Feltran, 2020). Em todos os casos, o reconhecimento universal que organiza o público dominante (eixo x-y) vai sendo reinjetado por padrões de reconhecimento bifurcado prevalentes no público antiestrutural (eixo z).

O operador da dupla torção que separa os dois lados do atrator é a "pílula vermelha" (*red pill*): um modo de resolver o *double bind* (Bateson, 1972) imposto aos indivíduos por um sistema disfuncional.[5] Por que quanto mais eu trabalho, menos dinheiro tenho? Por que me esforço tanto e não tenho o reconhecimento devido? Nesses casos, a solução para a dissonância se dá, como veremos, realizando uma "troca" – um *Gestalt switch* – no nível do metaenquadramento. Assim, o indivíduo que já havia dei-

---

5 O duplo vínculo denota um paradoxo na comunicação, quando contradições repetidas entre contexto e metaenquadramento provocam instabilidades neste último, sem que seja permitido ao indivíduo falar abertamente sobre essas contradições. O paciente esquizofrênico seria aquele que passou a lidar com a "dor da contradição informacional" se treinando a "não fazer a metaconexão, ou não mostrar que a fazia. Eram incapazes de discriminar entre a mensagem e seu contexto, e, portanto, incapazes de saber 'que tipo de mensagem é essa'. Como resultado, eram forçados a recorrer a outras formas de processar disparidades que não podiam ser reconhecidas" (Chaney, 2017: 67).

xado de confiar no sistema vigente recebe uma revelação simples e intuitiva sobre a fonte oculta dos problemas que o afligem, bem como uma ilusão de retomada do controle sobre a própria vida. Em lugar de tomar a forma objetiva de fatos, como no sistema anterior, a fonte dos problemas se inverte: assume a forma subjetiva de pessoas, normalmente elites que conspiram contra o cidadão comum.

Essa gramática moralizante e subjetivista torna verossímil a promessa de regeneração total por parte de lideranças messiânicas e dos próprios indivíduos, através de seu "ativismo" virtual: bastaria eliminar essas elites para que todos os problemas fossem resolvidos. Finalmente, a configuração social preexistente – o mundo compartilhado da política, da ciência – passa de força integradora a ameaça existencial, devendo ser abandonada e purificada por meios externos à ortodoxia vigente. Como notou Dumont ([1986] 2000) a propósito do caso extremo do nazi-fascismo, essa nova *Gestalt* não gera apenas efeitos simbólicos, mas justifica e encoraja ações extralegais por parte dos indivíduos e grupos que receberam tal revelação (e que, por isso, se veem como especiais e autorizados a descumprir as normas vigentes). Como veremos, os públicos antiestruturais tanto na política como nas ciências alternativas de fato operam nos limites cinzentos da legalidade.

Levados a um extremo, esses processos antiestruturais parecem espelhar os fascismos históricos ou cultos messiânicos. Nesses casos, a trajetória pode derivar para uma ruptura de fato com a ordem social, seja pela autoimolação do grupo, como no caso de muitos cultos, seja pela ocupação do Estado e avanço de uma "solução final", como no caso dos fascismos. Não obstante essas analogias, de um ponto de vista global a transição em vista não parece caminhar para o tipo de ruptura linear ou deriva suicidária típica desses casos: o que pode estar ocorrendo é sua manifestação de forma não linear e indireta. Podemos pensar, por exemplo, no tipo de negacionismo científico que impede soluções planejadas para a crise climática, no tipo de ultraliberalismo que acelera a exploração privada do meio ambiente para benefício econômico imediato, e movimentos antivacina que, sob o pretexto de devolver a liberdade aos pacientes e seus gurus, frustram o caráter coletivo da imunização e colocam em risco a saúde e a vida de segmentos populacionais inteiros.

Assim, minha hipótese é que a propagação desses movimentos antiestruturais vem se dando em baixa intensidade, mas de forma persistente. Heterodoxias diversas passam a proliferar e se recombinar por vias digitais, formando o que Chun (2021) chamou de hegemonias invertidas. Nas novas mídias, essas forças antiestruturais vão encontrando não apenas espaço mas também encorajamento para, por meio de suas incisões pontuais no real (Abreu, 2019), irem pouco a pouco inscrevendo nele uma outra realidade sociotécnica, ancorada em camadas mais subterrâneas da internet. Vão, assim, gradualmente constituindo esferas políticas, midiáticas, epistêmicas paralelas às do *mainstream*, que o mimetizam de modo invertido. Nesse sentido, o destino de boa parte desses movimentos pode ser não uma ruptura, mas, pelo contrário, sua normalização e "*mainstream*ização" – o que já vem sendo observado em algumas plataformas de superfície, principalmente o YouTube.

Para pensar essas novas emergências, concluo trazendo uma última imagem topológica: o englobamento do contrário. O estruturalismo na antropologia chegou, por outras vias, a asserções sobre a cultura que caminham em direção similar à que Smale, Lorenz e outros pioneiros do caos propuseram para os sistemas físicos. É o caso do antropólogo francês Louis Dumont, que também pensou sistemas culturais como sendo "localmente imprevisíveis, mas globalmente estáveis" (Gleick, [1987] 2006: 48). Dumont ([1966] 1997) foi além do estruturalismo lévi-straussiano para destacar não apenas o caráter *holístico* das culturas, como também a natureza *hierárquica* dos binarismos pelos quais elas organizam seu mundo simbólico e material (Duarte, 2017). Assim como a cognição delimita as fronteiras globais do real no nível individual, a cultura faria o mesmo no plano social: delimita o conjunto daquilo que é pensável e concebível por uma coletividade. Esse trabalho de fronteira segue princípios hierárquicos, pois, como nos extremos do atrator de Rössler, seus polos organizadores não são simétricos: um deles sempre ocupará uma posição central, tendo assim um valor superior a seu oposto.

A hierarquia seria, portanto, uma implicação do metaenquadramento holístico: do fato de certas categorias operarem, ao mesmo tempo, em dois níveis lógicos distintos. Num deles ela é *parte* (ou seja, tem valor igual ao das demais partes) e no outro representa o conjunto como um *todo* (ou seja, tem valor superior às demais partes).[6] Devido a essa lacuna inerente entre os níveis lógicos – trabalhada por Bateson (1972) a partir da teoria de Russell[7] –, os sistemas culturais operariam menos processos de classificação binária estáticos do que processos de hierarquização que são holísticos, dinâmicos e contraditórios: o que Dumont chamou de englobamento do contrário.

---

6 Este é o caso do gênero masculino no conjunto da humanidade tal qual pensada no Ocidente, onde o mesmo termo – homem – denota parte e todo. Dumont ([1966] 1997) nota como, no Gênesis, essa relação é incorporada de forma literal na costela que é retirada do corpo de Adão para criar seu oposto, a mulher.

7 Segundo a teoria dos tipos lógicos, um elemento que totaliza uma classe não pode ser um membro dessa classe. Por isso, a posição englobante é inerentemente instável e está sempre sob risco. Como notaram Dumont, Douglas, Marx e outros, é o elemento que se situa na posição mais marginal do sistema que tem poderes únicos para realizar a inversão antiestrutural: reverter a hierarquia englobante que organiza o sistema como um todo.

Dumont descreveu o sistema hindu por ele estudado como organizado em torno da hierarquia pureza-impureza. Esse metacódigo define uma norma englobante para o sistema como um todo bordeada por seus extremos: os brâmanes, mais puros, e os dálits ou "intocáveis", mais impuros. Em cada sociedade, o conteúdo das hierarquias vai variar, mas sua forma global tende a estruturas comuns: em muitas, senão todas, as sociedades humanas, o polo hierarquicamente englobante (central) é tipicamente visto como fonte última da pureza, da autenticidade, da verdade, da vida, da segurança ontológica etc.

Diferente do modo como o senso comum ocidental pensa a noção de hierarquia, a teoria dumontiana *não* afirma que ela traz estabilidade e fixidez para o sistema. Os elementos localizados no extremo inferior ou periférico da hierarquia, como os intocáveis, apontam para um "fora do sistema" que desafia, de forma latente, a própria estabilidade da hierarquia – introduzindo, assim, o potencial de inversão da relação de englobamento. O populismo iliberal,[8] por exemplo, se ancora em uma série de relações de englobamento que invertem os polos hierárquicos da democracia liberal: do público pelo privado, da institucionalidade pela soberania, da responsabilização pela liberdade, do fato pela ficção, da esquerda pela direita – esta última denotando, literalmente, aquilo que é correto, moral, puro etc. Os conspiracionismos se estruturam em torno de hierarquias análogas, que reintermediam as relações entre parte e todo de modo intuitivo para os indivíduos, em contextos de crise de confiança nos sistemas de peritos que faziam, em seu nome, essa mediação (Cesarino, 2021d).

---

8   Brown (2019) prefere o termo *undemocratic* (não democrático) por reconhecer que essas forças também são parte da configuração liberal. Por outro lado, entendo que, de um ponto de vista "interno", tais forças se opõem a essa normatividade como sua antiestrutura.

Dessa forma, o fato de as gramáticas populistas e conspiratórias operarem um colapso entre parte e todo – notadamente na noção de "povo" e afins – pode ajudar a explicar o apego profundamente afetivo e subjetivo das pessoas ao líder ou à *communitas* que se forma em torno dele (Cesarino, 2020b). Um ataque ao líder ou a outros membros da comunidade é sentido, pelo indivíduo, como um ataque a si mesmo, pois o que está em jogo é a hierarquia de englobamento em *todas* as escalas, do indivíduo ao coletivo. A própria etimologia de termos como fascismo e integralismo denotam esse colapso de escalas, onde a cultura é (ou deveria ser) experimentada como interna ao indivíduo e vice-versa (Sapir, [1924] 2012: 44). A versão dumontiana do estruturalismo permite, assim, uma melhor articulação entre as dimensões cognitivistas-racionalistas e morais-afetivas dos processos culturais.[9]

Além disso, pensar binarismos enquanto hierarquias permite reconhecê-los como sendo ao mesmo tempo estáveis (princípios constitutivos da estruturação de um sistema) e instáveis (pois contêm, em si, a possibilidade de transformação). A teoria do englobamento contempla a dinamicidade dialética constitutiva dos sistemas dinâmicos que buscamos ressaltar neste capítulo. O fato de o elemento englobante ser ao mesmo tempo todo e parte introduz um paradoxo latente que torna o sistema inerentemente instável e coloca-o sob risco permanente de inversões antiestruturais. Isso também ajudaria a explicar a tendência, generalizada entre as sociedades humanas, de preocupações culturais com fronteiras, pureza e ordem serem sempre preocupações com perigo e risco de desordem (Douglas, [1966] 2010).

---

9 Embora, como notou Bateson (1972), a atribuição de racionalismo ao estruturalismo lévi-straussiano talvez venha menos da teoria em si do que do modo como foi interpretada no mundo anglo-saxão.

Como detalharemos no capítulo 4, as teorias da conspiração tipicamente tematizam ansiedades ligadas a pureza, integridade e fronteiras do corpo, muitas vezes com imagens literais: parasitismos e vampirismos (como, no QAnon, o consumo ritual de sangue infantil por elites satanistas), inoculação de substâncias ou artefatos (chip 5G ou toxicidade das vacinas), transformações biológicas ou genéticas (imposição de gêneros não binários às crianças etc.). É também por isso que, uma vez que um indivíduo entra no *rabbit hole*[10] de uma delas, é tão fácil ser tragado pelas demais: embora os conteúdos variem, a (anti)estrutura é, rigorosamente, a mesma.

A perspectiva dumontiana ajuda, ainda, a entender por que, nesses extremos antiestruturais, a luta contra o sistema toma a forma de uma luta contra a ameaça existencial de englobamento pelo contrário: a mímese inversa onde o inimigo é percebido como meu oposto simétrico. Nessas situações-limite, não há reconhecimento ou reciprocidade possível – o que, em termos maussianos, significaria a morte do laço social e a total desumanização do outro (Mauss, [1925] 2018). Colocado de outro modo, num contexto liminar de exceção onde não há estruturas compartilhadas para mediar a resolução da crise, o antagonismo assume a forma de uma guerra aberta pelo próprio metaenquadramento. Assim, no nível local, essas disputas não são experimentadas apenas como batalhas pela sobrevivência imediata. Elas perfazem uma "guerra pela eternidade" (Teitelbaum, 2020) em que, glosando Benjamin ([1942] 2020), sequer os mortos estarão em segurança se o inimigo vencer.

O englobamento do contrário seria, portanto, o sentido das inversões antiestruturais propostas pelos públicos estudados: um

---

10 A imagem da "toca do coelho", muito utilizada nesses públicos para denotar o aprofundamento no "estudo" sobre determinado tópico na internet, vem do livro *Alice no País das Maravilhas*.

modelo de reconhecimento bifurcado que seria o avesso do reconhecimento universal. Ao invés das diferenças entre os cidadãos serem englobadas por uma estrutura de igualdade que atravessa e organiza todo o campo sociopolítico (o Estado democrático de direito), o valor da igualdade é englobado por uma estrutura de diferença do tipo antagonístico onde ela é reconhecida apenas dentro do campo do "amigo", enquanto comunidade de destino compartilhada pelos "cidadãos de bem". Este termo expressa bem o tipo de inversão em jogo no englobamento do contrário bolsonarista: a categoria (liberal e institucional) de cidadão é englobada pela categoria (moral e antagonística) de pessoa de bem.

Finalmente, embora esse tipo de drama existencial pareça ser cada vez mais comum, em sua forma "pura" ele tem se limitado a segmentos mais radicalizados e sectários, como nos conspiracionismos antivacina ou na defesa da intervenção militar. Em vez de uma ruptura linear que bifurcaria o sistema social como um todo em comportamento aleatório, na forma de sedição ou guerra civil, vemos, com maior frequência, oscilações e ferraduras aproximando e recombinando os extremos do sistema. Com efeito, a literatura acadêmica recente tem proposto a hibridização de termos que antes se definiam em oposição: conspiritualidades (Ward e Voas, 2011; Asprem e Dyrendal, 2015); tecnopopulismos (Gerbaudo, 2018; Bickerton e Accetti, 2021); temporalidades presentistas e apocalípticas (Comaroff e Comaroff, 2000; Guyer, 2007); experiência imediata pautada na certeza dos sentidos e causalidades inescrutáveis, baseadas, por sua vez, na revelação de elos ocultos (Cesarino, 2021e); e, na chave do pós-neoliberalismo, governamentalidade e soberania (Davies, 2021).

Parte do argumento deste livro é que, embora essas dinâmicas sistêmicas possam ser observadas em seu estado, por assim dizer, "selvagem", no caso dos públicos digitalmente mediados, temos um fator novo: uma infraestrutura técnica cuja arquitetura segue, ela própria, princípios cibernéticos. Antes de prosseguir com a análise dos populismos e conspiracionismos, é vital compreender o funcionamento e a lógica subjacentes a essa infraestrutura. Ela tem desempenhado um papel ativo no sentido não apenas de abrir espaço para emergências antiestruturais mas também de reorganizar processos sociotécnicos a partir de uma lógica que é, ela mesma, alternativa à do sistema de peritos pré-digital. O próximo capítulo busca abrir algumas de suas "caixas-pretas" (Pasquale, 2016) para argumentar que essa infraestrutura técnica tem, sim, uma política embutida, e que essa política introduz vieses cibernéticos favoráveis às forças antiestruturais que hoje orbitam no entorno da máquina de ressonância (Connolly, [2005] 2021) ultraliberal-reacionária.

2.
O "MAL-ESTAR" NA PLATAFORMIZAÇÃO

A história de como passamos da Web 1.0 e de seu ciberotimismo para a web contemporânea com seus problemas já foi contada inúmeras vezes. Em obras traduzidas, Morozov (2018) e Zuboff (2021) analisaram a trajetória da indústria *tech* e de seu modelo econômico, mostrando como a Google e demais gigantes do setor têm não apenas resistido às crises do capitalismo neoliberal como vicejado por meio delas: da crise securitária pós-11 de setembro de 2001, que sedimentou a Web 2.0 em torno do que Zuboff chamou de *capitalismo de vigilância*, à crise financeira de 2008, em cuja esteira se enraizou o modelo da plataformização e as novas dinâmicas Web 3.0. Autores como Srnicek (2016), Helmond (2015) e D'Andréa (2020) detalharam esta última transição, e Bratton (2016), Golumbia (2016), Chun (2016, 2021), Bucher (2018), Crawford (2021), entre outros, têm refletido sobre o tipo de poder e política nela implicado.[1] Expoentes da "virada ética" na própria indústria têm trazido reflexões interessantes em formatos multimídia.[2]

Em lugar de apenas repetir o que já foi dito por outros para pintar esse quadro geral, este capítulo dá os primeiros passos do argumento deste livro. Sugiro aqui que a atual infraestrutura das

---

1 Encaminho a leitora a essas referências, entre outras que serão citadas, para aprofundamento nas problemáticas envolvendo o setor *tech* e seus efeitos sociais.
2 Além do docudrama *O dilema das redes*, destaco o podcast do Center for Humane Technology, *Your Undivided Attention*.

novas mídias possui um *viés político*, e que esse viés é favorável à direita iliberal, aos conspiracionismos e às demais forças antiestruturais que ressoam em seu entorno. Leitores de Freud ([1930] 2011) reconhecerão no título acima a referência a uma de suas principais obras, *O mal-estar na civilização*. Nesse livro, o autor discutiu as contradições entre os desejos e impulsos dos indivíduos e os controles e normas impostos pela ordem social. Esta última – a "civilização" – teria o papel de reprimir esses impulsos para possibilitar a própria existência da sociedade, condenando os indivíduos a um "mal-estar" perpétuo.

Este livro parte da ideia de que, hoje, nossas sociedades também sofrem um "mal-estar" derivado de disjunções entre indivíduos e sistema social. Mas ele não se dá nos termos em que o problema se colocou para o pai da psicanálise no início do século XX. Argumento que parte desse mal-estar se liga ao modo como as novas mídias introduzem, difundem e capilarizam uma infraestrutura técnica que *acelera* a temporalidade sociotécnica e assim aprofunda a desestabilização dos sistemas preexistentes. Ao mesmo tempo, vão reestabilizando novas formas de reintermediação que, em larga medida, *excluem* os indivíduos do controle cognitivo desses processos. Ao fazê-lo, desencadeiam regiões caóticas com efeitos sistêmicos imprevisíveis e não intencionados pelos designers dessas tecnologias: notadamente, a proliferação das forças *antiestruturais* que enfocamos neste livro. A aposta é que, através do paradigma cibernético, é possível reajustar nossas lentes para ver essas emergências como parte da dinâmica não linear de sistemas longe do equilíbrio, caracterizada pelas oscilações, bifurcações e inversões discutidas no capítulo anterior.

Este capítulo enfocará a dimensão da materialidade técnica implicada nesses processos, cujo papel deve ser pensado a partir da perspectiva não determinística esboçada no capítulo anterior. Essa dimensão é central, pois é nossa hipótese que os padrões antiestruturais discutidos adiante não derivam apenas do comportamento "espontâneo" de sistemas longe do equilíbrio que buscam uma nova reorganização. Eles seriam materialmente orientados por uma infraestrutura técnica construída, ela mesma, com base em pressupostos invertidos. Estes incluem assimetrias fundamentais que produzem zonas de opacidade entre usuários e sistemas algorítmicos, entre plataformas e o aparato regulatório democrático, entre os próprios desenvolvedores e a dinâmica interna dos algoritmos de segunda ordem (*machine learning*, inteligência artificial – IA), entre a lógica hiperfinanceirizada do *venture capital* que financia o setor e o melhor interesse dos cidadãos.

Uma inversão técnica central realizada pela indústria *tech*, na qual se ancoram outras discutidas aqui, se dá na própria relação pela qual agente e ambiente coemergem. Os ambientes das novas mídias são construídos a partir de um pressuposto inverso àquele que orienta a normatividade e o senso comum na modernidade liberal: o usuário humano não é o agente, mas o *ambiente*, para a agência de sistemas não humanos. É assim que se estruturam não apenas as arquiteturas cibernéticas das plataformas mas a própria lógica econômica que orienta o *mainstream* da indústria *tech*. Parte da força política desses agentes não humanos – bem como dos agentes humanos que deles se aproveitam – advém, como em outros casos, da invisibilidade desses pressupostos.

Um argumento complementar é que o viés político embutido nas novas mídias se manifesta no mundo off-line menos nos termos convencionais das análises de conjuntura do que nos termos do que Connolly ([2005] 2021) chamou de *media politics of resonances* (*grosso modo*, uma política midiática de ressonâncias).³ Nos anos 2000, o autor propôs entender o tipo de aliança

3   A ideia de ressonância já foi trabalhada por muitos autores (Prigogine e Stengers, 1984; Sennett, 1999; Mazzarella, 2017). Optei aqui pela

entre conservadores e neoliberais nos Estados Unidos fora da chave da identidade política num sentido convencional. Essa identificação refletiria, antes, um tipo de "espiritualidade" compartilhada que não precisa ser expressa referencialmente para ser apreendida por aqueles que a abraçam. Antes de compartilharem uma identidade comum no sentido sociológico canônico, essas pessoas e grupos compartilham ressonâncias que se dão no nível *pré-representacional* dos afetos, hábitos, memórias, experiências e estilos de vida.

No caso da direita ultraliberal-reacionária, as noções ressonantes de boa vida orbitam em torno de cadeias de equivalência que ligam, por exemplo: busca de realização pessoal mediante ganhar muito dinheiro; consumo de suvs, caminhonetes, carne vermelha e outros itens de alto custo ambiental; famílias nucleares heterossexuais e armadas, nas quais cada membro conhece seu lugar e cuida da própria segurança; defesa intransigente da liberdade ao ponto da desresponsabilização quanto às consequências das ações individuais para o mundo comum compartilhado com outros que não fazem parte de sua comunidade de destino (família, igreja, cidadãos de bem etc.). No centro dessa força político-espiritual baseada no reconhecimento bifurcado estariam inversões antiestruturais com relação ao sistema hegemônico até os anos 1960, regido por um modelo de reconhecimento universal e de englobamento do privado pelo público, da diferença pela igualdade, do individualismo pelo universalismo etc. (Connolly, [2005] 2021; Brown, 2019).

O que falta a essa literatura é detalhar como, hoje, essa política de ressonâncias tem sido impulsionada pelas propriedades técnicas da atual infraestrutura de mídia. Tanto a ênfase

versão de Connolly (2002, [2005] 2021) pois o autor construiu uma rara perspectiva holística articulando teoria política com mídia, linguagem, cognição encorporada e dinâmicas sociais.

no plano pré-representacional dos afetos como as tendências cronotópicas (ou seja, de organização espaço-temporal)[4] constitutivas dessas forças políticas *são características dessa infraestrutura técnica*. Assim, esta também participa do campo de ressonâncias que propicia a organização e expansão dessas forças políticas. Os públicos do populismo radical e dos conspiracionismos constituiriam núcleos periféricos (Prigogine e Stengers, 1984: 182) desse campo emergente: casos extremos e "purificados" de padrões que, na esfera pública de superfície, tendem a operar de forma diluída. A segunda parte deste livro partirá desses núcleos para extrapolar seus efeitos difusos – nos termos de Nunes (2022), sua "força gravitacional" – em outras camadas do atual ambiente de mídia. Esses efeitos incluem uma normalização gradual de certos padrões antiestruturais, no que pode estar se constituindo como uma segmentação permanente da esfera pública ancorada nas novas mídias.[5]

Sob o prisma cibernético, portanto, o principal efeito político das novas mídias não diz respeito à conjuntura: às forças políticas particulares que, em determinado momento, são beneficiadas por elas. Remete, antes, a toda uma tecnopolítica, ou ao modo como essas mídias vêm transformando *estruturalmente* a esfera pública. É um processo profundamente contraditório, que só pode ser apreendido de forma dialética. Produto do ímpeto democratizante das sociedades modernas, essas (anti)estruturas emergentes fazem proliferar contradições que retornam

---

4   Utilizo o termo no sentido da etimologia original (tempo + lugar), inserindo o componente temporal (*chronos*) na noção de topologia.
5   Esta não é uma tendência universal. Estados mais fechados, como a China, vêm buscando limitar e controlar os excessos de segmentação antiestrutural. É possível que, em se tratando de uma sociedade não individualista, a consciência das implicações dessas mídias no sistema como todo – o que chamei de *apercepção cibernética* (Cesarino, 2021a) – seja mais clara.

para ameaçar o próprio modelo de democracia liberal vigente que, assim como a ciência moderna, supõe a possibilidade de um *mundo comum* minimamente compartilhado pelo conjunto dos indivíduos numa mesma sociedade. Já a atual infraestrutura de mídia introduz um viés técnico favorável ao realce dos extremos: a uber-política da soberania individual por um lado, e ilusões pós-políticas de mediações técnicas neutras (no caso algorítmicas), por outro. O sistema como um todo é assim empurrado para um estado longe do equilíbrio, em que os extremos oscilam e se recombinam em ferraduras "tecnopopulistas".[6]

A explicação negativa permite reconhecer a inversão que predomina nesse estado de crise permanente, em que padrões emergentes de agência e tomada de decisão se dão menos no plano individual dos usuários humanos do que no nível global dos sistemas cibernéticos. É indiscutível que atores humanos participam desses sistemas: usuários comuns, mas também grupos organizados que atuam de forma tática para direcionar os ambientes nos quais esses usuários creem operar "livremente" (Cesarino e Nardelli, 2021). Mas é impossível entender os agentes humanos sem compreender o comportamento e a tomada de decisão dos agentes cibernéticos não humanos, que com eles coemergem por detrás das telas dos smartphones. Um propósito deste capítulo é visibilizar essas engrenagens centrais, em larga medida ocultas, da máquina de ressonância discutida na segunda parte do livro.

INFRAESTRUTURAS TÉCNICAS TÊM POLÍTICA?

Em 1980, Langdon Winner ([1980] 2017) publicou um artigo que levantava uma questão-chave para o campo CTS: artefatos

---

[6] Tomo o termo de Bickerton e Accetti (2021), embora eu discorde do caráter simétrico que eles emprestam aos híbridos tecnopopulistas.

têm política? Ali, o autor buscou demarcar uma posição analítica que não recaísse nem num determinismo tecnológico (que explicasse fenômenos sociais pela tecnologia) nem num determinismo sociológico (que explicasse as tecnologias por forças sociais).[7] A questão de Winner é simples e pode ser recolocada nos termos da explicação cibernética. Ele sugeriu que sistemas técnicos podem ter vieses políticos porque estes foram originalmente embutidos no design – como os viadutos rebaixados de Robert Moses, que, nas reformas urbanas em Nova York, impediram que os ônibus chegassem a áreas gentrificadas da cidade. Ou então os efeitos políticos da técnica podem ser não pretendidos, como no caso das colheitadeiras de tomate da Universidade da Califórnia, que foram decisivas para a deterioração dos direitos trabalhistas e concentração monopolística do setor agrícola naquele estado.

Para descrever o tipo de política que subjaz à técnica, Winner se valeu de discussões da época sobre o caráter centralizador/autoritário/rígido versus descentralizador/democrático/ flexível das tecnologias. As tecnologias nucleares seriam o exemplo canônico de artefatos autoritários, por demandarem, para seu funcionamento apropriado, hierarquias rígidas de comando e controle. No caso das atuais infraestruturas cibernéticas, é preciso adaptar o procedimento de Winner ao atual contexto invertido no qual liberdade e controle, agente e ambiente "trocam de lugar". Argumento aqui que esses sistemas têm uma política, e que essa política se materializa num viés infraestrutural favorável a forças sociopolíticas e epistêmicas que ressoam, hoje, junto

---

7 Segundo o princípio da simetria, a sociologia da ciência deveria, em lugar de explicar o erro na ciência por fatores sociais e a verdade por fatores dados na natureza, analisar tanto erro como verdade pelos mesmos fatores. Latour ([1991] 2013) propôs que se simetrizassem também os domínios natureza e cultura, agentes humanos e não humanos. A explicação cibernética vai além da teoria do ator-rede, ao trabalhar dinâmicas espaço-temporais e causais de base não linear e holística.

à convergência ultraliberal-reacionária. E que embora esses efeitos não tenham sido pretendidos pelos designers dessas tecnologias, a forma de comando e controle pela qual as atuais arquiteturas digitais operam incide diretamente sobre a proliferação dessas forças antiestruturais.

Exploro a seguir o modo como essas infraestruturas cibernéticas propiciam *vieses organizacionais* que, embora embutidos no design, só emergem plenamente *na relação* com grupos e atores *concretos* (incluindo aí os próprios algoritmos). Esses vieses estão estruturados de formas que alguns chamam de "iliberais" por irem de encontro ao modelo de reconhecimento universal subjacente ao Estado democrático de direito. Enquanto estes últimos tenderiam à linearidade keynesiano-fordista predominante durante a Guerra Fria, os primeiros convergiriam com as dinâmicas não lineares que ganharam força a partir dos anos 1970 em diversos campos: da financeirização às novas teorias da guerra, das tecnologias digitais à reestruturação neoliberal do trabalho e das subjetividades (Mirowski, 2006; Osinga, 2007; Paraná, 2016; Fisher, 2020; Lepore, 2020; Zuboff, 2021).

Em sintonia com a torção dialética da configuração neoliberal pós-2008 (Brown, 2019; Plehwe, Slobodian e Mirowski, 2020; Davies e Gane, 2021; Andrade, Côrtes e Almeida, 2021), a plataformização ofereceria "vantagens comparativas" à renovação da direita neoliberal-reacionária no sentido antiestrutural capitaneado pela *alt-right* e mimetizada pelo "bolsonarismo raiz". É previsível que forças antiestruturais sejam as primeiras a ocuparem e dominarem tecnicamente um novo ambiente de mídia. Também é esperado que elas tenham, num primeiro momento, uma vantagem tática na disputa com seus oponentes, plasmados pelas estruturas vigentes no período pré-digital: partidos políticos, esfera pública pluralista baseada no englobamento do privado pelo público, procedimentos de produção de verdade centrados nas elites profissionais do sistema de peritos etc.

(Cesarino, 2021d). Pela via da internet participativa, a direita alterativa foi ocupando novos nichos do mercado político a partir de suas margens, opondo-se não apenas ao campo progressista mas também à direita convencional.

O fato de forças antiestruturais à direita do espectro político terem se aproveitado melhor do vácuo de governança aberto pelas novas mídias se deve a fatores em parte contextuais, em parte estruturais. O fim da Guerra Fria e a hegemonia do que Fisher (2020) chamou de realismo capitalista fez com que as contestações antiestruturais aos problemas causados pelo capitalismo passassem a vir de dentro do próprio sistema – mais precisamente, de suas derivas libertárias e anarcocapitalistas por um lado, e iliberais e reacionárias por outro. Boa parte da esquerda, por outro lado, havia passado de força antiestrutural a parte constitutiva da composição social-democrata no bloco histórico keynesiano-fordista do pós-guerra – uma composição que se renovou, no pós-Guerra Fria, nos termos do que Fraser (2018) chamou de neoliberalismo progressista.

Assim, a direita de viés ultraliberal e reacionário passou a ocupar o espaço antiestrutural que outrora pertencia à esquerda, porém a partir de extremos constitutivos do próprio sistema capitalista (e não da alternativa a ele, o socialismo). Um movimento contraditório similar ocorreu na própria indústria *tech*, cuja ideologia "ciberlibertária" original continua paradoxalmente viva num setor que, hoje, é um dos mais lucrativos e concentrados do mundo (Turner, 2008; Chun, 2021). Mas as afinidades entre a direita iliberal e as novas mídias não são apenas da ordem da conjuntura histórica. Buscarei aqui desenvolver argumentos anteriores sobre a *convergência formal* entre essa infraestrutura técnica e a deriva iliberal subjacente à convergência neoliberal-reacionária no pós-2008 (Cesarino, 2021d). Essa convergência estrutural propicia a ressonância política entre elas, nos termos da política dos artefatos técnicos de Winner.

Muitas reflexões sobre o tipo de poder encapsulado nas novas mídias seguem o insight foucaultiano-deleuziano sobre as sociedades de controle (Deleuze, 1992), em que o poder atua menos como forma de coerção do que de *produção* de sujeitos: nos termos de Foucault, como ele atua na "conduta da conduta", ou age sobre as ações dos indivíduos sem que eles se deem conta. A perspectiva cibernética converge com esses diagnósticos, porém, adiciona outras duas dimensões analíticas. A primeira busca visibilizar processos contraditórios de controle e influência que, embora propiciados pelo modo como as plataformas são estruturadas, escapam à intenção de seus designers originais. A perspectiva do capítulo anterior sobre sistemas longe do equilíbrio pode nos ajudar a antever possíveis níveis de ordem emergente a partir dessas contradições.

Além disso, a explicação cibernética tem um caráter perspectivo: o tipo de poder que opera na e pela plataformização é experimentado de forma diferencial a depender de onde se situa o observador. Do ponto de vista do sistema pré-digital, por exemplo, a atual infraestrutura é desorganizadora e entrópica. Já do ponto de vista da antiestrutura emergente, ela é organizadora e neguentrópica (Cesarino, 2021d; Cesarino e Nardelli, 2021). Na escala do usuário, a infraestrutura é feita para ser experimentada como individualizada, libertadora e até empoderadora (Chun, 2016). Já na escala do aparato técnico, ela é altamente centralizada, pouco transparente e patentemente monopolística, dominada por grandes corporações que cresceram de forma desregulada e com baixíssima *accountability* pública (Morozov, 2018; Neto, 2020). A cada momento, portanto, há distintos níveis sistêmicos em operação, num complexo jogo de escalas como apresentamos no capítulo 1.

Em vez de governamentalidade e sociedade do controle, prefiro pensar em termos de formas não lineares e contraditórias de reorganização. Nesse caso, os polos que organizam esses conceitos – coerção versus produção de sujeitos, individualismo versus relacionalismo, soberania versus governamentalidade – também oscilam, se invertem e são recombinados em novas composições emergentes. Essa abordagem busca fazer jus aos paradoxos envolvidos: não para desfazê-los, mas para reconhecer sua origem na não linearidade. O instrumental analítico para isso será detalhado na próxima seção, e o restante do capítulo mostrará como a plataformização tem propiciado o afloramento de forças antiestruturais que simultaneamente desintermedeiam e reintermedeiam processos na política e em domínios adjacentes – mais precisamente, como ela faz colapsar a diferença entre esses domínios, permitindo recombinações na direção das inversões antiestruturais típicas dos públicos estudados.

Esse procedimento analisa, simultaneamente, a dinâmica de controle embutida na infraestrutura técnica, e os efeitos antiestruturais não previstos aos quais ela vem dando vazão *em sua interação* com usuários humanos e, especialmente, com a ação tática de influenciadores. Como veremos, os padrões observados nos fenômenos em tela perpassam essas três escalas de agência e tomada de decisão, constituindo assim um campo de ressonâncias comum. A hipótese de fundo, introduzida no capítulo 1, é que a capilarização das novas mídias junto à cognição dos usuários vem reduzindo a viscosidade dos sistemas sociotécnicos, permitindo que forças antiestruturais aflorem com mais rapidez e força do que teriam feito no ambiente pré-digital. À medida que vão infiltrando as fendas das ortodoxias vigentes, elas quebram sua simetria e pressionam por bifurcações na direção de novos regimes políticos e epistêmicos. No que segue, construiremos um modelo para compreender como essas mudanças sistêmicas estão se dando, com base na noção de públicos antiestruturais.

TEORIA DAS *AFFORDANCES* E EXTERNALIZAÇÃO DO FLUXO DE CONSCIÊNCIA

No Ocidente e em suas áreas de influência, nos vemos, por *default*, como sujeitos: agentes (ativos) atuando em um ambiente que é objeto (passivo) de nossa ação e atenção. Embora essa individuação da agência humana numa noção de "eu" seja um procedimento cognitivo básico de nossa espécie, a antropologia tem mostrado como a modernidade o elevou a fetiche ideológico de forma inédita no conjunto das culturas humanas (Mauss, [1950] 2018; Bateson, 1972; Dumont, [1966] 1997). Para nós, é muito difícil e contraintuitivo nos enxergarmos como ambiente para um outro tipo de agência, seja ela humana ou não humana. Mas é isso que sugeriram, ainda antes da internet, teóricos de sistemas como Gregory Bateson e Niklas Luhmann. E efetivamente, é esse tipo de inversão que subjaz à economia da atenção e a sua extração da "mais-valia comportamental" (Zuboff, 2021) na forma de (meta)dados pessoais. Essa inversão ocorre sem que isso seja comunicado aos usuários, pois, se visibilizada enquanto tal, comprometeria a própria lógica da influência embutida no design técnico das novas mídias.

  Essa incapacidade de nos vermos como ambiente sujeito à influência de agências que operam em planos pós- e pré-individuais não é apenas um obstáculo à análise lúcida dos fenômenos em tela. Ela é parte central desses fenômenos, visto que a eficácia da lógica de influência que fundamenta a atual economia digital (e suas reverberações políticas e epistêmicas) pressupõe justamente que os usuários individuais se sintam livres e soberanos. Todavia, quando "fazemos nossa própria pesquisa" online, encontramos a informação que buscamos porque essa informação também está, ativamente, nos procurando (Zuboff, 2021).

  Para que a economia de dados funcione, é preciso que nos coloquemos à disposição enquanto ambientes propícios à extração de valor justamente ao negarmos, ou sequer concebermos, essa possibilidade. Na epígrafe deste livro e em outras ocasiões, Bateson alertou para esse perigo, ao testemunhar em primeira mão a emergência de saberes e aparatos que propiciavam novas formas de comando e controle por meio da comunicação cibernética (Chaney, 2017). Esses saberes e aparatos vinham, em sua época, se desenvolvendo no cruzamento entre os campos tecnológico, militar e de marketing de massa, num contexto de Guerra Fria anterior ao surgimento da internet (Lepore, 2020).[8]

Entender o atual ambiente de mídia e seus efeitos exige formas de pensar agência, causalidade e tomada de decisão *fora* do sentido que essas noções adquirem no senso comum, inclusive acadêmico. Um subsídio importante tem sido a teoria das *affordances* de James Gibson (2014). Original da psicologia ecológica, foi apropriada para campos como novas mídias e design. *Affordance*, traduzível por propiciação (Velho, 2001), diz respeito a potencialidades de um ambiente que emergem *na relação* com um organismo: o que ele *afford* (propicia) que o organismo faça (ou não). Um exemplo simples é a água. Um lago é um ambiente que possui *affordances* de andabilidade para certas espécies de insetos ou répteis, mas não para humanos. Para nós, ele propicia outras ações: mergulhar, beber água, se refrescar etc. As *affordances* não estão nem no organismo, nem no ambiente, mas *na relação de coemergência* entre eles.

Transpor essa problemática para a relação entre usuários humanos e artefatos técnicos implica pensar estes últimos como objetos inacabados, que só são "completados" mediante

---

[8] No campo do filme documentário, Adam Curtis apresenta diferentes ângulos sobre as relações coconstitutivas entre cibernética, teorias da mente, o campo militar, tecnologias computacionais, mídia e marketing de massa e, a partir de *The Trap* (2007), neoliberalismo.

sua apropriação por atores concretos (Hutchby, 2001). Embora todo designer embuta no artefato modelos ideais de quais seriam seus usuários, durante o processo de uso essas propriedades não necessariamente se concretizarão da forma pensada por seu criador (Bijker, Hughes e Pinch, [1987] 2012; Akrich, 2014; De Laet e Mol, 2000). Conceitos como trabalho e objeto de fronteira (*boundary work, boundary object*) refinaram o entendimento dos modos como artefatos técnicos não apenas ganham vida no mundo social mas ajudam a moldar esses mundos, organizar e demarcar suas fronteiras, e realizar novas conexões entre suas múltiplas camadas (Star e Griesemer, 1989).

Na literatura sobre novas mídias, o conceito de *affordance* foi popularizado a ponto de se tornar um jargão – tendo sido, nesse processo, previsivelmente simplificado.[9] *Affordances* não são propriedades fixas *das* plataformas, mas potencialidades que *coemergem* entre a arquitetura de mídia e o comportamento dos usuários. Enquanto tais, não necessariamente seguirão a intenção original de seus desenvolvedores (Hayes et al., 2016; Costa, 2018). Nesse sentido, controvérsias sobre se as plataformas entregam ou não o que prometem aos seus clientes (anúncios microdirecionados a usuários que serão influenciados a comprá-los), ou se a Cambridge Analytica conseguiu ou não mobilizar esse aparato para influenciar eleições, estão mal colocadas (Laterza, 2021). Visões da tecnologia como *causa* – ou como não causa, o que dá no mesmo – dos populismos, conspiracionismos e demais fenômenos em tela estão prenhes do viés linear pelo qual a explicação positiva pensa a técnica. Como veremos, o problema não está naquilo que as plataformas e seus peritos *dizem* que conseguem fazer. Está, antes, naqueles efei-

---

9 Para corrigir esse reducionismo, Costa (2018) introduziu um conceito de *affordances*-na-prática, sendo que, na formulação original de Gibson, não existem *affordances* que não sejam "na prática".

tos que eles *não* conseguem prever nem controlar diretamente. Ainda assim, são efeitos que coemergem a partir da infraestrutura técnica que eles criaram e, dessa forma, carregam vieses de seu design original.

É por isso, também, que estudos computacionais mostram limitações, como nas eternas controvérsias sobre se o algoritmo do YouTube causa ou não radicalização, ou se o algoritmo do Facebook causa ou não polarização afetiva. Conduzir esse tipo de investigação sem levar em conta o comportamento dos usuários humanos é, no mínimo, pintar um quadro incompleto. Embora tenham uma programação prévia, os algoritmos aprendem e se atualizam a partir da relação longitudinal com usuários reais, que trazem consigo outros fatores, extra-algorítmicos, conducentes à radicalização ou à polarização (Lewis, 2018). Da mesma forma, concluir que o Facebook não causa polarização porque usuários politicamente opostos têm acesso ao conteúdo do outro lado não diz nada sobre como esse conteúdo está sendo lido por eles. Os fatores de polarização ou de radicalização não estão nem nos sistemas algorítmicos nem na vida off-line dos usuários, mas *no sistema* que coemerge entre eles (Bateson, 1972).

Inovações técnicas cruciais pavimentaram o caminho para a hegemonia do modelo da plataformização e as *affordances* que vêm se mostrando relevantes para os fenômenos em tela. Dispositivos móveis como tablets e smartphones propiciaram aos sistemas algorítmicos uma capilaridade inédita na relação com os usuários humanos, enquanto as *application programming interfaces* (APIs) permitiram o fluxo e o compartilhamento dos dados extraídos entre as plataformas e terceiros (Helmond, 2015). Essa reorganização permitiu uma integração ao mesmo tempo *extensiva* entre plataformas, e *intensiva* entre usuários e seus aparelhos: uma relação cada vez mais cotidiana, capilarizada e personalizada em escala tanto individual como planetária (Bratton, 2016).

Na própria indústria *tech*, a noção se vale de uma analogia com plataformas de trem ou metrô para ressaltar o aspecto de fluxo e conectividade, pressupostos como inerentemente positivos e desejáveis. Mas o termo também guarda um sentido próximo ao da plataforma política, pois seus sistemas algorítmicos (de busca, recomendação, *feed* de notícias etc.) decidem quem terá voz e alcance, quando e como (D'Andréa, 2020). Há, ainda, um terceiro sentido, de ordem cognitiva, que evidencia como as plataformas atuam enquanto infraestruturas para as quais os usuários *externalizam seu fluxo de consciência* (Chun, 2016; Neto, 2020). Essa captura é possível porque, segundo o paradigma ecológico, a percepção envolve não o "processamento sensorial de inputs, mas a extração de invariantes do fluxo de estímulo" (Gibson, 2014: IV). Assim, seria na extração de novos invariantes, como identidades populistas e teorias da conspiração, que os algoritmos humanos e não humanos se alinhariam. São as *affordances* direcionadas à produção desse efeito global, portanto, que mais nos interessam.

Essa externalização se manifesta, por exemplo, na tendência a continuar pensando no que acontece ou poderia estar acontecendo em aplicativos ou mídias sociais mesmo quando não estamos conectados ali. Em casos extremos, isso pode gerar problemas de adicção ou distúrbios de saúde mental relacionados a ansiedade, déficit de atenção, depressão e outros que ecoam a dinâmica instável e não linear desses aparatos (Scott, Valley e Simecka, 2017). Manifestações menos severas desses efeitos são reconhecidas por jargões da cultura de internet como o FOMO (*fear of missing out*, ou receio de ficar por fora). Como argumentou Gabriel Tarde há mais de um século, a experiência de simultaneidade temporal via processos miméticos – de que o que experimentamos é compartilhado por muitos outros indivíduos – é uma das formas mais potentes de produção de sociabilidades e identidades. Além disso, no estado de multidão, os "ângulos da individualidade se atenuam mutuamente em proveito do tipo nacional [ou seja, coletivo], que sobressai" (Tarde, [1901] 2005: 16). Esse "todo" é mais permeável a contágio, pois, alinhadas as individualidades, a informação "passa" com mais facilidade e rapidez: consequentemente, o indivíduo se torna mais suscetível à influência.

Diferente do tempo em que escreveu Tarde, quando comportamentos de multidão ocorriam de modo espontâneo e imprevisível, no caso da plataformização a formação de multidões não é fortuita. Na indústria *tech*, saberes interdisciplinares são mobilizados para construir arquiteturas de rede capazes de capturar e colocar a consciência reflexiva dos usuários em um estado de fluxo (*flow*) controlado por sistemas algorítmicos, visando sobretudo a maximização do tempo de tela e a extração ininterrupta de dados (Chun, 2016). Economia comportamental, captologia, marketing de influência, modelos de comportamento animal individual e coletivo produzem efeitos cognitivos análogos aos observados em cassinos, estados hipnóticos ou rituais (Parikka, 2010; Zuboff, 2021; Seaver, 2019; Marres, 2018; Nadler e McGuigan, 2018; Hayden, 2021). Produz-se, assim, a sugestibilidade típica das multidões (Tarde, [1901] 2005), mas por formas de mediação – métricas e feedback – outrora característicos da opinião pública (pesquisas de opinião etc.).

Inovações nesse sentido foram sendo gradualmente introduzidas na transição entre a Web 1.0 e a 2.0. Uma mudança crucial realizada em 2006 pelo Facebook, logo seguida por outras redes sociais, foi a algoritmização do *feed* de notícias. Diferente do mural do Orkut, por exemplo, que exibia todas as postagens feitas pelos contatos, o conteúdo do *news feed* passou a ser selecionado por algoritmos. Um complemento essencial ao *news feed* foi a *infinite scroll* (barra de rolagem infinita), produzida por um algoritmo que "cola" na mesma página postagens que, na Web 1.0, eram "passadas" pelo usuário, como as páginas de um livro. O objetivo dessas e de outras *affordances* passa a ser, cada vez mais, reduzir a fricção para que o usuário permaneça mais tempo conectado.

Os critérios desses e de outros algoritmos não são conhecidos no detalhe. Mas sabe-se que tendem a privilegiar postagens mais recentes e conexões entre comportamentos adjacentes. Nos termos de Chun (2016), privilegiam temporalidades de crise permanente e segmentações do tipo homofílicas, que conectam igual com igual. É neste sentido que podemos dizer que quando buscamos uma informação, por exemplo, no Google, a informação também está nos buscando: os algoritmos estão captando dados de nosso comportamento para procedimentos de clusterização junto a outros usuários.

Esses procedimentos algorítmicos não seguem critérios predefinidos (como relações de parentesco, trabalho ou amizade), mas recursivos e emergentes a partir dos próprios dados (Kotliar, 2020). A forma de construção do laço social sofre, portanto, uma inversão: em vez de os sujeitos serem socializados dentro de uma estrutura preexistente (escola, movimento social, igreja), são os grupos que emergem a partir das relações algoritmicamente mediadas entre os sujeitos. Não se trata de redes horizontais, pois as dinâmicas são circulares: partem tanto de "cima pra baixo" (nível global do cluster) como de "baixo pra cima" (comportamento dos usuários individuais). Influenciadores tornam-se mediadores centrais desses públicos-em-rede em nichos e momentos específicos.

Nesse modelo de internet, os usuários vão perdendo o controle daquilo que aparece para si e de como eles mesmos aparecem para outros. Essas decisões vão sendo delegadas para os algoritmos e os usuários passam a uma posição cada vez mais passiva. O grande paradoxo do capitalismo de vigilância – e, como já notamos, fonte da sua eficácia – é que, do ponto de vista dos usuários, poucos entendem a própria experiência nas plataformas como sendo de passividade (Pierson, 2021). Pelo contrário, ali prevalece o que van Zoonen (2012) chamou de eu-pistemologia (*i-pistemology*): a integração dos procedimentos de acesso ao real no plano da experiência imediata, da certeza dos sentidos, da trajetória e da opinião pessoais. Nas plataformas, esses efeitos são acentuados, pois os algoritmos entregam aos usuários mundos personalizados que confirmam seus enquadramentos individuais – em termos cibernéticos, que contêm um excesso de feedback positivo. Como resultado, os usuários sentem-se plenamente legitimados em suas opiniões e visões, e, assim, proativos e livres, distribuindo *follows*, curtidas ou *blocks* à vontade, como pequenos soberanos em seus microfeudos digitais (Chun, 2016).

Todavia, poucos têm real consciência do modo como as arquiteturas algorítmicas são desenhadas *para produzir precisamente esse efeito*, pois é a partir dele que os usuários serão ali mantidos e seus dados, extraídos e circulados *de forma contínua* para os mais diversos fins – de anúncios microdirecionados ao treinamento de algoritmos de segunda ordem (*machine learning* ou inteligência artificial) que aprendem por conta própria os padrões dos dados que os alimentam. Esse alto grau de alienação técnica (Oliveira, 2015) é possibilitado por uma assimetria brutal entre usuários e plataformas. Como Zuboff (2021), Pasquale (2016) e outros vêm notando, não sabemos nada sobre elas, e elas sabem quase tudo sobre nós – ao menos, o que precisam saber para gerar valor a partir de nosso comportamento e nossa atenção.

Essa assimetria fica evidente quando comparamos a função de *affordances* vistas de um lado ou do outro da tela. Do ponto de vista do usuário, o botão "curtir" do Facebook serve para indicar concordância, agradar amigos ou tecer redes. Porém, do ponto de vista da plataforma que o criou, esse botão é um input para a clusterização dos usuários com outros visando o microdirecionamento de anúncios, além de um plug-in para APIS que permitem compartilhar dados dos usuários com outros sites (Hayes et al., 2016). Outro exemplo é o ReCaptcha, que aparece, para o usuário, como um dispositivo de segurança em que temos que digitar letras ou marcar imagens para entrar em websites. Do ponto de vista da Google, foi uma forma de usar os usuários para "ensinar" sistemas de reconhecimento de caracteres em livros para o Google Books, e casas e placas para o Google Street View. No mesmo sentido, não está claro se o reconhecimento de sinais de trânsito, faixas de pedestre ou viadutos está, afinal, sendo utilizado para o treinamento de IA de carros automáticos (Ceros, 2022).

Nesses e em outros casos, os usuários constituem o ambiente a partir do qual os algoritmos aperfeiçoam *suas* habilidades. No caso dos humanos, Bateson entende processos de *enskillment* (desenvolvimento de habilidades) como se dando na dobradiça entre processos cognitivos primários (habituais) e secundários (conscientes): ao se consolidar como *skill* (habilidade), o procedimento técnico, originalmente aprendido de forma consciente, passa ao plano pré-consciente e encorporado dos "algoritmos do coração" (Bateson, 1972). Estes são "codificados e organizados de modo totalmente diferente dos algoritmos da linguagem" (: 139-40).[10] Na visão original da cibernética, é no plano dos processos primários que reside a transversalidade entre cognição humana e maquínica. Algo que, na época, foi concebido teoricamente em termos de analogia, vem sendo concretizado com a capilarização cada vez maior das novas mídias junto à cognição primária dos usuários (Chun, 2016).

---

10 É uma linguagem metafórica que trabalha com relações sem que isso se torne explícito enquanto metadiscurso, podendo levar ao colapso entre ficção e realidade – o que se alinha com o modo como Freud ([1900] 2014), por exemplo, entendia os sonhos.

Essa reciprocidade assimétrica e invertida entre usuários e algoritmos está na base de muitos dos paradoxos apontados nos capítulos seguintes. Algo que aprendi com Bateson, Luhmann e outros teóricos de sistemas é que, quando deparamos com um paradoxo, pode ser que estejamos olhando para o nível lógico errado. Nos casos em questão, muitos dos paradoxos se desfazem quando reconhecemos que o plano da agência dos usuários e das plataformas não é o mesmo. Enquanto a agência dos usuários se limita ao plano local de conteúdos postados e visualizados (mensagens, imagens etc.), a das plataformas é de ordem funcional, ou seja, se dá no âmbito da infraestrutura técnica que enquadra esse conteúdo. O comportamento aparentemente livre dos usuários se desenrola numa interface montada para produzir, nos "bastidores", *outros* tipos de efeito, de ordem propriamente sistêmica, dos quais os usuários são, por *default*, totalmente alienados.

Essas inversões decorrem, principalmente, da lógica econômica do setor *tech*: o fato de os usuários não serem os clientes das plataformas. Embora essas empresas afirmem que existem para servir aos usuários – sua conectividade, sua liberdade de expressão etc. –, na prática elas operam por meio do que Zuboff (2021) chamou de uma "indiferença radical" quanto a nosso melhor interesse. E não poderia ser diferente: é essa a lógica do capital de risco (*venture capital*) que financia o setor, também ele radicalmente indiferente ao modo como os retornos são gerados, contanto que eles venham. Essa indiferença está, ainda, na base do modelo de negócios das plataformas de mídia social, que tem uma genealogia peculiar na chamada economia da atenção.

ECONOMIA DA ATENÇÃO E O ESPAÇO-TEMPO DA PLATAFORMIZAÇÃO

Em *The Attention Merchants*, Tim Wu (2016) localizou a origem da economia da atenção no início do século XIX nos Estados Unidos. Na década de 1830, o jornal *New York Sun* resolveu arriscar uma forma diferente de fazer dinheiro, invertendo a lógica econômica prevalente no setor até então. Em lugar de vender conteúdos de qualidade para leitores educados capazes de pagar por eles, o *The Sun* passou a vender conteúdos de baixa qualidade a um preço irrisório, para o maior número possível de leitores. Assim, ele fazia dinheiro não pela venda de conteúdo para seus leitores, mas pela venda da atenção desses leitores para anunciantes. A qualidade do conteúdo não importava: pelo contrário, eram as matérias sensacionalistas sobre crime, violência, sexo e fofocas que mais vendiam. Outros jornais passaram a copiar a estratégia, e a competição entre eles levou a uma *race to the bottom*: uma corrida para o "fundo do poço". Em 1835, o *The Sun* chegou ao ponto de publicar uma matéria ilustrada anunciando que um telescópio havia observado humanoides com asas habitando a Lua. A mentira nunca foi retratada e o jornal seguiu vendendo.

As atuais plataformas seguem a mesma lógica invertida, porém sem precisar produzir conteúdo: apenas circulam conteúdos gerados pelos usuários, sejam eles pessoas comuns ou veículos de imprensa, criadores de conteúdo etc. O foco dessas empresas se volta, assim, à produção de um aparato cibernético que potencialize a captura da atenção desses mesmos usuários. Como apontam expoentes da "virada ética" na indústria *tech*, na economia da atenção a assimetria entre plataformas e usuários aumenta ao ponto de alienar desses últimos o controle sobre a própria atenção (Harris, 2019), que é o cerne do modelo de sujeito liberal autopossuído, "dono" dos próprios pensamentos e da própria vontade (Pedersen et al., 2021).

Como as plataformas se apropriam da atenção dos usuários? Estudos sobre cognição e técnica destacam que um fator central à educação da atenção é de ordem temporal: o que o antropólogo André Leroi-Gourhan ([1965] 1983) chamou de ritmo. Com efeito, é o ritmo imposto pelas mídias digitais ao cotidiano dos usuários que propicia os efeitos cognitivos pretendidos. Chun (2011, 2016) descreveu esse ritmo como uma temporalidade de crise permanente, que pontua o cotidiano dos usuários com eventos que demandam sua atenção e reação – nem que seja uma curtida, um encaminhamento, um comentário. A valência do conteúdo interessa menos que o simples fato do engajamento: para os algoritmos, é indiferente se a expressão for de amor ou de ódio.

Essas arquiteturas são construídas, portanto, de modo que sua interpelação se dê próxima à camada cognitiva dos processos primários (Bateson, 1972), vulgarmente conhecida como "cérebro reptiliano": aquela responsável pela produção de hábito, afetos e memória encorporada. O hábito é o que "permite a estabilidade, que, por sua vez, nos dá o tempo e espaço necessários para sermos verdadeiramente criativos, pois sem hábito não pode haver pensamento" (Chun, 2016: 6). Enquanto sedimentação do comportamento eficaz aprendido, o hábito é a base necessária para a criatividade e a liberdade: "Através do hábito, nos tornamos independentes dos estímulos e recompensas, produzindo espontaneamente ações e sensações que saciam e satisfazem" (: 9).

Chun sugere que a arquitetura das novas mídias inverte essa relação: ao interpelar a camada cognitiva pela qual hábitos são formados numa temporalidade de estímulo e resposta ininterruptos, ela desvirtua hábito em adicção. Adicção é um estado mental de dependência com relação a estímulos externos, gerando não autonomia do sujeito, mas seu contrário, heteronomia. A adicção costuma ser associada a comportamentos extremos como alcoolismo ou jogo compulsivo. Mas em sua forma moderada, é uma das bases da sociedade de consumo de massa, onde

[E]star satisfeito com o que já se tem [...] é estar fora de sincronia [...]. Por outro lado, o "hábito como perda" nos habitua à mudança constante, à atualização constante de hábitos necessária ao desenvolvimento de novas dependências. Essas dependências movem a "sociedade em rede" e sua lógica de captura, crise e otimização. Como colocou Steven Shaviro, redes vicejam na dívida. (: 10)

Daí a estranha sensação de estarmos sempre em dívida – sempre um passo atrás (ou vários) de onde deveríamos estar.

Outro efeito da temporalidade de crise permanente é a experiência de i-mediaticidade: o usuário passa a entender como verdadeiro aquilo que chega a seu smartphone em tempo real (Chun, 2011). Seu acesso ao mundo passa a depender da entrega ininterrupta e supostamente direta de eventos por suas redes: as *breaking news*, os vídeos de celulares e câmeras de segurança, os testemunhos de pessoas comuns, os relatos em primeira mão. Visto que cada usuário recebe dos algoritmos uma internet personalizada, é de se esperar que o "mundo real" em que cada um vive se torne também personalizado.

Chun (2016) e outros destacam que a compressão do espaço-tempo (Harvey, 1992) intensificada pelas mídias digitais reverbera padrões mais gerais da atual fase do capitalismo. Como colocou Guyer (2007), a época neoliberal se caracteriza por um tempo pontuado (*punctuated time*) onde a temporalidade "média" do planejamento (keynesiano-fordista) perde força diante da temporalidade imediata da precarização da vida por um lado e da temporalidade longínqua dos futuros inescrutáveis por outro. Tem-se, assim, não apenas o cancelamento de um horizonte de futuro comum (Fisher, 2020) mas o cancelamento do passado comum, que volta a ser disputado na forma de revisionismos históricos como o negacionismo do Holocausto, dos males da escravidão etc.

Visões lineares de progresso modernista são assim deslocados por horizontes temporais não lineares: messiânicos, milenaristas, apocalípticos, regressivos. O casal de antropólogos sul-africanos Jean e John Comaroff (2000) apontou a relação entre essas temporalidades e a financeirização crescente do capitalismo, com suas formas cada vez mais imateriais e obscuras de geração de valor. Essa coincidência não é fortuita: antes de ser apropriada pela internet, a lógica da cibernética já orientava os economistas neoliberais (Mirowski, 2006), e o desenvolvimento de algoritmos e métricas avançou junto com a financeirização dos mercados (Paraná, 2016; Halpern, 2022).

Mas essas convergências não são apenas de ordem temporal: à temporalidade de crise permanente corresponde uma *espacialidade em rede* que também converge com a configuração econômica mais ampla (Chun, 2016). Não se trata de redes horizontais e planas, como vendem os ideólogos tanto do Vale do Silício como do fundamentalismo de mercado. Trata-se, antes, de sistemas segmentados com densidades e hierarquias variáveis, muitas delas invisibilizadas por estruturas técnicas e financeiras cada vez mais complexas e de difícil compreensão para o cidadão comum. Como vimos, sistemas tendem a se auto-organizar no sentido do que Lévi-Strauss ([1952] 2017) chamou de um *optimum* de diversidade. Assim, se há uma ênfase algorítmica excessiva na homofilia (conexão do igual com igual), o sistema reage na direção contrária, com uma ênfase também exacerbada na diferença que pode se aproximar, como veremos, de um ponto de bifurcação do tipo amigo-inimigo.

Em todos os casos, o espaço-tempo das novas mídias vai no sentido contrário ao da infraestrutura sociotécnica que sustentava a democracia liberal e o sistema de peritos moderno. Como notaram Bruno e Vaz ainda nos inícios da algoritmização, esses agentes minimizam a deliberação e a planificação: "Os padrões e a funcionalidade do comportamento não [são] prévios, mas emergentes, resultando da interação entre o agente e o meio" (2002: 29). Hoje, esses sistemas se complexificaram em "ambientes de testagem total" (Marres e Stark, 2020) que divergem do tipo de objetividade produzido pela ciência normal e seus corolários na imprensa, no direito, na educação formal etc. (Cesarino, 2021d). Em vez de fixar variáveis para produzir ambientes controlados e lineares (Latour e Woolgar, [1979] 1997), verdades são performativamente reveladas *a posteriori* (Foucault, [1979] 2010), num regime de veridição mais próximo, por exemplo, do marketing. Num regime social baseado na competição entre redes sempre emergentes, verdade passa a ser "o que quer que venda", num sentido amplo do termo vender (Mirowski, 2019). Assim, para cada nicho de mercado, uma verdade.

Essas mudanças infraestruturais impactam, ainda, o modo de constituição de sujeitos. Quando a temporalidade de crise faz hábito degenerar em adicção, instala-se uma dinâmica involutiva similar à do sistema econômico mais amplo (Fisher, 2020): o sujeito deve estar sempre se atualizando *apenas para conseguir continuar no mesmo lugar*. Se ele não posta, não chama atenção para si, não gera engajamento, seu perfil "some". Se o sujeito faz o que sempre fez – não se arrisca –, ele não vai ficar onde já está, e sim regredir. Nos termos de Chun (2016), os sujeitos devem estar o tempo todo "se atualizando para continuar os mesmos". Esta pode parecer uma forma paradoxal de individuação: o sujeito que se aperfeiçoa deveria evoluir, e não ficar no mesmo lugar ou regredir. Mas ela está em plena sintonia com a dinâmica invertida da infraestrutura técnica que viemos descrevendo.

Além disso, nessa infraestrutura, o sujeito nunca emerge sozinho, mas junto com outros em grandes agregados. Nos públicos-em-rede (*networked publics*) formados (boyd, 2010), os perfis se individuam de modo contraditório. Por um lado, a estrutura de dataficação se baseia no que Ramos (2015) chamou de convergência identitária: o sujeito online deve ser o mesmo indivíduo no mundo off-line para que seus dados fluam adequadamente entre as plataformas. Por outro, a forma de constituição algorítmica desses sujeitos é profundamente relacional, pois cada perfil está constantemente coemergindo com outros através de dinâmicas de clusterização mediadas por algoritmos (Hayden, 2021). Essas formas recursivas de individuação operam uma ferradura entre hiperindividualização e hiper-relacionalismo: os sujeitos são ao mesmo tempo "um e muitos" (Lury e Day, 2019). O que parece paradoxal do ponto de vista do modelo pré-digital de sujeito é funcional nos termos do cronotopo fractal da atual infraestrutura cibernética.

Em sua lógica de segmentação de públicos, os algoritmos agregam perfis com comportamentos que *eles* entendem como sendo similares: o conteúdo do comportamento interessa menos que seus padrões formais. É assim, por exemplo, que usuárias interessadas em parto domiciliar ou alimentação natural podem ser sutilmente direcionadas pelos algoritmos para conteúdos antivacina, ou que comunidades gamer passem a ressoar junto a ecossistemas da extrema direita (Lewis, 2018). Nesse processo, novos públicos são formados e, com eles, novas subjetividades individuais e coletivas. Como a cognição humana não tem acesso à realidade a não ser através de mediações (ou mídia), o resultado pode ser, em casos extremos, a segmentação dos usuários em mundos personalizados que se conectam apenas parcialmente, ou mesmo que se bifurquem, como veremos, em realidades paralelas.

Esse é um dos sentidos em que podemos afirmar que as novas mídias têm uma política, e que essa política tem um viés contrário ao da democracia liberal. Elas não apenas enfraquecem as formas de subjetivação e produção de verdade baseadas no reconhecimento universal, como reintermediam novas identidades com base em modelos de reconhecimento bifurcado. No caso da política, por exemplo, o colapso da diferenciação entre público e privado que fundamentava a norma da esfera pública liberal leva a uma bifurcação do tipo antagonística (amigo versus inimigo) onde o público passa a ser englobado pelo privado. Nos conspiracionismos, o colapso de contextos entre fato e ficção leva a uma bifurcação entre dois mundos invertidos onde a ficção engloba o fato.

Do ponto de vista da explicação cibernética, essa tecnopolítica emergente não se limita à direita do espectro político. Ela não apenas é transversal a este último como quebra sua simetria e desestabiliza seu equilíbrio, abrindo espaço para novas possibilidades organizativas (Prigogine e Stengers, 1984). Essas novas possibilidades trazem para o primeiro plano dimensões cognitivas e afetivas, que podemos colocar nos termos do que Connolly (2002) chamou de uma neuropolítica.[11] No que segue, sugerimos como essa neuropolítica se liga, nas novas mídias, a um viés infraestrutural favorável ao que Bateson (1972) chamou de processos primários.

PROCESSOS PRIMÁRIOS, LIMINARIDADE E COLAPSO DE CONTEXTOS

A discussão acima buscou evidenciar como os agentes maquínicos que operam nos ambientes digitais hoje fazem parte da ecologia da mente (Bateson, 1972) de muitos usuários humanos. Em maior ou menor grau, delegamos a esses agentes a tarefa cognitiva de navegar, em nosso nome, um universo crescente de informação que tende à entropia (Bruno e Vaz, 2002; Cesarino,

---

11 Nesse sentido, a neuropolítica é uma tentativa de pensar modos viscerais e afetivos de identificação política através do divisor entre razão pública e espiritualidades privadas.

2021d). Assim, eles suplementam cada vez mais o aparato técnico, biológico, linguístico e cultural que medeia nossa apreensão do mundo. Mas para se acoplar aos usuários humanos e deles extrair valor, os sistemas algorítmicos precisam coincidir com sua cognição em alguma escala, e fazê-lo de forma performativa. Digo performativa não no sentido de produzir realidades a partir do zero – nenhuma tecnologia tem esse poder –, mas de extrair seletivamente certas potencialidades do humano, e não outras (Neto, 2020).

Nos casos analisados, os efeitos desse extrativismo cognitivo vêm assumindo formas que o paradigma moderno-liberal associa a irracionalidade, emoções ou comportamento de rebanho (Mazzarella, 2019). Embora sejam efeitos não intencionais – nenhuma plataforma planejou a ascensão da radicalização política ou das teorias da conspiração –, eles tampouco são puramente contingentes. Como entenderam bem alguns movimentos populistas como o Cinco Estrelas (Empoli, 2020), as plataformas são de fato construídas com base em modelos do humano derivados do comportamento animal: desde modelos individualistas do behaviorismo clássico (ratos, pombos), até coletivistas de contágio viral ou comportamento de enxame (*swarm*) de insetos, anfíbios ou pássaros (Parikka, 2010; Chun, 2016; Marres, 2018). Portanto, a interação entre máquina e humano nessas mídias passa pelo que entendemos como sendo a camada "animal" deste último – um alinhamento que, como vimos, já estava previsto na visão original da cibernética como ciência universal das formas de comunicação e controle (Wiener, [1948] 2017).

Com efeito, esse tipo de interação humano-máquina opera uma (re)educação da atenção (Ingold, 2010) dos usuários no plano pré-consciente de produção da memória, hábitos e afetos. Bateson (1972) tomou de empréstimo de Freud a expressão "processos primários" para designar modos mais primordiais de operação da mente que remetem a processos evolutivos pregressos. Enquanto tal, perfazem "premissas do comportamento mamífero" que compartilhamos com outras espécies, especialmente as sociais. Embora discordasse da teoria da repressão de Freud (Bateson, 1972: 112-13), Bateson compartilhava a ideia de que indivíduos humanos são internamente segmentados e neles operam processos mentais primários situados num nível diferente dos processos secundários de ação propositiva e reflexão consciente. Ambos estão sempre presentes, porém a sociedade moderna relega os primeiros a domínios secundários: sonhos, arte, religião, intoxicação. Minha sugestão é que, em estados liminares de crise permanente, essa hierarquia pode se inverter, e os "algoritmos do coração" (: 115) que operam os processos primários (inconscientes) ganham precedência.

Embora a associação dos processos primários com o domínio animal tenha, de fato, fundamentos evolutivos, ela não é um dado a-histórico. Também se liga ao modo como o Ocidente, historicamente, associou uma normatividade masculina e branca ao domínio da racionalidade e da humanidade, e seus opostos – as mulheres, as crianças, as "raças inferiores" – ao domínio da irracionalidade e da animalidade (Ingold, 1995). No contexto *desse tipo de sociedade*, comportamentos explosivos de massa são normativamente diferenciados de comportamentos coletivos institucionalmente organizados. A diferença entre eles não está, contudo, em que um é espontâneo, e o outro, fabricado. Ambos são *igualmente mediados*, porém por tipos diferentes de mediação: de um lado rumores e a palavra carismática do líder; de outro a imprensa, instituições educacionais, estatísticas e pesquisas de opinião etc. Um conjunto de mediações remete ao que Tarde ([1901] 2005) chamou da multidão (*foule*), e o outro, de opinião pública (*opinion*). Num deles, os processos primários englobam os secundários, e no outro, ocorreria o inverso.

O que a plataformização parece estar propiciando é um afastamento e oscilação entre esses polos e sua possível recombinação em formas híbridas nas quais a lógica da multidão não elimina, mas passa a englobar, a da opinião pública. São modos de formação de públicos que parecem paradoxais quando vistos pela perspectiva do sistema anterior: uma curiosa ferradura onde mediações tecnocráticas pós-políticas (algoritmos e métricas) coemergem com a uberpolítica da soberania popular irrestrita; onde comportamentos hiperindividualizados assumem a estranha forma de coletivos hipermiméticos (Lury e Day, 2019; Hayden, 2021). No que alguns vêm chamando de tecnopopulismo (Bickerton e Accetti, 2021), algoritmos e métricas aparecem como um procedimentalismo neutro e eficiente para fazer ouvir a "voz do povo" (Gerbaudo, 2018).

Essas oscilações e recombinações relacionam-se ao modo como o sistema sociotécnico pré-digital tem sido afastado de seu ponto de equilíbrio, porém sem levar a uma bifurcação de fato: consolida-se um estado paradoxal de liminaridade e crise permanente. Uma dimensão importante do problema foi capturada pelo conceito de colapso de contextos (*context collapse*). Ele foi proposto por danah boyd (2008) para entender como jovens usuários das primeiras mídias sociais lidavam com a dificuldade de manter, no universo online, a separação de papéis sociais existente na vida off-line: por exemplo, minimizar as chances de que conteúdos direcionados a amigos fossem visualizados por familiares, empregadores etc.

Este e outros estudos detalharam como *affordances* de copiabilidade (facilidade de copiar e repostar conteúdos), escalabilidade (circulação do conteúdo para além de seu contexto original de postagem) e buscabilidade (possibilidade de resgatar conteúdos antigos) dificultam o controle dos usuários sobre seu público: quem terá acesso a suas postagens e conteúdos (boyd, 2010; Bucher e Helmond, 2017; Costa, 2018). Assim, as mídias sociais exigem dos indivíduos uma atenção bem maior ao modo como apresentam seu "eu" (Goffman, [1959] 2013), pois os enquadramentos que definem o contexto da interação não estão dados de antemão.[12]

Particularmente dramático é o modo como o colapso de contextos passa a incidir sobre a antiga separação entre os domínios público e privado: como notou Chun (2016), as plataformas propiciam uma inversão onde este último passa a englobar o primeiro. Não é à toa, como veremos, que o colapso de contextos entre as esferas sociais observado nas campanhas digitais populistas envolve o englobamento da política por dimensões da vida privada como religião, entretenimento, estilo de vida, esporte, moralidades quotidianas (Cesarino, 2020b).

Este livro reinterpreta a ideia de colapso de contextos num sentido bem mais amplo que o original, redimensionando a perspectiva intersubjetiva do interacionismo para uma chave propriamente cibernética – Bateson foi, inclusive, fonte de conceitos centrais a Goffman ([1959] 2013), como o enquadramento. Nessa perspectiva, o colapso de contextos não se limita àquilo que o indivíduo pode ou não fazer na interface com a mídia. Ele se torna uma propriedade transversal a toda essa infraestrutura, incidindo não apenas sobre o modo como a experiência individual se organiza mas sobre como o *sistema sociotécnico como um todo* se reorganiza.

Nesse sentido, o colapso de contextos indica o modo como as novas mídias desestruturam a metacomunicação nas nossas sociedades. Sua arquitetura dificulta, ou até mesmo impede, a

---

[12] Quando eu entro numa sala de aula, já sei qual será meu público, e as estudantes, por sua vez, me enquadrarão no meu papel social como professora e confiarão que agirei como tal (partirão do pressuposto, por exemplo, de que eu falarei a verdade). Quando posto algo numa rede social, nada disso pode ser presumido de antemão: quem será o público daquela mensagem, qual a natureza da interação (pessoal, política etc.), em que termos serei interpretada (de modo literal, irônico etc.), se os receptores da mensagem confiarão nela etc.

"comunicação sobre a comunicação": que tipo de mensagem é essa? Esse enunciado é literal ou ironia? Quem é seu real enunciador? etc. A metacomunicação é central ao que Bateson viria a chamar, com base em seu trabalho com golfinhos, de "função-µ". Trata-se de questões que outros mamíferos se colocam constantemente, e cujas respostas "contêm o tipo de informação mais importante para eles: informação sobre relações. Quem sou eu para você? Quem é você para mim?" (Chaney, 2017: 101). Você é meu amigo ou meu inimigo? Posso confiar em você? Mamíferos não humanos devem fazê-lo pois não têm uma cultura material e simbólica que estabilize essas respostas em artefatos, normas e instituições (Strum e Latour, 1987). Já as culturas humanas desenvolvem formas – notadamente, rituais – de gerir esses processos e suas inevitáveis contradições, advindas do fato de que mapa (conceito) e território (mundo) nunca coincidem de fato. Foi sob essa perspectiva que Bateson ([1936] 2008) releu sua etnografia do ritual do naven entre os Iatmul da Nova Guiné. Ali, bazófia e jocosidade entre tio materno e sobrinho tematizavam as contradições estruturais entre matri- e patrilinearidade. Ao performar as contradições estruturais num contexto ritual, permitindo inversões normalmente não sancionadas pela norma vigente, os indivíduos as expressam, as negociam e, ao menos temporariamente, as resolvem (Turner, [1969] 2013).

Mas nessas sociedades, rituais, ainda que frequentes, são eventos extraordinários, simbólica e materialmente demarcados do fluxo da vida ordinária (Peirano, 2003). A expressão das contradições antiestruturais se dá, por assim dizer, de forma controlada e circunscrita por momentos liminares que têm início, meio e fim, e que sempre retornam à estrutura normativa vigente. Como isso se dá num contexto paradoxal de liminaridade permanente?

É possível que, devido à causalidade circular e acelerada dos loops cibernéticos, a desorganização metacomunicativa esteja implicando uma reorganização simultânea: a crise e sua resolução estariam ocorrendo de forma não linear. É o que parece estar ocorrendo, por exemplo, com o colapso de contextos entre público e privado. As novas mídias não eliminam a separação entre público e privado, mas fazem esses polos oscilarem e se reorganizarem de modos emergentes. Isso se dá no nível local quando, por exemplo, usuários separam perfis ou mídias sociais para usos diferentes (Costa, 2018; Williams et al., 2022). Mas essa reorganização também se dá no plano infraestrutural: Chun (2016) chega a propor o abandono das expectativas de privacidade tal qual elas eram entendidas no mundo pré-digital.

Na perspectiva cibernética, portanto, o colapso de contextos entre público e privado (e outros, como entre fato e ficção) não se limita às relações intersubjetivas, mas remete ao modo como esses divisores operam enquanto códigos organizadores da sociedade como um todo. Historicamente, o divisor público-privado foi um alicerce central das outras diferenciações constitutivas do que Latour ([1991] 2013) chamou da Constituição Moderna. Não me parece exagero afirmar que todo o aparato institucional dos Estados-nação erigido em 1648 na Paz de Vestefália após as guerras de religião se baseia nessa diferenciação. A separação entre Estado e Igreja dependeu da transferência da jurisprudência desta última para o domínio privado e individual da "religião" (Asad, 1993), propiciando ao mesmo tempo a separação entre fatos e valores que funda a ciência moderna e formas associadas de objetividade na educação, na imprensa, no direito etc. (Dumont, [1986] 2000). Como argumentou Brown (2019), a convergência neoliberal-conservadora pós-2008 viceja nas ruínas desse edifício moderno – e neste livro enfatizo o papel das novas mídias em acelerar e moldar esse processo.

O que Max Weber ([1921] 1999) entendeu como a diferenciação funcional das esferas sociais entre economia, política, religião etc. não está, portanto, dada na natureza das coisas – tanto que não fazem sentido para boa parte das sociedades etnografadas pelos antropólogos. Essas diferenciações fazem (faziam?) sentido nas sociedades modernas, pois foram criadas e sustentadas por instituições dedicadas a esse fim. Nada impede que, com sua desestruturação, o divisor público-privado e seus corolários passem a oscilar e a se recombinar em novos híbridos. É, com efeito, o que observamos nos fenômenos que abordaremos adiante: um colapso de contextos acentuado entre fato e ficção, original e cópia, espontaneidade e manipulação, liberdade e controle, além da desdiferenciação entre as esferas sociais, incluindo a civil e a militar.

Em suas aulas pioneiras sobre neoliberalismo nos anos 1970, Foucault ([1979] 2010) anteviu um efeito desse tipo na nova racionalidade que vinha ganhando espaço com a crise do modelo keynesiano-fordista. De fato, viemos observando, nas últimas décadas, a intensificação desse colapso generalizado de contextos: da judicialização da política à politização da justiça; da politização das Forças Armadas à militarização da política e da sociedade; a permeabilidade entre igrejas e políticas educacionais, de segurança pública, assistência social, saúde; a lógica mercadológica e midiática atravessando praticamente todas as outras esferas (Brown, 2015; Feltran, 2021; Andrade, 2021; Nunes, 2022). O colapso de contextos também opera internamente às diferentes esferas, como, no caso brasileiro, as disputas em torno da divisão dos poderes refletidas no espectro de um poder moderador vindo de fora das "quatro linhas" para reinstituir a ordem institucional (Lynch e Cassimiro, 2022). Ou, no âmbito das moralidades cotidianas, disputas com relação aos limites do corpo e da sexualidade, especialmente de adolescentes e crianças (Butler, 2019).

De fato, ansiedades e disputas sobre essas e outras demarcações de fronteiras e jurisprudências no plano infraestrutural ou metacomunicativo estão no cerne das atuais crises políticas e epistêmicas. Esses processos de crise, desintermediação e reintermediação não são apenas "macro": se ancoram nos próprios indivíduos (Sennett, 1999; Fisher, 2020), que também são, como vimos, sistemas. No caso das novas mídias, essa ressonância entre escalas infraestruturais se dá, notadamente, em termos cognitivos (Connolly, 2002). Um erro comum na literatura sobre novas mídias é reduzir infraestrutura a computadores, cabos e chips. A seção seguinte propõe uma hipótese alternativa, com base na observação dos públicos estudados, relativa ao alinhamento infraestrutural entre humanos e máquinas.

HIGH LEVEL AFFORDANCES E ALGORITMIZAÇÃO DA COGNIÇÃO HUMANA

Os exemplos de *affordances* trazidos até o momento referem-se a propriedades da arquitetura das plataformas que induzem de forma sutil – em inglês, *nudge* – os usuários a se comportarem de tal ou qual forma, porém nunca os coagindo diretamente. *Affordances* de baixo nível (*low level*) são específicas a interfaces concretas, como botões de bloquear ou seguir. Outras ocorrem em níveis mais gerais, como replicabilidade, buscabilidade, escalabilidade, editabilidade (Bucher e Helmond, 2017). O ponto de vista cibernético reconhece *affordances* ainda mais gerais, cujos efeitos são difíceis de "escavar", mas são os que mais nos interessam. Essas *high level affordances* remetem a propriedades básicas do digital que convergem com princípios de operação dos sistemas discutidos no capítulo anterior: binarismo (bifurcação), copiabilidade (mímese), recursividade, fractalidade, invertibilidade, não linearidade.

Como já notamos, essas *high level affordances* interpelariam a cognição humana próximo à camada dos processos primários que compartilhamos com outros sistemas cibernéticos (animais e maquínicos). Esses processos se ligam à formação de hábitos, afetos e memória encorporada, que se associam, na modernidade liberal, a um comportamento irracional, instintivo, massificado, influenciável etc. Esta seção parte de observações nos públicos estudados para especificar melhor esse argumento. Levanto a hipótese de que um efeito infraestrutural da interação intensiva entre sistemas cibernéticos maquínicos e humanos próxima aos processos primários seria o alinhamento deste último na direção de procedimentos cognitivos do tipo algorítmico. Adoto aqui uma definição bem básica desse termo: proposições lógicas redutíveis a uma função do tipo "Se... então".[13]

Em um de seus textos mais originais, de 1955, o já citado "A Theory of Play and Fantasy" (1972), Bateson se perguntou sobre como, na trajetória da evolução humana, poderia ter sido introduzida a separação entre mapa (nome) e território (coisa nomeada). É nessa "dobradiça" que ele buscou a emergência da capacidade específica ao *Homo sapiens* que são os processos secundários. Bateson notou que outros mamíferos, como cães ou primatas, possuem essa capacidade num nível rudimentar, ao conseguirem diferenciar, por exemplo, uma mordida real de uma mordida de brincadeira (*play*). Mas nos mamíferos não humanos, essa capacidade seria sempre imanente e simultânea a sua performance: por isso, meus cachorros pedem carinho todos os dias, para confirmarem que ainda fazem parte de minha matilha (e pelo mesmo motivo, só que ao contrário, precisam latir todos os dias para o cachorro do vizinho).

---

13 Para uma discussão mais aprofundada sobre os algoritmos e como pensar sua relação com os usuários humanos, encaminho a leitora ao campo dos *critical algorithm studies* (estudos críticos sobre algoritmos), em autores como Noble (2018), Bucher (2018), Seaver (2019), Lepore (2020) e, especialmente, Chun (2016, 2021).

Já os humanos somos capazes de abstrair e fixar esses metacódigos (por exemplo, de inclusão ou exclusão do grupo) em convenções (Wagner, [1975] 2017): normas, instituições e artefatos materiais que se descolam das performances intersubjetivas, superando-as no espaço e no tempo (Strum e Latour, 1987). A eficácia dessas convenções acompanha, portanto, a espiral histórica que delineamos no capítulo anterior: é especialmente válida em momentos históricos lineares. Quando há crise estrutural e os sistemas sociotécnicos são afastados do equilíbrio, os enquadramentos que orientavam os processos secundários se desestabilizam. Nessa situação, a separação entre mapa e território não chega a desaparecer, não havendo reversão completa aos processos primários. Mas ela passa a ser constantemente (re)testada, junto com os metacódigos que organizam as fronteiras sociossimbólicas (amigo-inimigo, puro-impuro etc.) (Douglas, [1966] 2010; Dumont, [1966] 1997).

A lista de situações que Bateson (1972) associou à dobradiça entre processos primários e secundários – na sociedade moderna, mais comuns entre crianças – converge de modo surpreendente com boa parte dos padrões de comportamento observados online e, de modo mais intenso, nos públicos antiestruturais discutidos adiante. Além das brincadeiras de "guerra" comuns entre outros mamíferos, outros comportamentos elencados pelo autor incluem fantasia, ameaça, embuste, comportamento histriônico ou espetaculoso (e seu complemento, uma audiência que dá atenção) – e ele sugere, ainda, formas "adultas" como apostas, jogos de azar e autocomiseração. Em todos os casos, os sujeitos estão, de forma imanente à performance, testando uns aos outros e assim comunicando sobre a própria comunicação, no sentido cibernético mais elementar (nos termos de Bateson, a função-μ).

    Essas situações podem emergir, portanto, quando o metaenquadramento que organizaria as relações entre os sujeitos perde sua estabilidade e legitimidade. O cronotopo das novas mídias, com sua temporalidade de crise permanente e especialidade hipersegmentada gera, precisamente, esse efeito (Chun, 2016). Numa democracia representativa funcional, os sujeitos não precisam a todo momento ficar revertendo à questão: você é meu amigo ou meu inimigo? Posso confiar em você? Ela já está estruturalmente respondida e incorporada em instituições e hábitos civis: você é meu concidadão e, mesmo que não concordemos ou sequer nos conheçamos, compartilhamos um mundo comum. Esse reconhecimento universal válido, em tese, para qualquer indivíduo, seria garantido por procedimentos impessoais compartilhados por todos. Para que o sistema funcione, a anuência a essas normas não precisa ser voluntária ou entusiasmada: basta que ela logre persistir enquanto norma.

Já quando esse metaenquadramento é desestabilizado – quando, por exemplo, os sujeitos perdem a confiança nas normas e instituições compartilhadas –, seu comportamento "reverte" à função-μ, tornando-se instável e oscilatório. Isso não significa que as interações se tornem aleatórias: é como se, assim como as moléculas do relógio químico, os indivíduos passassem a buscar um novo "todo" ao qual se submeter, uma nova ordem metacomunicativa pela qual se orientar. É um dos argumentos deste livro que muitos usuários o estão encontrando em públicos conspiratórios e politicamente radicalizados, entre os quais podem voltar a ter confiança: no "plano", no líder, nos demais membros do grupo. Como se dá essa captura?

Ao discutir a dinâmica oscilatória observada nessa experimentação performativa com os enquadramentos,[14] Bateson

---

[14] Como, seguindo Russell, uma categoria não pode fazer parte dela mesma, todo enquadramento é inerentemente instável e, portanto, potencialmente reversível (Bateson, 1972; Dumont, [1966] 1997).

evidenciou o papel central de proposições lógicas do tipo "Se... então" na operacionalização da dobradiça entre processos primários e secundários. Diante da instabilidade crônica que o colapso generalizado de contextos gera na metacomunicação, as novas mídias podem estar contribuindo para reverter os processos cognitivos dos usuários para formas algorítmicas simples. Um possível mimetismo recíproco entre cognição humana e maquínica pode estar envolvido na produção do tipo de ordem que emerge "espontaneamente" em sistemas longe do equilíbrio.

Essa hipótese foi inicialmente aventada em 2018, diante da observação de padrões comunicativos muito recorrentes no WhatsApp bolsonarista (Kalil et al., 2018; Santos et al., 2019; Cesarino, 2019). Naquela ocasião, o bolsonarismo havia logrado efeitos de segmentação e personalização parecidos com os da propaganda computacional na campanha Trump de 2016, porém sem uma atuação relevante de algoritmos de perfilamento (*profiling*) e microdirecionamento (*microtargeting*) utilizados, notadamente, pela Cambridge Analytica (Laterza, 2021).[15] Como isso se deu?

É possível cogitar um efeito indireto: graças ao fluxo de dados possibilitado pela plataformização, os aplicativos de mensagens se inserem numa ecologia que inclui plataformas algoritmizadas, como Facebook ou YouTube. Porém, na época (Cesarino, 2020a), minha intuição mais forte foi que parte importante do trabalho de perfilamento e microdirecionamento havia sido realizado *pelos próprios usuários humanos*, "treinados" no algoritmo bolsonarista. Se isso fosse verdadeiro, tratava-se de um mecanismo muito mais eficiente de distribuir conteúdo, pois, podemos supor, usuários humanos conheciam bem melhor que

---

15 O perfilamento categoriza usuários em perfis (por exemplo, psicométricos), e o microdirecionamento canaliza conteúdos para os usuários com maior probabilidade de serem influenciados por eles.

qualquer algoritmo não humano aqueles para os quais encaminhavam conteúdos na periferia da rede do WhatsApp, composta de grupos privados (de família, amigos, vizinhos) e contatos pessoais. Assim, por exemplo, um eleitor que compartilhasse conteúdos de viés masculinista para amigos (violência explícita, armas ou corpos femininos atraentes) provavelmente optaria por outro tipo de conteúdo para enviar para a mãe (temas como família, Deus etc.). Já outros tipos de conteúdos, como o anticorrupção, tinham um caráter mais transversal e unificador, vendável para vários segmentos de público (Cesarino, 2022c).[16]

Com essa hipótese em mente, passei a atentar para a recorrência desse padrão cognitivo entre usuários não apenas no bolsonarismo político mas em públicos adjacentes, como os conspiratórios. E, com efeito, boa parte dos raciocínios empregados para chegar a conclusões sobre metacódigos elementares – verdade ou mentira, autêntico ou falso, bom ou mau, amigo ou inimigo – poderiam ser traduzidos em proposições do tipo "Se... então". Em muitos casos isso era literal, manifestando-se em palavras de ordem (nos termos de Kuhn, *rules of thumb*) replicadas desde 2018, tais como: "Se a Globo [ou o PT, ou qualquer outro inimigo] é contra, [então] eu sou a favor". Outras não explicitam a estrutura algorítmica, mas podem ser traduzidas nesses termos: "Acuse-os daquilo que você faz" : : "Se o inimigo acusa o líder de algo, então é o que ele mesmo faz"; "Olavo [ou Bolsonaro] tem razão" : : "Se o Olavo disse, então é verdade". Havia, ainda, versões recombinantes como "Se não está conosco, está contra nós", ou "Se foi morto pela polícia ou torturado na ditadura, é

---

[16] O termo corrupção é um significante vazio que também pode ser associado à função-μ, pois remete à inautenticidade, ou desvirtuação de alguma essência ou valor fundamental. Enquanto tal, pode ser aplicado a qualquer temática: da corrupção política à corrupção moral e até espiritual.

porque mereceu". E poderíamos multiplicar os exemplos – basta à leitora a curiosidade de perambular por alguns desses públicos.

Como notado no capítulo anterior, o raciocínio algorítmico é uma propriedade da cognição humana transposta para a cognição maquínica pelas tecnologias cibernéticas computacionais. Porém, ele não ocorre na cultura humana do modo reducionista como ocorre em máquinas. Um exemplo muito citado de algoritmo ajuda a entender a diferença: uma receita de bolo. Num modelo maquínico, a ideia é que *se* os procedimentos x forem executados, *então* o resultado y será produzido (Bucher, 2018). Em tese, qualquer um pode, seguindo os comandos prescritos no código da receita, transformar farinha, leite, açúcar e ovos em um bolo. Porém, qualquer um que tenha de fato tentado fazer um bolo, especialmente pela primeira vez, sabe que a prática é bem mais complicada que a teoria.

Coincidentemente, o antropólogo Tim Ingold (2010) trouxe o mesmo exemplo da receita de bolo em sua crítica do pressuposto moderno sobre o caráter representacional do conhecimento. Quem nunca entrou numa cozinha ou nunca fez nada parecido com um bolo muito provavelmente não conseguirá fazer um apenas seguindo o algoritmo da receita. Essa pessoa precisa saber transpor o que está escrito em habilidades práticas, e essas só são adquiridas na experiência. Talvez encontre dificuldade em quebrar os ovos, ou deixará a farinha embolotar na massa. Talvez bata demais a massa e o fermento será ativado antes da hora, ou abrirá a tampa do forno, levando o bolo a murchar.

Isso ocorre porque, como argumenta Ingold, a capacidade humana para conhecer o mundo se baseia menos em representações abstratas do que em habilidades técnicas encorporadas. Estas são aprendidas com outros humanos a partir de um processo mimético de "educação da atenção" dentro de uma comunidade de prática – no exemplo, observando confeiteiros habilidosos com autoridade no campo (Lave e Wenger,

1991). Esse processo é algorítmico, porém não (apenas) no sentido representacional: o corpo do noviço vai sendo treinado através de loops de tentativa-e-erro que são encurtados pela possibilidade de imitar um professor mais experiente. O que vale para o bolo, vale para tudo, mesmo as funções corporais mais elementares (Mauss, [1934] 2018). Sem o hábito aprendido culturalmente, o *Homo sapiens* pode muito pouco. E é a partir desse pano de fundo socialmente compartilhado e tecnicamente encorporado que a atenção do indivíduo pode ser liberada para processos secundários de reflexão e criatividade. Nesse sentido, a convenção e o hábito são condições para a liberdade, e não uma externalidade opressora.

Por outro lado, em situações de crise em que a convenção vigente perde aderência, ocorre uma inversão: a experiência de liberdade individual se expressa no ímpeto de se opor e se desvencilhar das normas. Isso ressoa com o modo como Kuhn descreveu as crises de paradigma: na ausência de um metaenquadramento compartilhado, a comunidade científica se fragmenta e os indivíduos revertem a preocupações elementares que, no período da ciência normal, estavam consensuadas e fechadas na "caixa preta" do paradigma. No mesmo sentido, se o pano de fundo convencional que permitia a liberação da atenção para processos secundários deixa de cumprir esse papel, a cognição humana pode reverter ao tipo de preocupação primária descrita por Bateson: este "outro" é meu amigo ou inimigo? Sua "mordida" é real ou ritualizada? Essa postagem no Twitter atacando um ministro do STF foi séria ou brincadeira? Essa declaração foi fato ou ironia? Aquela foto é pública ou privada, autêntica ou forjada? Esse gesto foi uma saudação nazista ou um tchauzinho?

O ambiente das novas mídias acelera esses processos ao impossibilitar a fixação de metaenquadramentos por parte dos usuários e propiciar, em seu lugar, dinâmicas oscilatórias, invertidas e recombinantes. Além de fazer colapsar contextos, elas introduzem o fluxo atencional dos usuários num cronotopo de crise permanente pontuado por eventos sem aparente conexão entre si (Chun, 2011, 2016), cada qual indutor de afetos diferentes e às vezes contraditórios. Assim, numa *timeline* de rede social ou chat de WhatsApp, temos a notícia de crianças indígenas mortas por uma draga de garimpo, seguida um vídeo fofo de gatinho, de um *post* irônico ou "publi" de algum influenciador, de um absurdo dito por algum político etc. Os usuários vão, de formas sobretudo pré-conscientes, encontrando formas de reduzir a entropia e reintroduzir alguma continuidade na experiência online. Os algoritmos são agentes invisíveis, porém cruciais, nesses processos de realinhamento da experiência, levando à segmentação de públicos e indivíduos nas chamadas "bolhas" e, no limite, à personalização de mundos (Rushkoff, 2014). Os influenciadores que ajudam a delimitar as bolhas algorítmicas também se tornam mediadores centrais, ainda que indiretos, na reorganização cognitiva dos usuários comuns.

Assim, em paralelo à desestabilização dos metaenquadramentos, haveria também processos de reintermediação ocorrendo próximos às camadas primárias, executados por procedimentos algorítmicos tanto humanos como não humanos. Agência e processo decisório passam a coemergir *entre usuários e sistemas técnicos*, sem que os indivíduos deixem de se ver, a partir de seu ponto de vista local, como fonte da agência. Temos assim uma situação paradoxal em que quanto mais dependentes dos algoritmos são os usuários para reorganizarem seus metaenquadramentos, mais eles se experimentam como proativos e livres, e mais influenciáveis se tornam. Nos termos do cartunista Daniel Paz: "Como pode ser falso, se diz exatamente o que eu penso?".

Minhas pesquisas ao longo dos últimos anos identificaram um tipo de ecossistema online no qual essa tendência à retroalimentação entre algoritmização humana e maquínica torna-se especialmente marcada, pois acirrada pela imersão contínua de usuários que já deixaram, em larga medida, os públicos do *mainstream*. Trata-se de um tipo de público-em-rede que chamo de *público antiestrutural*, e que pode estar constituindo núcleos de irradiação de novos padrões pelo sistema como um todo. A seguir desenvolvo analiticamente essa noção, que será exemplificada na segunda parte do livro.

PÚBLICOS REFRATADOS E PÚBLICOS ANTIESTRUTURAIS

O conceito de públicos-em-rede de boyd (2010) foi proposto no início da plataformização da web, quando suas consequências ainda não estavam tão claras ou difundidas. Ainda que não pretendidos pelos designers dessas arquiteturas, esses efeitos, cristalizados na ideia de desinformação, estão adquirindo um caráter claramente sistêmico. Esse é um fenômeno ainda emergente e de difícil apreensão. Embora, no geral, os públicos nos quais se ancora a desinformação difiram daqueles que preponderam na internet do *mainstream*, eles mantêm com esta uma relação contraditória de codependência e mímese (Gray, Bounegru e Venturini, 2020). Essa relação pode ser entendida nos termos da dialética estrutura-antiestrutura: há, embutido no design das plataformas, um viés antiestrutural que vem sendo explorado por certos segmentos políticos, empreendedores etc.

Discussões recentes no campo de novas mídias têm buscado delimitar efeitos não intencionais, porém sistêmicos, da plataformização que convergem com o viés antiestrutural. A noção de *públicos refratados* foi proposta pela antropóloga Crystal Abidin (2021) com base em etnografia com influenciadores e microcelebridades em Cingapura. Diferente dos públicos-em-rede de boyd (2010), que remetem à relação mais convencional entre usuários e plataformas, os públicos refratados são formados pela ação tática de usuários que aprendem sobre o funcionamento dos algoritmos e buscam, estrategicamente, manipular suas *affordances* a seu favor.[17] Esses públicos se formam "sob o radar" da internet de superfície, em espaços menos abertos como chats, aplicativos de mensagens ou fóruns anônimos. As visibilidades diferenciais e transacionáveis propiciadas pela topologia fractal da web, e *affordances* como criptografia de ponta a ponta, os mantêm parcialmente livres de controles externos (Johns, 2020).

Assim, muito do que, antes da plataformização, passava por camadas subterrâneas da web que exigiam todo um aparato especial, como computadores e o TOR para acesso à *deep web*, hoje circula livremente por smartphones via aplicativos de mensagens – chamados por alguns de *dark webs* de bolso. A emergência desses públicos manifesta os dilemas da soberania implicados nos estados de exceção abertos pelas novas mídias (Bratton, 2016). É um processo profundamente contraditório: embora os públicos refratados possam, em alguns contextos sociopolíticos, constituir armas de luta dos cidadãos contra governos autoritários (Johns, 2020), em outros eles propiciam ampla liberdade de ação para organizações criminosas, esquemas fraudulentos, redes de pedofilia e tráfico de pessoas. Num ambiente tão desregulado, é impossível garantir que o "livre mercado" faça vicejar apenas coisas boas, justas e verdadeiras.

Com base na psicanálise, Gray, Bounegru e Venturini (2020) propuseram o termo *infrastructural uncanny* (estranho-

---

17 Os padrões típicos dos públicos refratados segundo a autora são: transitoriedade (conteúdos efêmeros), descobertabilidade (conteúdo não é conhecível até que se cruze com ele), decodificabilidade (conteúdo só é contextualmente inteligível) e silosocialidade (sua visibilidade é comunal e localizada).

-familiar infraestrutural)[18] para destacar como a desinformação opera por meio de contradições internas ao próprio *mainstream*. Essas contradições envolvem efeitos "estranho-familiares" gerados pelo modo como agências antiestruturais mimetizam as formas hegemônicas às quais pretendem se opor, expondo e vicejando em suas contradições (Katiambo e Ochoti, 2021). Exemplos comuns são os sites noticiosos que imitam a interface de jornais e programas televisivos do *mainstream*, e pseudociências e conspiracionismos que mimetizam a estética e a linguagem da ciência normal.

Meu argumento é que boa parte desses ecossistemas, como os que serão analisados adiante, podem ser entendidos como públicos refratados com um viés específico que qualifico de *antiestrutural*. Eles se formariam em relação dialética e, portanto, contraditória, com as plataformas do *mainstream*, reproduzindo suas formas ao mesmo tempo que se lhe opõem e buscam deslocá-las pelo englobamento do contrário. Assim como os populismos conservadores emergiram das "ruínas do neoliberalismo" (Brown, 2019), os públicos antiestruturais emergiriam das ruínas de uma esfera pública desestruturada pelo duplo processo de digitalização e neoliberalização (Cesarino, 2021d).

O termo antiestrutura faz parte de um conjunto conceitual elaborado pelo antropólogo britânico Victor Turner a partir da análise de ritos ndembo, e que inclui também as noções de estrutura, liminaridade e *communitas* (Turner, [1969] 2013). Não apenas Turner mas toda uma corrente do estrutural-funcionalismo britânico dedicou-se a descrever, em contextos coloniais

---

[18] O conceito original de Freud é *das Unheimliche* ([1919] 2019), relido por Lacan como uma ansiedade que emerge, em termos batesonianos, da incapacidade de fixar o enquadramento (por exemplo, se é um robô ou um humano). É um tipo de situação que também leva o indivíduo a buscar o "Real" para além das mediações.

africanos, os ricos aparatos rituais das sociedades subsaarianas (Feldman-Bianco, 2010). Dois tipos de rituais eram de especial interesse. Os chamados ritos de passagem conduziam indivíduos e subgrupos pela transição entre etapas do ciclo de vida, como a iniciação de adolescentes. Já os ritos de rebelião e inversão permitiam que hierarquias e diferenciações normativas na estrutura social – políticas, de gênero, de idade etc. – fossem provisoriamente invertidas.

Os autores do estrutural-funcionalismo compartilhavam uma visão desses ritos como gestão dialética das contradições que, como discutido no capítulo 1, são inevitavelmente gestadas à medida que os sistemas sociotécnicos se desdobram historicamente. No caso de muitas sociedades não modernas, os modos convencionais de lidar com essas contradições envolvem as formas de classificação e construção de fronteiras simbólicas e materiais que os antropólogos chamamos de tabu, e os procedimentos formais, extraordinários e repetitivos chamados de rituais (Peirano, 2003).

Olhar para os rituais do ponto de vista cibernético, como Bateson ([1936] 2008) fez com o naven dos Iatmul, ajuda a refinar o quadro funcionalista. Rituais podem ser pensados como contextos para testar e reforçar os limites holísticos dos sistemas sociais, bem como regular suas contradições e tensões internas. Assim, os ritos de passagem lidariam de forma controlada com aquele momento extraordinário de crise pessoal que é a adolescência. Essa crise também é coletiva: os ritos de iniciação masculina, por exemplo, eram realizados quando havia um acúmulo excessivo de adolescentes não iniciados na sociedade. Esses ritos suspendem a estrutura vigente e incutem "diretamente" nos noviços o que Turner ([1969] 2013) chamou do *núcleo cultural*, propiciando assim uma transição bem-sucedida para a próxima etapa linear, a idade adulta, e o reequilíbrio do todo social.

Já os ritos de rebelião ou inversão – em que plebeus performam como chefes, mulheres como homens, e vice-versa – propiciariam um contexto extraordinário para o alívio periódico de contradições sistêmicas. Eles permitem que venham à tona latências antiestruturais que, em contextos ordinários, se encontram interditadas pelos tabus e normas convencionais (Gluckman, 2011; Bateson, [1938] 2008). Em termos cibernéticos, rituais como o naven oferecem feedbacks negativos para conter forças que, de outro modo, poderiam entrar em processo de *runaway*, ou feedback positivo descontrolado (Chaney, 2017). Quando essas e outras formas de regulação, por algum motivo, deixam de funcionar, os sistemas sociais podem se bifurcar em facções, ou cismas: quando, por exemplo, um chefe de família pega seus parentes e monta outra aldeia.[19]

Nas sociedades modernas, por outro lado, o Estado-nação e a esfera política a ele associada são os principais mediadores convencionais das contradições sociais (que por vezes complementam, por vezes rivalizam com outras, como o mercado, a religião, as relações domésticas). No caso dos públicos antiestruturais, o que há de novo não é a presença de um substrato latente de identidades e demandas que se viam silenciadas ou marginalizadas pelo *mainstream*: isso é parte da dinâmica dos sistemas sociais em qualquer cultura. A questão é se, em determinado momento histórico, estão dados os meios – mídia – para que essas forças venham à superfície e, principalmente, com que velocidade e como virão.

O que Turner ([1969] 2013) chamou, com base em Gennep ([1909] 2014), de *liminaridade* denota estados extraordinários nos quais os modos de regulação convencionais que ocupam o centro de uma cultura são suspensos. No caso dos ritos de passagem,

---

19 O termo utilizado por Turner, *schism*, também é a raiz do conceito batesoniano de cismogênese que traremos adiante.

essa suspensão é deliberada e se dá em três etapas. Uma fase inicial retira os indivíduos – inclusive fisicamente – da estrutura social e os "limpa" de seus marcadores sociais. Numa fase intermediária, o período liminar (Gennep, [1909] 2014), os noviços são mantidos num estado de indiferenciação social que Turner ([1969] 2013) chamou de *communitas*, em que hierarquias (por exemplo, entre filhos de chefes e de plebeus) são temporariamente apagadas. E, finalmente, uma etapa de reintegração desses indivíduos à ordem social, agora como portadores de sua nova identidade e status.

Nos termos apresentados anteriormente, situações liminares corresponderiam a sistemas em crise ou longe do equilíbrio, quando a fragilização de estruturas vigentes traz à tona processos antiestruturais. Em nosso caso, esses processos não estão se dando, como nos ritos de passagem, de forma controlada e sequencial, mas ocorrem de modo caótico e não linear: é como se as três etapas da crise – desintegração, liminaridade e reintegração – estivessem ocorrendo simultaneamente. Sugiro que esses processos tomam a forma do atrator de Rössler e que a atual infraestrutura de mídia tem forte influência em sua mediação, em todas as três dimensões.

Em outra ocasião, fiz um exercício de analogia entre os padrões observados por Turner nas etapas liminares dos ritos de passagem ndembo e os padrões de comportamento e sociabilidade que observei em grandes grupos de WhatsApp bolsonaristas em 2018 (Cesarino, 2020b). A comparação pode parecer esdrúxula de um ponto de vista conjuntural – o que uma coisa tem a ver com a outra? Mas do ponto de vista sistêmico, ambos constituem ambientes liminares que propiciam uma reorganização profunda de identidades a partir de padrões antiestruturais. Sugeri como *affordances* do aplicativo propiciaram um estado liminar que correspondia, ponto a ponto, com a descrição de Turner: os marcadores sociais convencionais eram suspensos; identidades horizontais do tipo *communitas* eram produzidas; o núcleo cultural (nação, povo, Deus etc.) era discursivamente trabalhado e incutido; os sujeitos eram colocados em estado de heteronomia, ou influenciabilidade; e prevaleciam processos de mímese e inversão antiestrutural (no caso, do tipo populista).[20]

Diferente dos ritos ndembo, todavia, não havia ali um indivíduo (oficiante) que orientasse diretamente os noviços, incutisse o núcleo cultural e galvanizasse sua entrega a uma força superior. Esse trabalho era feito pelo "todo" que se individuou entre usuários comuns, influenciadores (explícitos ou camuflados) e o próprio líder carismático (Cesarino, 2019a). Além disso, diferente dos noviços ndembo, os usuários não reconheciam sua situação como sendo de heteronomia, ou entrega à influência do oficiante. Pelo contrário, se apegavam obsessivamente a uma experiência de liberdade e escolha individual, rechaçando qualquer acusação de manipulação e devolvendo-a prontamente ao "inimigo".

Nesse caso, a heteronomia não levava à reintegração dos "noviços" ao corpo social. Não havendo etapa de reintegração, ela produziu seu oposto: uma bifurcação similar à dos ecossistemas conspiratórios, nos quais a estrutura social vigente passava a ser experimentada como opressora, coercitiva e manipuladora. Isso reflete o paradoxo entre liberdade e controle, indivíduo e coletivo propiciado pela estrutura invertida da plataformização: uma situação que, como mostrou Bateson (1972) para o caso do alcoolismo, tende a produzir estados sistêmicos disfuncionais.

Assim, diante do prolongamento do estado liminar, as latências expressas nesses públicos tomam uma forma antiestrutural paradoxal: o que era para ser temporário, como nos Ndembo, nos Iatmul ou nos Lele, se torna permanente. Como

---

20 Cf. também a interessante análise de Katiambo e Ochoti (2021) sobre o WhatsApp no Quênia.

vimos, quando uma ortodoxia ou hegemonia se desestabiliza, suas fraturas serão ocupadas não por algo totalmente novo vindo de "fora" do sistema, mas por transformações daquilo que já existia. O substrato para essas transformações advém das camadas antiestruturais: daquilo que foi englobado ou "sobrou" às margens da estrutura vigente. Esse "algo" tende, como as anomalias de Kuhn, a tomar, inicialmente, uma forma indeterminada ou latente. É no processo mesmo de sua emergência que vai ganhando delineamentos mais claros: que vai sendo, em termos lacanianos, *nomeado*. Em casos de crise extrema, esses resíduos constituem a negação da norma vigente – daí, como veremos, sua irrupção enquanto inversão simétrica dessa norma a partir de uma bifurcação antagonística do tipo amigo-inimigo organizada como uma oposição povo-elite.

O que as novas mídias têm mostrado é que essa antiestrutura não é o "subalterno" no sentido gramsciano – hoje ele se encontra, em larga medida, codificado pela gramática do neoliberalismo progressista e, portanto, incorporado ao público dominante (Fraser, 2018; Haider, 2019). O que emerge parece ser, antes, certo tipo de senso comum, heterogêneo, porém articulado em torno de uma oposição antiestrutural a elites em diversas esferas, especialmente política e cultural (Cesarino, 2022a). O senso comum ativado pelos públicos antiestruturais não remete, assim, a um conteúdo positivo previamente compartilhado pelos indivíduos: uma identidade ou programa político no sentido convencional. Ele envolve uma dinâmica negativa de autoafirmação pela oposição a um status quo que supostamente estaria impedindo esses indivíduos de prosperarem, e do qual eles desejam se "libertar".[21] Como colocou Empoli, "se, no passado, o jogo político consistia em divulgar uma mensagem que

---

21 É nesse sentido que venho insistindo que a base desses públicos é menos o conservadorismo do que uma versão "retrospectiva" de um

unificava, hoje se trata de desunir da maneira mais explosiva. Para conquistar uma maioria, não se deve mais convergir para o centro, mas adicionar os extremos" (2019: 44).

A dialética estrutura-antiestrutura mediada pelas novas mídias não se dá, portanto, nos moldes gramscianos da alternância de hegemonias em blocos históricos, mas nos termos do que Chun (2021) chamou de hegemonia invertida (*hegemony in reverse*):

> Se a hegemonia outrora implicava criar uma maioria fazendo com que diversas minorias aceitassem – e se identificassem com – um ponto de vista dominante, hoje maiorias emergem consolidando minorias raivosas – cada uma vinculada a um estigma específico – através da sua oposição a uma cultura do "*mainstream*". O propósito dessa clusterização hegemônica é decididamente não normativo [...]. A norma passa a ser: nunca seja um "normal".

Assim, públicos antiestruturais não são contrapúblicos no sentido de Warner (2016) (Rocha, Solano e Medeiros, 2021). Eles não apenas não se ancoram na mesma lógica política da esfera pública liberal e do Estado democrático de direito, como pressionam suas instituições e pressupostos na direção de um limiar verdadeiramente transformacional: uma dupla torção que busca reverter a relação de englobamento. Assim, por exemplo, a diferença entre direita e esquerda na democracia representativa, ao ser dupla-torcida, introduz uma bifurcação em que a direita passa a estruturar uma realidade política paralela em que a esquerda é não um adversário numa esfera política pluralista compartilhada, mas um inimigo que, ao tomar a forma de seu oposto invertido, opera como uma ameaça existencial.

neoliberalismo de base spenceriana ou neodarwinista – mais próxima do que Fisher (2020) chamou de realismo capitalista (Cesarino, 2021c).

Nos públicos conspiratórios, verdadeiro e falso deixam de ser termos cuja diferença é codificada pela matriz compartilhada da epistemologia científica para cruzar um limiar transformacional em que a verdade passa a pano de fundo estruturante de outra camada do real da qual a sociedade normativa, que também aparece como ameaça existencial, é excluída como domínio da mentira, da manipulação, da hipocrisia. Ao ocupar e tensionar a normatividade sociopolítica a partir de suas margens, esses públicos buscam, por assim dizer, virá-la "do avesso". Os *feedback loops* das novas mídias cibernéticas são *affordances* cruciais nesse movimento de englobamento do contrário, ao propiciarem uma suposta revelação direta e em tempo real de uma vontade popular autêntica ou verdade abafada por elites. Além disso, as plataformas medeiam não apenas esses movimentos de ruptura ou desintermediação como também os movimentos de reintermediação que emergem no vácuo da crise. Nos termos do modelo introduzido anteriormente, estes equivaleriam à emergência no eixo z no atrator de Rössler, que se bifurca, mas se mantém como suplemento, ainda que contraditório, do mesmo atrator. Nessas circunstâncias, é como se as inversões antiestruturais dos rituais analisados pelo estrutural-funcionalismo ocorressem não de forma demarcada, mas contínua, conformando aos poucos *outra camada do real* que pressiona a camada normativa sem, contudo, rompê-la em definitivo – algo como uma "crise de paradigma" de baixa intensidade.

Sinais disso são os processos mais recentes de "*mainstream-ização*" de segmentos dos públicos refratados, como canais no YouTube que operam na zona cinzenta entre mídia profissional e mídia alternativa. É esperado que esses públicos ganhem espaço cada vez maior: são eles que seguem a lógica da *race to the bottom* da economia da atenção exposta acima. Seus vieses antiestruturais se apoiam numa lógica econômica também observada em outras plataformas, notadamente em termos do colapso neoliberal entre trabalho e vida (Dardot e Laval, 2016). Aplicativos de transporte como Uber ou iFood, por exemplo, extraem o potencial latente de automóveis, motos e bicicletas pessoais para gerar valor. Sites de hospedagem como Airbnb fazem emergir o potencial econômico inexplorado de quartos e imóveis familiares. Instagram, YouTube e outras plataformas direta ou indiretamente monetizadas canalizam o potencial empreendedor de saberes domésticos na cozinha, na costura, no cuidado dos filhos ou pets etc.

Há precedentes históricos de como mudanças rápidas e extensivas na infraestrutura de mídia podem levar a um descompasso do arranjo social vigente, alimentando instabilidades, oscilações e bifurcações imprevisíveis. Os mais conhecidos talvez sejam a capilarização do rádio na ascensão do fascismo alemão dos anos 1930 e o papel disruptivo da prensa tipográfica na Reforma Protestante no século XVI. Neste último caso, uma nova tecnologia de mídia que permitia a produção de conteúdo fora dos canais hegemônicos (a Igreja) propiciou que demandas de múltiplos grupos descontentes viessem à tona com a simplicidade e velocidade dos *Flugschriften* ("textos voadores", ou panfletos, em alemão). Naquela ocasião, os efeitos foram explosivos e o sistema social atravessou o limiar de comportamento aleatório para se afundar nas chamadas guerras de religião (Edwards, 1994). Mais de um século se passou até que o sistema se reestabilizasse num outro patamar, com a Paz de Vestefália em 1648 e a instituição de um novo princípio de soberania baseado no Estado-nação secular.

Pode ser que, hoje, o que alguns vêm chamando de sociedades pós-neoliberais (Davies e Gane, 2021) esteja passando por uma reacomodação desse tipo. Ao reduzir a viscosidade do sistema, as novas mídias estariam forçando subsistemas (políticos, culturais, educacionais) vigentes anteriormente a se adaptarem a um substrato socioeconômico já substancialmente modificado por décadas de neoliberalização da vida (Cesarino, 2021c). A crise existe e é aguda, mas é distribuída, contínua e emergente (Cesarino e Silva, no prelo). É como se os processos de crise de paradigma descritos no capítulo anterior fossem fractalizados, operando no microcosmo da vida de cada indivíduo (Fisher, 2020). Diferentemente das mídias disruptivas anteriores, as novas mídias são propriamente *cibernéticas*: seus loops rápidos, capilarizados e alinháveis com os processos primários da cognição humana estariam propiciando o desdobramento simultâneo de processos de desintermediação e reintermediação, reduzindo assim as chances de ruptura linear, mas prolongando, e talvez até rotinizando, seus efeitos não lineares de crise. É esse tipo de efeito contraditório que move os públicos populistas e conspiratórios.

PARTE 2

3. POLÍTICA: ALGORITMIZAÇÃO E POPULISMO

POPULISMO COMO TECNOPOLÍTICA

Este capítulo discute os efeitos, no domínio da política, do quadro desenhado até o momento, tomando por base a ascensão eleitoral da nova direita, em especial a bolsonarista, após 2013. Analistas da conjuntura política brasileira abordam o tema a partir de suas dimensões socioculturais e históricas, restringindo-se, portanto, a um dos quatro campos trazidos no capítulo 1. Já as análises de viés linguístico, sistêmico ou psicanalítico se aproximam mais da escala analítica avançada aqui (Leirner, 2020; Kehl, 2020; Viscardi, 2020; Andrade, 2021; Rocha, 2021; Avelar, 2021; Nunes, 2022; Lynch e Cassimiro, 2022; Nobre, 2022; e os autores compilados em Silva, 2020). Porém, nenhuma delas aborda, com igual ênfase, a dimensão da materialidade técnica e sua interface com a cognição encorporada. Aqui busco oferecer um olhar integrado para essas transformações, reconhecendo a crise de confiança na ciência e na política como sendo, sob o ponto de vista da explicação cibernética, a mesma crise (Cesarino, 2021d).

Para uma sociedade fundada na ideologia do "Grande Divisor" natureza-cultura (Latour, [1991] 2013), pode parecer estranho colocar o bolsonarismo como um fenômeno técnico. Porém, como discutimos, há um sentido em que artefatos técnicos, especialmente aqueles que compõem infraestruturas, podem ter uma política embutida (Winner, [1986] 2017). A política dos artefatos costuma ser nebulosa para o senso comum, não apenas devido a pontos cegos ideológicos mas por razões práticas. Como nota a literatura interdisciplinar sobre infraestruturas, sua razão de ser é, justamente, tornarem-se invisíveis – via de regra, só se fazem notar quando falham e não funcionam como o esperado (Larkin, 2013). Nesse sentido, acompanho diagnósticos recentes de que as anomalias que se insinuam na esfera pública em inúmeros países – desinformação crônica, radicalização política, conspiracionismos – indicam não falhas pontuais, e sim mudanças infraestruturais ligadas ao avanço desregulado da plataformização (Gray, Bounegru e Venturini, 2020).

Além disso, na perspectiva cibernética, infraestruturas dizem respeito não apenas a artefatos técnicos como também ao próprio fenômeno humano. Elas remetem àquilo que, em nossa experiência encorporada, está sedimentado num pano de fundo habitual para a ação, que foi originalmente aprendido, mas que passamos a experimentar como uma "segunda natureza". Numa metáfora comum no setor *tech*, podemos dizer que os humanos temos infraestruturas cognitivas e culturais *hardwired*[1] não apenas nas instituições e costumes, mas em nosso próprio aparato corporal e perceptivo: hábito, memória, afetos, processos cognitivos pré-conscientes etc.

Além disso, todo fenômeno social eficaz tem uma dimensão técnica (Mauss, [1934] 2018). Ela diz respeito ao modo como humanos e não humanos se organizam para produzir sistemas que funcionam, ou que se perpetuam de forma eficaz. No caso sob análise, a tecnicidade (Simondon, 2020) das novas mídias reverbera tanto em processos contestatórios de massa como julho de 2013 como nos processos de reintermediação contraditória observados no fenômeno do populismo digital. Os próprios ato-

---

[1] *Hard-wire* significa tornar uma função padrão num computador conectando circuitos de forma permanente, de modo que não possa ser alterado pelo software.

res têm reconhecido que essas forças tecnopolíticas não teriam logrado alcançar tamanha escala não fossem as novas mídias. Cartazes exibidos nas Jornadas de Junho traziam dizeres como "saímos do Facebook para as ruas". Cinco anos depois, na posse de Jair Bolsonaro, um dos cantos da multidão reunida em Brasília foi "Facebook! WhatsApp!". Coincidência ou não, 2013 foi o ponto de virada no mercado de smartphones no país e, nos anos que se seguiram, os aplicativos do Facebook alcançaram hegemonia de mercado brasileiro por meio de acordos com operadoras para pré-instalação e pacotes de dados grátis (Holston, 2013a).[2]

Como abordamos na Introdução, a relevância da dimensão técnica na política contemporânea também é reforçada pela coincidência global e temporal desses padrões. Boa parte dos movimentos *antiestablishment* de base digital das duas últimas décadas, como os pioneiros Cinco Estrelas na Itália e Podemos na Espanha (Gerbaudo, 2018), ganharam força se colocando "para além da esquerda e da direita". Foram, contudo, lideranças à extrema direita do espectro político que lograram converter essa força tecnopolítica em uma sequência notável de vitórias eleitorais.[3] Era uma direita "nova" ou "alternativa" que se propunha a revolucionar o espectro político como um todo, incluindo a direita convencional.

No caso brasileiro de 2018, uma narrativa influente nesse sentido foi o filme *O teatro das tesouras*, que denunciava um suposto complô da classe política pós-1988 para persistir no poder fingindo diferenças internas. Apesar de se colocar como politica-

---

2 O efeito observado no Brasil – de que, para parte da população, a internet é o Facebook ou o WhatsApp – foi reportado em outros países do sul Global (Wallace, 2020).
3 A produção internacional sobre populismo é gigantesca. Entre as revisões de literatura recentes, estão Mazzarella (2019) na antropologia, e Gil de Zúñiga, Michalska e Römmele (2020) nos estudos de novas mídias. No Brasil, cf. Lynch e Cassimiro (2022) e Barros e Lago (2022).

mente neutra, a produtora do vídeo (Brasil Paralelo) guarda evidentes afinidades políticas e de *modus operandi* com o presidente que ajudou a eleger (Turin, 2020). Esse e outros movimentos adjacentes ao bolsonarismo, como o olavismo ou o tratamento precoce, são exemplares da dinâmica antiestrutural que este livro mapeia. Trata-se de públicos que ganham relevância e, não raro, dinheiro avançando narrativas que vicejam com facilidade no ambiente invertido da economia da atenção: alegam trazer o novo, quebrar tabus, libertar o que se encontrava sufocado, revelar verdades que alguma elite "não quer que você conheça". Influenciadores são abraçados pela base de fãs por parecerem autênticos, não terem medo de falar o que pensam. Embora esse viés antiestrutural seja especialmente evidente nos públicos populistas, ele é transversal à plataformização e não se restringe à direita do espectro político. O estudo do populismo digital não é, portanto, um fim em si, mas um lastro comparativo que nos ajuda a mapear padrões de ressonância gerais ligados à atual infraestrutura de mídia.

POPULISMO DIGITAL

Esta seção realiza uma síntese de algumas das conclusões extraídas em um conjunto de publicações anteriores analisando a campanha bolsonarista de 2018 (Cesarino, 2019a, 2019b, 2020a, 2020b) e a comunicação do presidente e de seu "corpo digital" durante o primeiro mandato (Cesarino, 2021b, 2022c), que pode ser consultado pelas leitoras que tiverem interesse em aprofundar o tema.

A análise do WhatsApp buscou, sobretudo, reduzir a quantidade massiva de conteúdos compartilhados em 2018 a um núcleo de padrões gramaticais que sempre se repetiam onde quer que houvesse bolsonarismo (Cesarino, 2019a, 2020a,

2020b, 2021c). Esse núcleo reproduzia com precisão o duplo eixo da teoria estrutural do populismo de Ernesto Laclau (2013): equivalência líder-povo e antagonismo amigo/inimigo, elite/povo.

A chave cibernética chamou atenção para outras dimensões da dinâmica populista: presença de uma ameaça existencial iminente, deslegitimação de estruturas de produção de verdade preexistentes (imprensa, academia) para isolar os seguidores em públicos fechados, e uma relação de mímese inversa onde o inimigo aparece como espelho invertido da identidade líder-povo. Na prática, esses padrões eram condensados numa mesma estrutura holística: em última instância, eram o mesmo padrão. Assim, a mímese inversa é uma dupla torção entre equivalência e antagonismo, cuja bifurcação abre uma camada de comunicação exclusiva entre líder e seguidores, sustentada por uma temporalidade de ameaça iminente e afetos de guerra. A transformação que essa gramática opera passa de uma cronotopologia de reconhecimento universal (modelo da democracia liberal) para uma de reconhecimento bifurcado (modelo da convergência ultraliberal-conservadora).

Embora essa gramática seja compartilhada por outras lideranças populistas, o papel do contexto histórico – em termos sistêmicos, as "condições iniciais" – não é irrelevante. A eleição de 2018 se deu na esteira de uma crise financeira de grandes proporções que reverberou pelo globo uma década antes (Brown, 2019) e que acelerou tanto o descontentamento popular como o processo de plataformização da web. Diversos conceitos foram criados para descrever essa nova convergência tecnopolítica: cyberpopulismo (Gerbaudo, 2017), populismo algorítmico (Maly, 2019), métrico (Varis, 2020) ou digital (Bulut e Yörük, 2017; Cesarino, 2019b, 2020a).

Em nenhum desses casos se trata de ver as novas mídias como *causando* a ascensão desses movimentos. No mesmo sentido, seria equivocado afirmar que os protestos de 2013 *causaram* a ascensão da nova direita no Brasil. Atribuições de causalidade são efeitos da linearização sociotécnica – e em sistemas longe do equilíbrio, as infraestruturas que permitiriam essa linearização do real se encontram fragilizadas. O que ocorreu foi a abertura de uma janela de contingência que, por razões que são indeterminadas, mas não aleatórias, foi sendo ocupada sobretudo por forças que passaram a ressoar no entorno do que viemos a chamar de bolsonarismo. As formas recursivas e fractais de individuação algorítmica propiciaram que o então candidato agregasse essas latências antiestruturais heterogêneas num "todo", porém mantendo sua individualidade e coerência do ponto de vista de cada usuário (Lury e Day, 2019). Como argumentei (Cesarino, 2019a), essa coerência estava menos na pessoa de Jair Bolsonaro do que no modo como sua imagem foi algoritmicamente personalizada para cada seguidor, que *completava com seus próprios significados* os significantes vazios[4] disseminados nos públicos bolsonaristas. Esses conteúdos cobriam um enorme espectro de possibilidades, oscilando dos mais radicais aos mais moderados.

Assim, enquanto em 2013 os manifestantes expressaram um desabafo genérico – "há tanta coisa errada que não cabe em um cartaz" –, em 2018 o líder populista nomeou,[5] deu um rosto e um corpo, ao que eram até então demandas e identidades latentes e amorfas orientadas "contra tudo o que está aí". Boa parte desse trabalho de nomeação já havia sido realizado pelos movimentos anticorrupção e pró-impeachment entre 2015 e 2016 (Ansell, 2018; Rocha, 2019). Foi daí que o candidato Jair Bolsonaro, lançado

---

4   O termo é de Ferdinand de Saussure, apropriado pela teoria do populismo de Laclau (2013).
5   Lacan ([1966] 1998) foi apropriado por Laclau (2013) para pensar o modo como o populismo, enquanto produção de hegemonia, se desdobra tanto no plano da identidade coletiva como no da psique individual.

pelos militares na política desde 2014 (Leirner, 2020), parasitou boa parte de suas pautas e símbolos – sendo o restante tomado da esquerda enquanto mímese inversa (Santos, 2020; Cesarino, 2020a). Como nas promessas lançadas em momentos de crise, muitos eleitores de Bolsonaro afirmavam estar lhe dando uma chance por entendê-lo como sendo novo e autêntico. "Se for ruim, a gente tira", insistiam eles, certos de terem sido os responsáveis por "tirar" a presidente Dilma Rousseff dois anos antes.

Enquanto fenômeno fractal, o bolsonarismo não imprimiu uma substância política unificada e programática às demandas de seus seguidores. Como o populismo, a plataformização e o "estalinismo de mercado" (Fisher, 2020), esse movimento é ao mesmo tempo vazio de conteúdo e altamente performativo. Sua *forma* é mais central que os conteúdos que ele inclui, e que variam tanto no espaço (entre segmentos de eleitores) como no tempo (as sucessivas "ondas" narrativas observadas nos ecossistemas bolsonaristas).[6] O populismo digital se baseia num *crowdsourcing* constante pelo qual o líder se apropria de conteúdos tanto de sua *fanbase* como, de forma invertida, dos inimigos – apropriação esta calibrada por métricas recebidas em tempo real (Empoli, 2019; Varis, 2020).[7]

A circularidade entre influenciador e influenciado aponta, ainda, para o papel do colapso de contextos na comunicação bol-

---

[6] O englobamento da substância pela estética foi apontado como característica dos fascismos (Paxton, 2007). Há muitos debates sobre a adequação do termo ao populismo de direita contemporâneo (ex.: Connolly, 2017). Como Safatle (2020), eu demarco a linha na definição do fascismo como máquina suicidária que, ao buscar uma pureza absoluta pela eliminação da diferença, leva a uma bifurcação violenta e à morte da própria sociedade (como na Segunda Guerra, que matou milhões de alemães e deixou uma sociedade arrasada).

[7] Além das métricas das plataformas, outras formas de feedback incluem os índices do mercado financeiro e as pesquisas de opinião.

sonarista. A campanha de Bolsonaro foi marcada pelo colapso entre candidato e eleitores, indivíduo e coletivo, esferas pública e privada, fato e ficção, espontaneidade e manipulação, e entre a política e outras esferas sociais (Cesarino, 2020a). As condições para esse tipo de eficácia eleitoral advêm de um contexto mais amplo em que, cada vez mais, "o pessoal é político". Mas também se relaciona a táticas inteligentes, como a fusão ou aproximação da figura de Bolsonaro com outras, retiradas de campos outrora privados como a religião e a indústria do entretenimento, que cada vez mais orientam gramáticas do senso comum e moralidades cotidianas: super-heróis, soldados, policiais, cruzados medievais, anjos, Jesus etc.[8]

Mas há um sentido ainda mais fundamental pelo qual a arquitetura das plataformas oferece um viés favorável ao bolsonarismo. Ela inclui *affordances* de "alto nível" que moldam a própria configuração cronotópica (espaço-temporal) no sentido de padrões de reconhecimento bifurcado favoráveis aos populismos da direita radical. Elas o fazem, por um lado, avançando temporalidades não lineares de crise permanente (Chun, 2011, 2016) e, por outro, espacialidades fractais (Lury e Day, 2019) que, juntas, segmentam públicos em realidades personalizadas e afetivamente carregadas: o que Chun (2021) chamou recentemente de *agitated clusters* (aglomerados agitados). Em casos extremos, especialmente quando apoiados pela ação tática de usuários visíveis ou camuflados, esses movimentos antiestruturais podem

---

[8] No início de 2018, o Facebook mudou seu algoritmo para que o *news feed* impulsionasse conteúdos de relações pessoais (familiares e amigos) em detrimento de editores profissionais (jornais e veículos de imprensa). Vazamentos revelaram que a empresa sabia dos efeitos dessa mudança sobre a desinformação, mas agiu apenas de forma pontual em casos de violência grave gerada por rumores online, como em Etiópia e Mianmar (Hagey e Horwitz, 2021).

pressionar um sistema que já se encontra longe do equilíbrio na direção de um ponto de bifurcação caótica.

Os segmentos mais radicalizados, que passaram a preponderar à medida que as redes pró-Bolsonaro foram encolhendo após 2019 (Nemer, 2020), são aqueles que se desprendem da lógica do reconhecimento universal. Por meio de oscilações que vão gradualmente forçando os limites do sistema em crise, essa lógica alternativa o empurra para um limiar de englobamento pelo seu contrário (no caso, o reconhecimento bifurcado). Isso significa que o tipo de ameaça preconizada no bolsonarismo toma a forma não de uma ruptura linear (como num golpe militar ou guerra civil), mas de tendências difusas e persistentes no sistema sociotécnico como um todo.

Indicativo disso é o fato de, uma vez no poder, Bolsonaro não ter buscado recompor o sistema político em um novo ciclo, como fora o caso de outros líderes populistas como Vargas ou mesmo Lula. Ao manter a dinâmica *antiestablishment*, gerou uma situação paradoxal do ponto de vista da norma da democracia liberal (Abreu, 2019; Nobre, 2022). Assim como o candidato Bolsonaro se adaptou a um certo senso comum do brasileiro "médio" (Cesarino, 2021b; 2022a), seu governo se adaptou, igualmente, ao que já estava dado: notadamente, a política fisiológica do Centrão, também baseada num modelo de reconhecimento bifurcado. O pouco de governo que existiu durante a pandemia foi delegado a outros atores: a base no Congresso, a burocracia do Estado, além de atores privados como igrejas, empresários, médicos, planos de saúde. Também os inimigos – a oposição, o Supremo Tribunal Federal (STF), governos estaduais – tomaram iniciativas que foram, ao se mostrarem populares, apropriadas a posteriori pelo governo federal, como o auxílio emergencial e a vacinação contra a covid-19.

O aparente paradoxo esconde uma racionalidade de governo invertida, em que a execução de políticas se dá não com base em um programa estruturado, planejamento e negociação política, mas a posteriori, por um mecanismo do tipo *hedging* (Cesarino, 2021b). *O hedging* é

> uma estratégia de gestão de risco que busca compensar as perdas em um certo investimento apostando em outro ativo, na direção oposta. Assim, minimizam-se as perdas totais: acontecendo um cenário ou o seu oposto, é possível ganhar de uma forma ou de outra. No caso de Bolsonaro, as perdas são a responsabilização por resultados negativos, e os ganhos são crédito por resultados positivos. Com isso, o presidente pode até não arriscar o suficiente para ganhar muito, mas pelo menos consegue manter o mínimo de popularidade – os 25-30% do eleitorado que, segundo Nobre e outros, Bolsonaro precisa para se manter vivo politicamente até 2022. (Cesarino, 2021b)

Se há algo certo e definido no comportamento do presidente é que ele será incerto e ambíguo. Esse *modus operandi* explica suas oscilações e indecidibilidade (Abreu, 2019): ao não decidir, ele não precisa se responsabilizar, mantendo-se sempre dentro de uma margem segura de negabilidade plausível (Hodges, 2020).[9] Ao paralisar a política pública, restringindo-se a ações pontuais como obras e pequenos projetos de lei, o governo federal permitiu que processos involutivos ganhassem corpo, como a inflação galopante e o cataclismo educacional durante a pandemia da covid-19. Com um país parado durante quatro anos, não surpreende que as eleições de 2022 repitam, sob outra forma, o

---

9 Estratégias de negabilidade plausível vêm dos campos corporativo e militar (Poznansky, 2020). Segundo Hesse (2004), também opera o *double bind* que fundamenta o racismo como ideologia contraditória na modernidade liberal.

pleito anterior, dessa vez com a participação do candidato então impedido pelo lavajatismo.

No momento em que escrevo, o que o presidente tem a oferecer a seus eleitores é a produção em massa de marketing digital sobre as poucas realizações do governo, além de medidas temporárias para reduzir o preço dos combustíveis e aumentar a circulação de dinheiro por meio de auxílios. Também parece ter convencido muitos deles de que sua mera presença na cadeira da presidência tenha sido suficiente para eliminar a prática de corrupção no país. Seu principal "feito", contudo, permanece sendo evitar algo que não existe, mas que *poderia existir*: as diferentes facetas da "ameaça comunista". Seu papel como presidente seria, tão simplesmente, impedir que as coisas piorem – ainda que elas estivessem, na prática, piorando, especialmente no âmbito econômico.[10]

A literatura internacional sobre populismos digitais também tem ressaltado esses aspectos disruptivos: temporalidade de crise, segmentação antagonística, mobilização de afetos de medo e ressentimento (Empoli, 2019; Fielitz e Marcks, 2019; Maly, 2019; Chun, 2021). Com efeito, as arquiteturas das novas mídias vão de encontro a muitos – senão todos – os pressupostos simbólicos e materiais apropriados ao funcionamento do Estado democrático de direito e da esfera pública liberal (Cesarino, 2021d). Mas a ênfase na ruptura é, também ela, um efeito de perspectiva. Se nossa atenção analítica foi treinada num paradigma tecnopolítico pré-digital, seríamos capazes de ver, para além da crise, processos emergentes de reconstrução dos sistemas sociotécnicos? Colocando de outra forma, o que a indecidibilidade do presidente *propicia*, e como?

---

[10] Reinhardt (2022) leu esse movimento por meio da figura teopolítica do *katechon*.

ECOSSISTEMAS POPULISTAS COMO PÚBLICOS ANTIESTRUTURAIS

A dinâmica comunicacional do bolsonarismo nas eleições de 2018 já foi analisada exaustivamente, e não cabe retomá-la em detalhes (Cesarino, 2019a, 2020a, 2020b; Santos et al., 2019; Silva, 2020; Rocha et al., 2021; Avelar, 2021; Rocha, 2021; Nobre, 2022). O que proponho aqui é revisitar esse momento sob o prisma neobatesoniano apresentado no primeiro capítulo, segundo o qual a comunicação não é uma simples representação dos fatos, mas é a própria feitura (*enactment*) do real (Mol, 2003). Se as novas mídias de fato oferecessem aos usuários um acesso não mediado ao real, teríamos todos a *mesma* imagem dele. O que acontece é justamente o contrário: uma grande fragmentação onde cada usuário tem, no limite, sua visão personalizada da realidade, à qual cada um se apega como se fosse a *única* imagem correta. Uma das formas de lidar com essa dissonância, como veremos, é alegar que a imagem do outro está sendo manipulada por forças ocultas.

Nesse cenário, o "corpo digital do rei" (Cesarino, 2019a) continua em operação, mas na forma de uma coemergência entre o indivíduo Jair Bolsonaro e os públicos refratados bolsonaristas. Nesse sentido, a "voz" do presidente não pode ser compreendida separadamente desse seu suplemento cibernético. As falas ambíguas, oscilantes e pontuadas do presidente (Abreu, 2019), que parecem desconjuntadas e sem sentido para a sensibilidade da esfera pública letrada, são facilmente editáveis e recombináveis, propiciando sua integração no caleidoscópio de narrativas personalizado para cada usuário.

Essas realidades são feitas não apenas em termos simbólicos mas também da materialidade (infraestrutura técnica) que lhe dá forma (*afford*). Desse ponto de vista, o viés antiestrutural do bolsonarismo está tanto na desorganização que ele manifesta (sua irrupção como força messiânica *antiestablishment*) como na reorganização que ele propõe ao, uma vez empossado, levar adiante uma forma paradoxal de governo que não governa, de soberano que não decide (Abreu, 2019; Nobre, 2022). Se, como definiu canonicamente Schmitt ([1922] 2006), o soberano é aquele que decide *sobre* o estado de exceção, como pode o soberano decidir num cronotopo de crise e exceção permanentes?

Temos, aqui, outra inversão e, novamente, o aparente paradoxo pode ser desfeito quando mudamos o nível lógico. Nesse caso, a indecidibilidade do soberano não significa que decisões não estejam sendo tomadas. Pode significar que elas estão se dando *em outro lugar*. A pista está no padrão oscilatório do governo Bolsonaro, que "balança entre extremos para realçar a tensão entre opostos, o vaivém das opiniões, a conflagração de forças em conflito" (Abreu, 2019). O *katechon* bolsonarista (Reinhardt, 2022) "segura" o Estado democrático de direito – ao qual o presidente, entusiasta do regime militar, sempre se opôs – para que *outras* forças antiestruturais vicejem e ganhem espaço no tecido social.

Algumas dessas forças já tinham consistência institucional, como o fisiologismo do Centrão ou as bancadas do boi, bala e bíblia. Outras, como os diversos "gabinetes paralelos" que pipocaram ao longo do governo, ainda são emergentes. Mas há acomodações ainda mais profundas ocorrendo no plano infraestrutural. As oscilações nos oferecem pistas sobre que tipos de ferraduras podem estar emergindo por meio das novas mídias, e quais as tensões de englobamento envolvidas. Alguns desses "híbridos" também vêm sendo notados pela literatura sobre política, neoliberalismo e novas mídias: entre populismo e tecnocracia (Bickerton e Accetti, 2020; Gerbaudo, 2018), soberania e governamentalidade (Davies, 2021), presente imediato e futuros inescrutáveis (Guyer, 2007), certeza dos sentidos e causalidades ocultas (Cesarino, 2021d).

Essas e outras oscilações e recombinações entre extremos são características da dialética estrutura-antiestrutura em sistemas longe do equilíbrio. No caso brasileiro, a irrupção antiestrutural era expressa em metáforas como a do gigante que acordou. Como ilustrado no comercial de 2011 da Johnny Walker retomado em versão bolsonarista em 2018, o gigante – o povo brasileiro soberano – sempre esteve lá, porém adormecido, misturado ao pano de fundo, sendo pisoteado por elites corruptas, hipócritas e sem real representatividade. Com os protestos anticorrupção de 2015-16, o gigante teria se levantado, forçando uma inversão antiestrutural capaz de transformar fundo em figura, ruído em sinal, ambiente em agente. O terreno estava pronto para a propagação de discursos populistas que colocavam os fracos como fortes, o povo como elite, a verdade sufocada como um grito de liberdade.

Nesse movimento tectônico, a antiestrutura emergiu à direita do espectro político, porém colocando-se como vindo de fora dele (Nunes, 2022). O bolsonarismo assumiu, assim, a forma paradoxal de uma força anti- ou pós-política (pois oposta à chave institucional-partidária) que era ao mesmo tempo hiper- ou uberpolítica (relativa à ontologia do político; Laclau, 2013). Ela encontra condições de possibilidade na própria infraestrutura técnica: é a suposta neutralidade tecnocrática dos algoritmos e métricas que empresta legitimidade para a alegação de que eles apenas trazem à superfície a autêntica vontade do povo. Nos termos do olavismo, a direita bolsonarista avançava uma *metapolítica* que alegava estar acima da política mundana, diretamente ancorada em formas puras, espontâneas e autênticas como família, Deus, as Forças Armadas e o próprio livre mercado. O colapso de contextos entre a política e esferas privadas como moralidades cotidianas, religião e empreendedorismo sem dúvida contribuiu para acirrar esse efeito.

Deputado marginal do "baixo clero" até ganhar notoriedade com o avanço da economia da atenção televisiva e digital, Bolsonaro não teve dificuldade de se vender como representante do *antiestablishment*. Assim como Olavo de Carvalho, MBL e tantos outros na nova direita, seu carisma era de ordem primariamente antiestrutural: falar o que pensa abertamente, com a coragem e os meios para revelar o que as elites esconderiam do "povo". As dimensões de autenticidade/espontaneidade e denúncia/revelação que estão no coração dessa força política convergem fortemente com as formas de eficácia e monetização das plataformas (Chun, 2021). Nos termos da explicação cibernética, o fetiche da autenticidade indica a busca de uma âncora segura num ambiente onde não há metaenquadramentos estáveis em que confiar, e onde tudo pode ser falseado, editado, filtrado. A tática eleitoral bolsonarista, em seu segmento mais humorístico e surrealista, também foi capaz de alcançar a atitude polar a essa: o ceticismo extremo.

Em todas suas iterações, o discurso antiestrutural fez convergir segmentos de "clusters agitados" (Chun, 2021) no tipo de hegemonia invertida trazida no capítulo anterior. Como muitos notaram (Kalil et al., 2018; Kehl, 2020; Pinheiro-Machado e Scalco, 2020; Andrade, Côrtes e Almeida, 2021; Nobre, 2022; Lynch e Cassimiro, 2022), ele ganhou tração a partir de demandas (Laclau, 2013) sociais latentes que encontravam pouco ou nenhum lugar de representação na estrutura política vigente. Em especial, a linguagem da guerra cultural deu vazão a frustrações e ressentimentos daqueles que se viam excluídos dos novos direitos estabelecidos durante o período do neoliberalismo progressista (Cesarino, 2019a; Rocha, 2020; Nunes, 2022). Ainda antes da plataformização da web, parte desses indivíduos já vinham se encontrando por meio dos canais alternativos oferecidos pela internet, como os seguidores de Olavo de Carvalho e a nova direita ultraliberal do Orkut, ainda nos anos 1990 e 2000 (Rocha, 2019).

O que a plataformização parece ter feito, após 2008, é propiciado uma infraestrutura de ressonância (Connolly, [2005] 2021) ainda mais ampla, capaz de levar o viés antiestrutural a potencialmente qualquer segmento da população – o que é central para uma vitória em eleições majoritárias. A hipótese, já anunciada no capítulo anterior, é que o bolsonarismo não se restringe a uma posição de contrapúblico dentro de uma hegemonia, como os públicos feministas e LGBTQIA+ trazidos por Warner (2016). Ele se coloca, antes, como um "contracontrapúblico" que, como o retorno de (Louis) Bonaparte brilhantemente analisado por Marx ([1852] 2011), parece fazer a história girar ao contrário. Esses públicos não se comportam como segmentos de oposição *internos* ao *mainstream*. Eles exploram as novas possibilidades cronotópicas propiciadas pelas mídias digitais ao bifurcarem o público dominante em uma *outra* camada (o eixo z) que passa a operar como público antiestrutural.

Assim, enquanto os públicos dominantes e seus contrapúblicos ainda operariam numa lógica similar à da mídia pré-digital (centrada no jornalismo profissional, nos especialistas acadêmicos), os públicos antiestruturais vicejam na e pela lógica emergente da economia da atenção e sua cronotopologia de públicos refratados. Como as nucleações que podem se formar na periferia de sistemas longe do equilíbrio (Prigogine e Stengers, 1984: 182), esses públicos vão, por meio das possibilidades metacomunicativas abertas pela plataformização, encontrando ressonâncias com outras partes do sistema em crise, e assim tensionando as estruturas vigentes a partir de suas fendas antiestruturais. Levados a um extremo, esses tensionamentos podem se converter em duplas-torções que, como detalharemos adiante, abrem novas camadas cronotópicas via mímese inversa.

Como outros públicos-em-rede formados pelas novas mídias, os públicos antiestruturais não reúnem identidades preexistentes. A própria identidade da direita bolsonarista foi sendo (per)formada *ao mesmo tempo* que ia encontrando expressão e ganhando escala por meio das novas mídias. Mais ainda: a própria política enquanto esfera social particular foi transformada, ao se tensionar, oscilar e recombinar com outras, de ordem privada, doméstica, econômica etc. (Cesarino, 2020a). Não surpreende que muitos eleitores de Bolsonaro afirmassem não se interessar por política, ou não se entenderem como sendo conservadores ou de direita, antes de 2018: os próprios sentidos de "política" e "direita" estavam sendo performados. "Fazer política" nunca havia sido tão fácil ou cativante: a internet participativa propiciou que a política passasse a se confundir cada vez mais com o próprio senso comum. Colocar um celular na mão de cada cidadão para ele ou ela falar o que bem entende: esse é o sentido de democratização avançado pela máquina de ressonância ultraliberal-conservadora-*tech*.[11]

Assim, em 2018, planos de governo e candidatos puderam ser julgados a partir dos mesmos critérios acionados pelos eleitores em suas moralidades cotidianas. É enganoso atribuir espontaneidade a essas gramáticas: elas são, hoje, também orientadas pelo tipo de *storytelling* prevalente, notadamente, nos vários ramos da indústria do entretenimento (Comaroff e Comaroff, 2004). Isso inclui não apenas ficções convencionais em filmes, séries e games mas também nichos de mercado que se pretendem mais autênticos: reality shows, a indústria gospel, programas policialescos e pseudojornalísticos, gêneros musicais tematizando a vida cotidiana como o sertanejo – sem falar na proliferação de plataformas de vídeo e áudio de todo tipo.

À medida que a esfera pública vai sendo contaminada por lógicas de outras ordens, notadamente mercadológicas, fazer

---

11 Como vimos no capítulo 2, esse pressuposto de participação livre e ativa é enganoso: mais que a interatividade, as novas mídias propiciam a *interpassividade* dos sujeitos (Taylor, 2012).

política passa a prescindir das mediações normativas da democracia liberal: estruturas partidárias, movimentos sociais organizados, análises de cientistas políticos ou jornalistas, uma educação universal que prepare para a cidadania, o papel dos contrapesos institucionais, a valorização do pluralismo etc. Ciente do novo cenário onde tudo isso passa a ser visto como "obsoleto" ou "chato" pelo senso comum, a chapa Bolsonaro-Mourão se sentiu à vontade para registrar, no Tribunal Superior Eleitoral, não um plano de governo contendo programas e metas concretos, mas uma apresentação de Power Point com colagens de imagens e palavras de ordem heterogêneas sobre gramscismo, globalismo, Deus e austeridade fiscal.[12] Ao falar a linguagem das pessoas comuns, muitas vezes fazendo *crowdsourcing* de pautas e demandas a partir de seus públicos-em-rede, Bolsonaro saiu na dianteira como o candidato que operava em sintonia com a dinâmica participativa das novas mídias.

O caráter antiestrutural desses públicos também ajuda a entender por que o ativismo no campo do reconhecimento (movimentos negro, feminista, LGBTQIA+, indígenas) foi alvo privilegiado da direita bolsonarista. Apesar dos chamados movimentos identitários terem crescido também pela internet ao longo dos anos 2000, as novas mídias não eram seu único centro de gravidade. Segmentos da grande mídia como a Rede Globo passaram a incorporar pautas de ambientalismo e identidade étnico-racial, de gênero e sexualidade. Na esteira da Constituição de 1988, foram construídas políticas e direitos específicos para esses segmentos, sendo a lei de cotas provavelmente a mais conhecida. Esse processo não poderia se dar sem produzir resíduos contraditórios à medida que a própria política desses

---

[12] Disponível em: divulgacandcontas.tse.jus.br/candidaturas/oficial/2018/BR/BR/2022802018/280000614517 proposta_15342846 32231.pdf.

movimentos foi, no processo mesmo de seu reconhecimento por segmentos do Estado e do mercado, sendo moldada (ou, alguns diriam, cooptada) pela lógica desses aparatos de poder (Pierucci, 2013; Carneiro da Cunha, 2017; Comaroff e Comaroff, 2009; Fraser, 2018; Haider, 2019). Contudo, como também apontam estudos sobre a base do trumpismo (Hochschild, 2016), os segmentos que viriam a ser atraídos pelo bolsonarismo não haviam sido, via de regra, objeto de políticas de reconhecimento específicas. E mesmo as políticas redistributivas, baseadas na inclusão pelo consumo, logo mostraram seus limites com a instalação da crise econômica a partir do governo Dilma Rousseff, transformando afetos de esperança em decepção, ressentimento e medo (Pinheiro-Machado e Scalco, 2020; Kehl, 2020; Nunes, 2022). Ao se oporem às políticas da diferença, esses públicos propõem um tipo de reconhecimento bifurcado, pelo qual direitos valem apenas para os "humanos direitos" e a cidadania, para o "cidadão de bem". É como se, retirado o estímulo à construção de um reconhecimento universal – segundo alguns, algo já prefigurado no próprio ativismo da diferença (Pierucci, 2013) –, esses públicos antiestruturais permitissem o afloramento de um viés histórico de englobamento do universalismo pelo personalismo já presente na cultura política brasileira, que atribui "aos amigos, tudo, aos inimigos, a lei" (Holston, 2013b). É nesse sentido contraditório que, sugeri, a atual convergência ultraliberal-conservadora no Brasil "coloca as ideias de volta no lugar" (Cesarino, 2021c).

O caráter antiestrutural da base social do bolsonarismo é reforçado, ainda, por pesquisas que mostram que não há uma trajetória monolítica em sua formação (Kalil et al., 2018; Rocha, 2019; Leirner, 2020; Nunes, 2022). Longe de se fundir numa identidade coerente, os diferentes segmentos passam a *ressoar* numa estrutura de afetos – ou, nos termos de Connolly ([2005] 2021), numa "disposição espiritual" – compartilhados sobretudo em planos pré-representacionais. Esse modo de formação de identidades políticas está em sintonia com os modos de formação do "social" típicos da época neoliberal: ressonâncias afetivas imanentes aos indivíduos e a suas redes pessoais e mercadológicas (Sennett, 1999), e não a identidades construídas por meio de estruturas "fordistas" como partidos ou movimentos sociais organizados. Por contraste, essas últimas passam a ser vistas como irrelevantes, dispendiosas, ou fachadas para interesses pessoais que se dizem universais.

Como o sistema político segmentar etnografado por Evans-Pritchard ([1940] 2011) entre os nuer, o bolsonarismo consistiria, portanto, numa estrutura multiescalar e aninhada agregada, em seu "topo", por um nível totalizante e virtual unificado em torno do líder. Esse "grupo" se mantinha unido, em última instância, por oposição a um inimigo comum (Chun, 2021). Como detalhei em outros textos, esse inimigo tampouco era monolítico, mas se fractalizava em longas cadeias de equivalência (Cesarino, 2020a). Assim, os significantes vazios do bandido, vagabundo, corrupto etc. significavam algo diferente para cada segmento: o criminoso de rua, o pedófilo, o político corrupto, a feminista abortista, a mídia que sexualiza as crianças, os cotistas que furam a fila da meritocracia, o funcionário público encostado, e tantos outros. Cada eleitor, no limite, personalizava a própria articulação do eixo equivalência-antagonismo (Laclau, 2013). Assim, símbolos vagos como nação, povo, Deus, (anti)corrupção, (anti)comunismo etc. podiam significar coisas diferentes para eleitores diferentes, ao mesmo tempo que os articulavam em torno de um corpo coletivo comum, o "corpo digital do rei" (Cesarino, 2019a; 2022c).

Como as partes de um fractal, usuários que compartilham públicos online tendem a ter percepções próximas, mas nunca idênticas, da realidade. Como vimos, a realidade que as plataformas levam a cada usuário só é integrada na escala da cognição individual, a partir de fragmentos de conteúdo que recebe dos algoritmos e de outros usuários (humanos ou robôs).

Por isso, as operações de influência online envolvem, como nos manuais de guerra híbrida (Leirner, 2020), controle indireto: visam incidir menos sobre o conteúdo que os usuários recebem individualmente do que sobre o *ambiente* nos quais eles estão imersos. Controlando o ambiente, controla-se não necessariamente *quais* conteúdos serão consumidos, mas se influencia *como* eles serão consumidos: seu metaenquadramento. Esse metaenquadramento tampouco é aleatório. A gramática populista tende a enfatizar certos tipos de afeto,[13] que eu também qualificaria como tendo um viés antiestrutural (Cesarino, 2022a). Entre os mais mobilizados pelo discurso da direita trumpista e bolsonarista estão os de frustração e ressentimento, que vicejam entre aqueles que sentem que não obtiveram o reconhecimento ou as recompensas que consideram lhes ser devidas (Hochschild, 2016; Pinheiro-Machado e Scalco, 2020; Kehl, 2020; Nunes, 2022). É um dilema que tem, por razões estruturais, se proliferado na época neoliberal (Andrade, 2021).

A ideologia neoliberal propõe que crises estruturais sejam experimentadas sobretudo como crises de ordem pessoal (Guyer, 2007; Fisher, 2020). As pessoas passam a acreditar que o esforço individual e da comunidade de destino imediata (família, empresa, igreja) são o único caminho possível para sua superação: "Não há crise que resista ao trabalho". Quando a recompensa por esse esforço não vem – o que, num sistema em involução, é mais a regra que a exceção – esses indivíduos tornam-se alvo fácil para discursos populistas e conspiratórios. Eles oferecem explicações simples, intuitivas e de pronto consumo pelo senso comum, de que a prosperidade não vem

---

[13] Na teoria dos afetos, estes diferem de emoções, pois são transversais ao divisor emoção-razão (cf. Massumi, 2015).

pois haveria algum grupo de pessoas (algum tipo de elite corrupta) bloqueando-a de modo ativo, e assim ficando com o que lhe seria devido.

Essa gramática, quando adquire tons "conspirituais" (Ward e Voas, 2011), se aproxima curiosamente da lógica da bruxaria estudada pela antropologia (Evans-Pritchard, [1937] 2004). Mas como já havia sugerido Marx na icônica seção sobre o fetichismo da mercadoria, a mistificação é uma potencialidade da própria lógica sistêmica do capital. Hoje, ela pode ser mais bem entendida na chave de uma teologia econômica, que combina a lógica da financeirização com outras, de ordem religiosa-espiritual (Comaroff e Comaroff, 2000).

Como a imunidade no caso da *alt-science*, a gramática dos impostos por exemplo permite a transição entre os contextos colapsados que sustentam a eu-pistemologia enquanto modo privilegiado de integrar realidades no ambiente digital. O englobamento neoliberal do público pelo privado que a linguagem dos impostos incorpora – o "meu" dinheiro – viceja na crise de confiança nas instituições estatais que redistribuem, via políticas públicas, o valor coletivamente gerado pela sociedade. A ideologia de que todo valor e sucesso vem do empreendedorismo individual corrói a noção do "social" que prevaleceu ao longo do século XX, substituindo-a por outra, baseada no livre mercado composto de indivíduos e suas famílias (Brown, 2015, 2019).

Ao atribuir a fonte de todo valor e sucesso ao indivíduo, essa ideologia mistificadora introduz uma enorme contradição com relação à incongruência entre "destino e mérito":[14] se eu trabalho e me esforço tanto, como pode a responsabilidade pelos meus fracassos ser minha? Como a visibilização de fato-

---

14 A expressão é de Max Weber, retrabalhada por Andrade e Casarões (2020) para o contexto neoliberal pós-2008.

res estruturais está interditada por uma ideologia que só prevê indivíduos e famílias, o dilema (Bateson, 1972) é resolvido projetando a culpa em outro lugar. O interessante argumento de Kotsko (2018) sobre a teologia econômica neoliberal traz uma pista importante sobre esse mecanismo. Ele argumentou que a ideia cristã de liberdade que se desdobraria no neoliberalismo se origina na figura do diabo como fonte do livre-arbítrio. Haveria, portanto, na própria configuração neoliberal, abertura para que as pessoas entendam a contradição insuportável entre destino e mérito que experimentam em sua vida como sendo responsabilidade não sua e dos seus, mas de um "outro" que passa a ser, nos termos de Kotsko, "demonizado". Liberdade aqui significa, principalmente, desresponsabilização – uma equação que explica boa parte do modo de governo paradoxal do presidente Bolsonaro notado acima (Cesarino, 2021b, 2021c).

Chegamos, assim, a uma das principais ressonâncias entre realismo capitalista e populismo radical. Os discursos populistas permitem projetar em bodes expiatórios (Girard, [1982] 2004) responsabilidades que as próprias pessoas não estão dispostas ou preparadas para assumir. Além da incongruência entre destino e mérito, há outros dilemas que podem estar sendo resolvidos pelo mecanismo da demonização: o cidadão anticorrupção que pratica, cotidianamente, pequenos atos de corrupção, ou o abusador ou consumidor de pedofilia que se expia acusando a comunidade LGBTQIA+ pela sexualização precoce das crianças. Nas narrativas conspiratórias, esses "demônios" mistificariam as causalidades sistêmicas (de ordem, por exemplo, econômica ou tecnológica) que o senso comum não é capaz de apreender, e cuja visibilização era delegada aos especialistas. Esses bodes expiatórios são desumanizados ao ponto de justificar sua eliminação simbólica e/ou física do grupo como única saída para a crise: pela via do linchamento, do exílio, do encarceramento, da guerra ou de câmaras de gás.

O fascismo seria, novamente, um caso extremo desse tipo de processo, em que o inimigo é simbolizado como a forma mais extrema de alteridade: igual a mim, mas ao contrário. Em casos--limite de mímese inversa, não é possível reconhecimento, apenas luta pelo englobamento do outro. O caso do fascismo ilustra bem a face paradoxal desses significantes do inimigo: ao mesmo tempo internos e externos, eu e outro. Assim, enquanto os judeus foram projetados como o parasita cosmopolita infiltrado no seio da nação, os socialistas eram o espelho da degeneração do próprio povo alemão. Numa análise perspicaz da propaganda audiovisual nazista, Bateson ([1945] 1980) notou que a representação que era feita das personagens socialistas como caóticas e imorais era uma projeção do lado obscuro (antiestrutural) *dos próprios alemães* – e seu destino inevitável, caso não seguissem os desígnios do líder.

Padrões muito similares foram observados na campanha Bolsonaro de 2018, notadamente em torno da ameaça da "venezuelização" do Brasil. Essa recuperação do fantasma do comunismo cobriu um amplo espectro de possibilidades: da fome, pobreza e crise econômica à crise moral, securitária etc. "Nossa bandeira nunca será vermelha" sintetiza a importância do espectro da degeneração para a propaganda bolsonarista. Seu anticomunismo foi requentado a partir de um extenso arquivo das Forças Armadas brasileiras que, na ausência de um inimigo externo palpável, sempre se apoiaram em narrativas conspiratórias sobre inimigos internos e complôs globais para justificar a própria relevância (Motta, 2002; Leirner, 2020). Aplicado à dinâmica populista, o conspiracionismo projeta o inimigo como ameaça existencial iminente, propiciando assim altos níveis de mobilização – algo que, numa janela curta de campanha eleitoral, pode fazer toda diferença.

MULTIDÃO, MÍMESE E ANTAGONISMO

Na análise de rituais de Turner ([1969] 2013) e outros, estados liminares e comportamento mimético andam juntos. Nas sociedades modernas, eles costumam perfazer coletivos que chamamos de multidão (Tarde, [1901] 2005). Multidões nem sempre são caóticas: quando ritualizadas, podem assumir comportamentos altamente organizados. Este é o caso das situações que chamamos de populistas: como as moléculas do relógio químico, que se reorganizam movendo de modo coordenado a partir de um "todo" (Prigogine e Stengers, 1984), o líder carismático opera como um agregador holístico no qual os indivíduos em estado de crise se projetam, organizando assim a comunicação entre eles pela via do contágio e da imitação (Laclau, 2013).

Nas democracias liberais, multidões sempre foram objeto de preocupação e ansiedade, por divergirem de seu modelo normativo de público (Tarde, [1901] 2005; Hayden, 2021). No campo da política, essa linearização das individualidades aparece, para a sensibilidade moderna, como um tipo incômodo de comportamento de rebanho: ressurgência de instintos animais e primitivos, irracionais e violentos. Ao longo do século XX, esse perigo foi sendo domesticado numa configuração que veio a prevalecer no pós-guerra: um social acessível por métodos científicos e sujeito a organização via políticas públicas; a opinião pública moldada pelos jornais e pela estatística; e, finalmente, a sociedade de consumo de massa, onde a multidão é reencantada pelo carisma distribuído para as mercadorias (Mazzarella, 2017).

Em si mesmo, o comportamento mimético não é nem bom nem ruim – faz parte do que Bateson (1972) chamou de premissas do comportamento mamífero e, como veremos, possui uma base cognitiva e encorporada. Já o que entendemos por multidão não é um universal a-histórico: pessoas de várias aldeias indígenas reunidas num grande ritual, por exemplo, não são uma multidão, pois não constituem uma massa de pessoas desconhecidas. Multidões perfazem, antes, a antiestrutura da modernidade liberal. No plano individual, ela passa pelo que Freud chamou de inconsciente: a camada antiestrutural do ego onde se ancoram os processos miméticos. Já no plano coletivo, o comportamento afetivo e mimético foi apenas parcialmente incorporado na democracia liberal, que se consolidou como uma combinação contraditória entre princípios de expressão da soberania popular por um lado, e princípios de liberdade individual e contrapesos institucionais por outro (Mouffe, 2009).

O englobamento da multidão por formas modernas de formação de coletivos é sempre instável e eivado de contradições. Tarde ([1901] 2005) compreendeu essa assimetria ao caracterizar o oposto da multidão – a opinião pública – como uma "multidão virtual". No pós-guerra, a lógica da mímese e do contágio não desapareceu, mas foi transferida para domínios fora da política onde ela parecia ser mais aceitável, como lazer, religião e, sobretudo, mercados de massa (Mazzarella, 2017). Hoje, o colapso generalizado de contextos faz com que essas lógicas voltem a contaminar a esfera política, como se viu de modo exemplar na campanha Bolsonaro (Cesarino, 2020a).

Além disso, a emergência da opinião pública em contraposição à multidão trouxe em si uma contradição. A imprensa, as pesquisas de opinião e suas variações, como pesquisas de mercado, passaram a correr em paralelo ao próprio aparato da democracia representativa como formas (sobretudo privadas) de expressão da vontade da população. Com a expansão da mídia de massa e, mais recentemente, das novas mídias, essa contradição parece chegar no limiar de um englobamento do sistema político-partidário tradicional por lógicas midiáticas e mercadológicas, marcadas por desenvolvimentos como a indústria das celebridades (Abidin, 2018).

Chegamos, novamente, à tensão entre reconhecimento universal e bifurcado. No modelo liberal da esfera pública, a norma é o reconhecimento universal: em tese, qualquer um pode participar mediante aceitação de procedimentos isonômicos, impessoais e transparentes. Já a multidão constrói um social bifurcado: equivalência e reconhecimento internamente ao grupo (mímese-identidade) e antagonismo e não reconhecimento com relação a um inimigo externo (mímese inversa). No primeiro caso, a igualdade engloba a diferença; o universal, o particular; o público, o privado. No segundo, se dá o oposto. Hoje, as novas mídias parecem estar propiciando uma ferradura na qual a multidão engloba a opinião pública, orientada por uma lógica de mercado híbrida, ao mesmo tempo de massa e de nicho (Lury e Day, 2019; Cesarino, 2019a; Chun, 2021).

Em *Raça e história*, Lévi-Strauss ([1952] 2017) elaborou a contradição entre os dois tipos de reconhecimento em termos do *etnocentrismo*: a tendência, em toda experiência humana, a ver o mundo a partir das próprias lentes culturais.[15] Numa versão social da psicologia da Gestalt, toda sociedade se vê como o centro do universo e vê outros grupos como sendo menos humanos (eu acrescentaria, em graus variados de distância até o extremo de alteridade: o inimigo é igual a mim, só que ao contrário). O autor sugere que, no Ocidente, é para essa atitude que pende espontaneamente o senso comum: "O que convence o cidadão comum da existência das raças é 'a evidência imediata dos sentidos, quando ele vê juntos um africano, um europeu, um asiático e um índio americano'" (: 344). A ideia de viver em

---

15 Daí o paradoxo no qual recai o pensamento evolucionista: "Negar a humanidade aos seus representantes aparentemente mais 'selvagens' ou 'bárbaros' significa adotar uma de suas atitudes típicas. Bárbaro é, antes de tudo, o homem que crê na barbárie" (Lévi-Strauss, [1952] 2017: 343).

uma "aldeia global" seria, nesse sentido, inerentemente contraditória: processos de globalização invariavelmente trarão consigo processos de "aldeiação".

Para que esse viés etnocêntrico não degenere em cisma (bifurcação de fato do tecido social), é preciso equilibrá-lo com procedimentos de reconhecimento universal. Isso requer todo um esforço contínuo de construção institucional, cultural e educacional. Democratizar a sociedade, nesse caso, significa construir e cuidar das estruturas que sustentam um mundo comum entre aqueles que discordam – e não colocar um smartphone na mão de cada indivíduo para que ele fale o que bem entender. Em vez de contrabalançar o viés etnocêntrico, as novas mídias o reforçam, empurrando o sistema para longe do relativo estado de equilíbrio alcançado ao longo do século XX. Elas não só ajudam a desestabilizar as infraestruturas que sustentavam a norma do reconhecimento universal no mundo pré-digital, como introduzem vieses que vão *na direção oposta*.

Assim, a proliferação de padrões miméticos e segmentares nas novas mídias não é espontânea, mas algoritmicamente orientada. Se, no mundo pré-digital, o contágio mimético passava por rumores (frequentemente de ordem conspiratória), panfletos e jornais alternativos, e/ou pela copresença de massas diante do líder carismático, no populismo digital o estado de multidão oscila, como veremos, entre o on e o off-line. Isso é possível pois ambientes cibernéticos propiciam não apenas a replicação por contágio de conteúdos específicos mas a mimetização de enquadramentos cognitivos, ou seja, *da própria forma de pensar* – no caso, sobre a política (Cesarino, 2019a, 2020a). É no fluxo mimético disponibilizado pelas plataformas que as operações de influência populistas intervêm sem maiores dificuldades, pois a infraestrutura para a produção de sujeitos influenciáveis já está dada. Os usuários já se encontram, por assim dizer, em "estado de multidão".

ANTIESTRUTURA, PUREZA E REGENERAÇÃO

Enquanto realizava a revisão final deste manuscrito, li *Os engenheiros do caos* (Empoli, 2019), cujas páginas de abertura trazem uma cena vívida do carnaval italiano, observado por um impressionado Johann Goethe. Com essa analogia, o autor capturou bem a centralidade das inversões para o populismo digital, porém não as desdobrou analiticamente. Se há uma disciplina com expertise acumulada para fazê-lo, é a antropologia, sobretudo em suas linhas estruturalistas e funcionalistas. Como explorado por inúmeros antropólogos, inclusive no Brasil (DaMatta, [1979] 1997), ritos como o carnaval demarcam contextos liminares que permitem, em caráter extraordinário e temporário, a inversão antiestrutural de metacódigos estruturantes da norma social vigente, como puro-impuro e sagrado-profano.

Inspirado na Gestalt, o estruturalismo de Louis Dumont ([1966] 1997) propôs que essas oposições binárias demarcam os extremos da experiência e, portanto, os limites holísticos da ordem social. Refletindo a partir do sistema de castas indiano, organizado pelo metacódigo puro-impuro, o autor insistiu que os opostos não são simétricos, mas hierárquicos. Um dos polos – o da pureza – é sempre superior e englobante, pois representa ao mesmo tempo uma das partes (os brâmanes enquanto o estrato social superior) e o todo (o próprio sistema social, em oposição, por exemplo, à natureza).[16]

---

[16] Esse é o tipo de instabilidade envolvida nos paradoxos dos processos de enquadramento apontados por Bateson (1972). Os *double binds* ocorreriam porque um dos polos de referência também é hierarquicamente superior: um modelo de autoridade no qual o indivíduo confia para fazer sentido do real (no caso do esquizofrênico, os pais; no de cultos, o guru etc.). Essa estrutura triádica converge com os modelos de desejo mimético em Girard ou Lacan, segundo os quais o acesso ao real nunca é direto, mas passa pela mimetização do desejo de um outro.

Isso significa que inversões antiestruturais implicam não uma simples substituição de um termo por sua antítese (digamos, o rei pelo rei momo), mas uma inversão *em dois níveis* similar ao que Dumont chamou de englobamento do contrário, e Lévi-Strauss, de dupla torção. Nos termos da mudança de paradigma de Kuhn ([1962] 2020), por exemplo, podemos dizer que a física einsteiniana não substituiu a newtoniana, mas a englobou hierarquicamente: o polo determinista foi englobado pelo não determinista (Gleick, [1987] 2006). Num sentido similar, o populismo bolsonarista não visa substituir a democracia por um regime militar de fato, mas transformar seu significado e prática a partir de uma matriz relacional invertida, onde o polo soberanista da suposta expressão direta da vontade popular (reconhecimento bifurcado) engloba hierarquicamente o polo liberal dos pesos e contrapesos institucionais (reconhecimento universal).

Inúmeros antropólogos notaram como figuras paradoxais situadas às margens dos sistemas socioculturais são aquelas mais bem posicionadas para operarem transformações antiestruturais: do pangolim lele a *tricksters* ameríndios, de Jesus Cristo aos intocáveis indianos (Dumont, [1966] 1997; Lévi-Strauss, [1964] 2010; Douglas, [1966] 2010; Leach, [1966] 1983). Ao representarem aquilo que a normatividade social rejeita, essas figuras são dotadas de enorme poder – e perigo. Têm o potencial de inverter a própria polaridade do metacódigo sagrado-profano e, assim, de regenerar estruturalmente a ordem social como um todo. Apenas figuras paradoxais podem operar essa função, por se situarem nos limites dos tabus e fronteiras sociossimbólicos. Como a gola de uma camisa, estão ao mesmo tempo de um lado e do outro do tecido: indicam o "ponto cego" do sistema vigente, o resíduo marginal a partir do qual seu "todo" pode ser virado do avesso.

Em *Pureza e perigo*, Mary Douglas ([1966] 2010) utilizou uma metáfora do mundo natural para iluminar a relação entre tabu (delimitação do corpo sociossimbólico) e regeneração. Tabus são metacódigos essenciais a qualquer cultura, pois, ao demarcarem as fronteiras do possível e do pensável, reduzem a entropia distinguindo ruído de sinal, o sistema do seu entorno. No mesmo sentido, mantemos um jardim saudável e bonito controlando a entropia: limpando-o, ou seja, retirando dali o que classificamos como sujeiras ou impurezas – ervas daninhas, plantas mortas etc. Porém, paradoxalmente, excluir em definitivo esses elementos significaria eliminar a própria fonte de vitalidade do jardim: "O que o jardineiro rejeita é enterrado de novo para renovar a vida" (Douglas, [1966] 2010: 121).

Algo semelhante pode ser dito dos sistemas sociais. Como vimos no capítulo 1, em sociedades não modernas, os "rejeitos" antiestruturais acumulados que poderiam desestabilizar a ordem social são reincorporados por meios rituais. É como se ritos e seus estados liminares oferecessem aberturas periódicas e controladas de "estado de exceção" em sociedades sem Estado. Já em nossas sociedades, o Estado democrático de direito seria uma forma institucionalizada de gerir essas contradições e seus rejeitos de modo contínuo, ao permitir a alternância de poder e o reconhecimento de forças políticas contraditórias (ainda que de modo sempre insuficiente e mediado pela alternância entre elites).

Mas também aí o sistema pode esgotar sua capacidade de sustentar o acúmulo de contradições, pois nunca será possível contemplar as demandas de todos os cidadãos ao mesmo tempo. São as chamadas crises de hegemonia. Mudanças muito rápidas na infraestrutura de mídia podem aumentar a viscosidade do sistema sociotécnico e, assim, fazer emergir tensões antiestruturais com maior rapidez do que a capacidade do sistema de se reorganizar. Nessas situações, cresce a probabilidade de um líder carismático ganhar tração junto ao corpo social projetando a imagem de um estado futuro do sistema que seja mais estável e unificado. Tipicamente, esse estado é imaginado como o oposto invertido do sistema em crise (no atrator de Rössler, $z-1$), e seu conteúdo é, como notou Marx ([1852] 2011) sobre a volta contrarrevolucionária do bonapartismo com o sobrinho de Napoleão, evocado a partir de estágios pregressos do sistema. Esse é um dos sentidos em que podemos entender a relevância de significantes vazios de povo, nação, Deus em discursos populistas. Embora sem conteúdo fixo, sua forma sempre aponta para uma promessa de resolução holística da crise – o "salto no escuro" discutido no capítulo 1. Na prática, contudo, a promessa messiânica de regeneração integral do sistema sociopolítico não pode ser mais que isso: uma promessa. Na prática, ela se desdobra na proliferação de paradoxos e no potencial de sua resolução pela via de uma ruptura violenta, como foi o caso extremo do fascismo.

É isso que indica, também, o arquivo etnográfico e histórico, repleto de tragédias envolvendo essas figuras paradoxais. Em sociedades diferentes das nossas no tempo e no espaço, personagens antiestruturais são extremamente comuns. Uma das figuras mais recorrentes é o "antirrei", presente em mitos, rituais e na literatura e em outras artes. O antirrei foi assim exposto pelo historiador e antropólogo Jean-Pierre Vernant:

> O rei descarrega tudo o que é negativo em seu próprio caráter em um indivíduo que é sua imagem especular. Este é o fármaco: o duplo do rei. Porém, é um duplo invertido, semelhante aos reis do carnaval que só são coroados enquanto dura o festival, quando as hierarquias sociais são invertidas e a ordem é virada do avesso. Tabus sexuais são suspensos, ladrões são legalizados, escravos ocupam o lugar dos mestres, mulheres trocam de roupas com homens. Então, o trono deve ser ocupado pelo homem mais vil, feio, ridículo, desprezível. Mas uma vez terminado o festival, o contrarrei é expelido ou morto, levando consigo e purgando a comunidade de toda desordem que ele incorpora (Vernant apud Maranda, 2001: 146).

Esse padrão contraditório de inversão antiestrutural e regeneração da ordem ficou conhecido, na obra do polímata francês René Girard ([1982] 2004), como mecanismo do bode expiatório. Como no mito grego do Édipo Rei, analisado por Girard, Lévi-Strauss e outros, uma sociedade em crise projeta suas contradições em um indivíduo, um "inimigo interno" que será sacrificado para que as transgressões sejam expiadas e a paz social, restaurada.[17]

Variações desse mecanismo aparecem no monumental *O ramo de ouro* (Frazer, [1890] 1982): o rei pode ser eliminado por um estrangeiro, que então toma seu lugar; ou pode ser assassinado pelo próprio filho, como Caos e Cronos. Em todos os casos, a figura que personifica o corpo coletivo – o "rei" e suas variações – deve ser periodicamente morta e renascida sob outra forma a partir das margens, refletindo assim a própria dinâmica cíclica dos sistemas que descrevemos com Kuhn ([1962] 2020) e Prigogine e Stengers (1984).

Na Europa, com a secularização dos Estados-nação após as guerras de religião no século XVII, esses processos foram "domesticados" institucionalmente pela bifurcação da soberania entre instituição (cargo) e pessoa (o ocupante). Assim, a necessária renovação periódica dos sistemas sociais, que no contexto histórico imediatamente anterior assumira a forma extrema da guerra civil, foi hipostasiada nas instituições da democracia representativa. Sua temporalidade também mudou: em lugar de aguardar a morte ou deposição do rei, ela passou a

---

17 Segundo a teoria mimética de Girard ([1982] 2004), os sujeitos não desejam um objeto diretamente, mas mimetizam o desejo de um terceiro, que é um modelo para si. Quando esse terceiro se situa de forma simétrica ao sujeito, a mímese escala em conflito e rivalidade. Isso pode ser resolvido se os sujeitos, em vez de rivalizarem entre si, convergirem mimeticamente contra um "outro" que passa a ser visto como responsável pelo caos social.

ocorrer pelos ciclos mais curtos de eleições periódicas. Mas como também vimos, nenhum sistema institucional é capaz de conter completamente as contradições geradas no fluxo da vida social. Nesses momentos de crise, a desconfiança nas instituições da democracia liberal volta a desestabilizar o arranjo histórico que separou os "dois corpos do rei" (Kantorowicz, [1957] 1998). Com o sistema afastado do equilíbrio, pode haver, como ocorreu em 2018 (Cesarino, 2019a), um retorno da personificação do coletivo no corpo do líder, como forma mistificada de resolver a crise (Reed, 2019; Marx, [1852] 2011). O extraordinário acontecimento da facada tornou a promessa da regeneração do Brasil palpável, ao integrar todo o espectro de contradições sistêmicas num só evento. O corpo de Bolsonaro ferido pela faca tornou-se, naquele momento, o corpo da nação devassado pela corrupção; o corpo do cidadão de bem infringido por bandidos armados; o corpo da família e das crianças violadas por pedófilos, sexualizado, desconstruído e deformado em monstruosidades pela "ideologia de gênero"; a energia vital do trabalhador honesto parasitada por funcionários públicos e ativistas; o corpo da empresa e do empreendedor sugado por impostos e políticas redistributivas; a integridade da propriedade privada ameaçada pela invasão por movimentos sem-terra, sem-teto, indígenas; o corpo soberano da nação transgredido por forças globalistas etc. Em todos os casos, são explicações para a (in)justa distribuição da prosperidade na sociedade, numa gramática vaga, mas ao mesmo tempo moralizante e pessoalizante, altamente intuitiva para o senso comum. O "povo" não apenas se projetou no corpo ferido do líder, mas tomou materialmente seu lugar na campanha, na forma do corpo caleidoscópico de seguidores propiciado pela arquitetura fractal das novas mídias (Cesarino, 2019a).

    Contudo, uma vez tornado rei, o antirrei dobrou a aposta. Longe de reestabilizar o sistema sociopolítico em crise, ele o lançou em quatro anos de governança paradoxal via crise

(Nobre, 2022; Cesarino, 2022a). Bolsonaro não resolveu a contradição, mas persistiu inflando os extremos e oscilando cada vez mais entre eles (Abreu, 2019): o imperador e o bobo da corte; o voto de esperança e o voto de protesto. Em lugar de uma ruptura linear do sistema como um todo, o sistema político se dividiu em duas camadas contraditórias, mas coemergentes: uma de instabilidade crônica, polarização e violência verbal principalmente na esfera midiática, e outra de reprodução do status quo, notadamente após o pacto com o Centrão no início de 2020. Veremos como se dá essa bifurcação, que apresenta um caráter mais estrutural que o bolsonarismo político no sentido estrito.

CISMOGÊNESE

Como vimos no primeiro capítulo, sistemas caóticos não são aleatórios; eles incluem uma ordem que pode ser vislumbrada no plano global, como na "borboleta" dos atratores do caos. Sua transformação, à medida que se afastam do equilíbrio, não se deve à vontade de algum agente ou mesmo grupo de agentes específicos. Indivíduos podem fazer diferença caso representem, de alguma forma, uma probabilidade de estado futuro que já esteja implicada no plano global da reorganização sistêmica. Como vem se dando essa reorganização, no caso em questão?

Em 2018, o bolsonarismo se caracterizou por uma dinâmica populista clássica, ou seja, de expansão de cadeias de equivalência para segmentos sociais heterogêneos. Nem todos os segmentos capturados durante o período eleitoral seguiram com a mesma convicção, embora muitos tenham permanecido em sua órbita de formas menos explicitamente políticas. Aqueles que persistiram fiéis ao líder passaram a constituir um núcleo duro do bolsonarismo, no qual o presidente esperava se apoiar nas eleições em 2022 – seja para vencê-la, seja para contestá-la. Esses públicos refratados (Abidin, 2021) em plataformas múltiplas se mostraram bastante dinâmicos. Se em 2018 sua âncora eram o WhatsApp e o Facebook, outras plataformas foram ganhando força, notadamente o YouTube e, a partir de 2021, o Telegram. Desde ao menos 2018, esses públicos persistem como suplemento digital essencial do "corpo do rei" (Cesarino, 2019a). A voz de Bolsonaro não se limita ao que sai de sua boca ou daquelas de próximos, como filhos e generais. A comunicação bolsonarista deve ser entendida num sentido propriamente cibernético: inclui esses indivíduos e todos aqueles que fazem parte de seus públicos – influenciadores, algoritmos e usuários comuns. O presidente tem plena consciência de que suas falas serão recebidas de modos diferentes por diferentes segmentos. Por isso, elas oscilam num amplo espectro – dos enunciados mais radicais ao mais moderados, mantendo sempre ambiguidade suficiente para permitir manobras de negabilidade plausível (Hodges, 2020; Cesarino, 2021b).

Como na metáfora política do *dog whistle* (apito de cachorro), um mesmo enunciado do presidente será percebido de determinado modo pelos públicos dominantes e de um modo completamente diferente por seus seguidores. Isso ocorre porque estes últimos têm acesso a *outra* faixa de significação, ancorada nos públicos refratados. Em seus extremos, essa diferença de sentido se manifesta como mímese inversa. Tomemos, por exemplo, a "nota de recuo" do presidente dois dias depois das manifestações do 7 de setembro de 2021. Quando ele afirmou que "na vida pública as pessoas que exercem o poder não têm o direito de 'esticar a corda', a ponto de prejudicar a vida dos brasileiros e sua economia", muitos nos públicos dominantes entenderam que ele estava fazendo um *mea culpa* sobre seu próprio comportamento. Já nos públicos bolsonaristas, a referência foi remetida ao Ministro do STF, Alexandre de Moraes, que ocupava então a função do inimigo.

Essa segmentação das faixas de significação é possibilitada pelo cronotopo policêntrico das novas mídias (Blommaert, 2020). Porém, ela não é espontaneamente constituída apenas a partir da coemergência entre usuários comuns e sistemas algorítmicos. Entre os dois, intervém uma camada de ação tática que é essencial à formação de públicos refratados: a ação coordenada de usuários que atuam como influenciadores, explícitos ou camuflados (Abidin, 2021). É a atuação desses mediadores que mantém a bifurcação entre público dominante e público refratado, além de reforçar, no ambiente deste último, vieses que sejam favoráveis, no caso analisado, à força política que representam.

A atuação desses "novos peritos" é tanto direta (pela oferta e disseminação de conteúdos e narrativas) como indireta, incidindo menos sobre o usuário do que *sobre o ambiente em que ele existe digitalmente*. No caso dos públicos antiestruturais do bolsonarismo e afins, uma nova ordem emergente é produzida e sustentada por meio da mímese inversa: uma dupla torção que "tranca" os dois lados do atrator antagonístico (amigo e inimigo, público dominante e público refratado) numa forma paradoxal de cismogênese contínua.

O conceito de cismogênese foi introduzido por Bateson ([1936] 2008) em sua etnografia entre os Iatmul da Nova Guiné, conduzida nos anos 1930. O termo significa, literalmente, "gênese do cisma", ou da divisão. Em *Naven*, ele descreve uma interação entre duas partes na qual a reação de uma à ação da outra, e vice-versa, resulta no reforço do comportamento já existente e, portanto, em seu escalamento progressivo (feedback positivo). Na formulação original do conceito, Bateson sugeriu que a relação cismogênica pode ser simétrica (por exemplo, rivalidade entre pares) ou complementar (por exemplo, dominância e submissão). São processos observados em muitos sistemas cibernéticos, em diversas escalas: entre sociedades (como a corrida armamentista entre os blocos capitalista e soviético), entre indivíduos (numa briga de casal), entre outros animais (na rivalidade ou submissão entre machos), e mesmo em processos biológicos.[18] No escalamento cismogênico, a forma vai assumindo precedência sobre o conteúdo, como se fosse necessário esvaziar aquela relação de toda substância para possibilitar a separação definitiva entre as partes. Qual o sentido, afinal, de se produzirem armas atômicas suficientes para destruir o mundo inteiro várias vezes? Como pode uma briga por causa da colher de manteiga enfiada no pote de mel levar à agressão verbal ou física? Isso ocorre porque a relação de oposição deixou de ser sobre o conteúdo em si: "Se a Globo é contra eu sou a favor", não interessa qual a pauta em questão.

Deixada em si mesma, a cismogênese leva ao cisma definitivo entre as partes: como numa guerra nuclear, ou num divórcio. Embora tendamos a ver esses exemplos como negativos, o clímax é essencial no caso de processos naturais como o parto, onde o objetivo é chegar ao cisma entre genitora e filhote.[19] Já no âmbito sociocultural, a progressão da cismogênese até o ponto de cisma costuma ser um caso extremo – por exemplo, quando um chefe de família extensa pega seus parentes e vai montar outra aldeia. No mais das vezes, cada uma das partes se encontra envolvida em outras camadas de relação sistêmica que podem equilibrar o processo cismogênico com feedbacks negativos, aliviando a tensão e dessa forma evitando o cisma.

18 A cismogênese biológica costuma se relacionar ao campo da reprodução. Bateson (1972) não deixou de notar a ambiguidade entre "fazer guerra e amor, identificações simbólicas do orgasmo com a morte, o uso recorrente, por mamíferos, de órgãos de afronta como ornamentos para atração sexual etc." (: 94).
19 Na interpretação lacaniana de Laclau (2013), o populismo envolve a busca de um retorno a essa unidade primordial pré-cismogênica.

Esse é, com efeito, o modo como o estrutural-funcionalismo via a função de controle social implicada em rituais de inversão como o naven: ao permitirem a expressão extraordinária da oposição cismogênica (por exemplo, entre princípios patrilineares e matrilineares) através da inversão de papéis (por exemplo, entre tio materno e sobrinho), esses rituais aliviariam a pressão antiestrutural no plano ordinário da estrutura social, permitindo que esta última se perpetuasse sem grandes rupturas. Em termos batesonianos, os participantes do ritual estão reacomodando sua metacomunicação, ao responderem reciprocamente e performativamente ao "enigma da Esfinge": quem sou eu para você? Quem é você para mim? (Chaney, 2017).

Em outras publicações, argumentei que parte importante do crescimento de Bolsonaro durante a campanha de 2018 emanou de processos cismogênicos – alguns mais, outros menos espontâneos. Dois momentos em que houve aumento marcado nas suas intenções de voto envolveram eventos desse tipo: a facada em 6 de setembro de 2018, e os protestos do #EleNão no fim do mesmo mês. Neste último caso, foi possível acompanhar em tempo real as táticas meméticas de indução da cismogênese, por meio de conteúdos disparados nos grupos de WhatsApp e circulados em outras plataformas, como o Facebook. Conteúdos antifeministas em particular apresentavam um padrão de mímese inversa meticulosamente desenhado para produzir efeitos de nojo e ameaça, com base numa estética binária opondo os polos douglasianos de pureza-impureza, limpeza-sujeira, beleza-feiura, ordem-desordem, segurança-perigo etc. (Cesarino, 2020a, 2022c).

A lógica invertida da economia da atenção ajuda a entender alguns dos paradoxos envolvidos na cismogênese: como um candidato se beneficiou de ter sido retirado da esfera pública após a facada? Como uma publicidade negativa (#EleNão) trouxe benefícios eleitorais positivos? Do ponto de vista algorítmico, importa menos se um conteúdo tem valência negativa ou positiva do que se ele gera ou não engajamento (Empoli, 2019). Além disso, a situação de hegemonia invertida que aí prevalece torna irrelevante a presença ou não de conteúdos político-programáticos substantivos. Nas palavras do guru do bolsonarismo, Olavo de Carvalho: "Eu não tenho um projeto de país. Eu sei o que eu sou contra".[20]

Novamente, portanto, o que era extraordinário em contextos rituais como o do naven – a cismogênese – aparece nos públicos bolsonaristas como uma propriedade do próprio ambiente. Esse pano de fundo permite que lasers sociais (Khrennikov, 2016) sejam ativados em momentos-chave, como no caso do #EleNão.[21] Na maior parte do tempo, contudo, os públicos bolsonaristas são animados em "fogo baixo" por dinâmicas cismogênicas de menor intensidade. Seu propósito parece ser não produzir um cisma linear (intervenção militar, guerra civil), mas sustentar um estado de cismogênese permanente em que os indivíduos permaneçam influenciáveis e em que as fronteiras globais do sistema democrático sejam sutilmente forçadas, porém de forma progressiva.

A cismogênese persiste, assim, num estado de estabilidade dinâmica que Bateson (1972) chamou de *platô*. Trata-se de outro paradoxo pois, em sua formulação original, o platô foi definido em contraste com a cismogênese. Comparando a cultura iatmul

---

[20] Em entrevista a Letícia Duarte, relatada no podcast *Retrato Narrado*, episódio 4, "A Construção de um Mito" (Spotify).
[21] O laser social dirige a energia de um enxame para um determinado alvo (Cesarino e Nardelli, 2021). Apresenta ressonâncias interessantes com processos autocatalíticos, que ganham escala a partir da cópia de um elemento já presente no sistema: "Um polímero já sintetizado é usado como modelo para formar uma cadeia com a mesma sequência. Esse tipo de síntese é muito mais rápida que uma em que não há modelo para copiar" (Prigogine e Stengers, 1984: 190).

com a balinesa, Bateson notou que os padrões desta última (por exemplo, na criação dos filhos) tendiam a abafar a "tendência humana para a interação pessoal cumulativa". Constituíam, no lugar do clímax, um "platô contínuo de intensidade" – também observado no estado de transe característico daquela cultura (Bateson, 1972: 97).

No caso balinês temos, portanto, o platô englobando a cismogênese. No caso da comunicação bolsonarista, proponho que o englobamento se dê na direção inversa: o estado de intensidade contínua do tipo platô é produzido por meio de uma dinâmica de avanços e recuos que mantém a cismogênese como polo englobante tanto no plano local (da disposição beligerante dos indivíduos) como no plano global (da bifurcação do sistema tecnopolítico como um todo). Assim, embora seja baixa a probabilidade de indivíduos chegarem às "vias de fato" no mundo off-line, no âmbito global o reconhecimento universal da democracia liberal vai sendo – como nas reinjeções do eixo z no atrator de Rössler – gradualmente corroído pelo reconhecimento bifurcado que passa a contagiar, também, o campo antibolsonarista. Resta descrever como esse resultado sistêmico tem sido buscado de forma tática nos públicos bolsonaristas.

MÍMESE INVERSA COMO DUPLA TORÇÃO

Vimos anteriormente que atratores são estados globais para os quais tendem os comportamentos locais dentro de um sistema caótico. Como sugerimos, os públicos bolsonaristas ativam um atrator duplo, no qual os lados amigo e inimigo coemergem numa relação de mímese inversa. Embora possam parecer simétricos para certos atores do ponto de vista local (por exemplo, na figura do "bolsopetismo"), de um ponto de vista global a emergência do eixo z implica uma quebra de simetria no sistema como um todo. Essa dinâmica transformacional pode ser descrita nos termos do que Lévi-Strauss chamou de dupla torção.

A fórmula canônica do mito (Lévi-Strauss [1955] 2017), ou dupla torção, é um dos temas mais nebulosos do estruturalismo, instigando interpretações e controvérsias que talvez nem seu autor fosse capaz de adjudicar (Mosko, 1991; Maranda, 2001; Almeida, 2008; Gow, 2014). Há mais de uma versão da fórmula, mas todas envolvem uma transformação em dois níveis: uma de termo (nível local) e outra de função (nível global, ou meta).

$$f_x(a) : f_y(b) :: f_x(b) : f_{a\text{-}1}(y)$$

Na primeira metade da fórmula, temos um sistema de equivalência com duas funções (*x* e *y*) e seus dois termos respectivos (*a* e *b*). Isso equivaleria, em nosso modelo, ao lóbulo principal de Rössler (eixo *x-y*) numa situação perto do equilíbrio, sendo *x* a função periférica (mediação) e *y* a função central (presença), e *a* e *b* seus respectivos termos (por exemplo, ficção e fato). Com a desestabilização desse arranjo, a trajetória do sistema atravessa um limiar (::) em que *b* passa a termo da função *x*, e *y*, que era função, passa a termo de uma nova função, *a-1*. Essa nova função emerge quando *a*, ao passar ao status de função, sofre uma inversão no nível meta (*a-1*). O lóbulo secundário (eixo z) emerge assim como um "espelho invertido" do lóbulo principal no nível do termo (conteúdo), porém com uma inversão de hierarquia também no nível da forma (a segunda torção, no plano meta).

Sugiro que os públicos antiestruturais analisados aqui podem ser colocados nos seguintes termos:[22]

---

[22] Agradeço a Hans Steinmüller, da London School of Economics, pela sugestão inicial.

mediação (ficção) : presença (fato) :: mediação (fato) : públicos conspiratórios (presença)

A primeira parte da fórmula corresponde ao ecossistema informacional organizado pelo sistema de peritos, em que a ficção é adjudicada a partir de uma função central "fato" cujo mecanismo é relativamente estável e socialmente compartilhado. Após a dupla torção, esse sistema é reduzido ao termo ligado à função periférica, e abre-se uma nova camada sistêmica (os públicos conspiratórios ancorados nas novas mídias) através da inversão entre fato e ficção. Assim, em vez de serem termos adjudicados a partir de um mesmo paradigma que fixa uma ontologia comum, fato e ficção passam a designar funções que delimitam, elas mesmas, espaços ontológicos próprios: o eixo z (público conspiratório) sendo o lugar de toda verdade, e o eixo x-y (público do *mainstream*), de toda mentira. Cabe observar que a metáfora corrente para o cruzamento desse limiar é a *red pill*, ou pílula vermelha do filme *Matrix* (1999) – no qual, curiosamente, o *double twist* aparece também como um *plot twist*.[23]

A fórmula canônica foi originalmente proposta para pensar a transformação através de limiares entre *conjuntos* de variantes de mitos ameríndios (há, na formulação original, uma tentativa de diálogo com a teoria dos conjuntos na matemática). Em minha leitura, a descontinuidade ou "salto" que ocorre com a dupla torção manifesta o efeito de outro polo de atração (no caso de Rössler, o eixo z): o "todo" emergente que reorganiza sistemas em transição (Prigogine e Stengers, 1984). Do modo como são descritos nas *Mitológicas* (Lévi-Strauss, [1964] 2010), os sistemas míticos são, poderíamos dizer, abertos:

---

23 *Double twist* é o termo em inglês para a dupla torção. Chaney (2017) nota que o *plot twist* de uma narrativa também opera, como na esquizofrenia, um jogo no nível do metaenquadramento.

uma vez passado o limiar de transformação, o mito não "retorna" ao mesmo lugar, mas segue se transformando à medida que vai circulando por outros conjuntos.

Já no modelo proposto aqui, baseado no atrator de Rössler, os elementos do sistema não deixam o duplo polo de atração. Ao cruzarem o limiar de bifurcação, transformam-se em seu oposto invertido – o que Mosko (1991), em sua releitura da fórmula canônica para processos sociais diferentes do mito entre os Mekeo da Papua Nova Guiné, chamou de dualismo recursivamente invertido.[24] Esse comportamento perfaz a dinâmica oscilatória característica de sistemas em *runaway*, porém *sem* desencadear o escalamento de feedback positivo que levaria a um cisma de fato.[25]

Desse modo, os influenciadores bolsonaristas lograriam manter o sistema sempre excitado e desorganizado no plano local, porém organizado de forma metaestável como um campo de batalha virtual no plano global: dois lados de um mesmo atrator que coemergem numa relação antagonística de ameaça existencial recíproca. Como em qualquer sistema caótico, *é no plano global que pode ser encontrada a ordem emergente*. Assim, o comportamento contingente das multidões de usuários se mantém dentro de limites globais que, embora não possam ser diretamente controlados por nenhum grupo político, podem ser direcionados por meio de técnicas de influência, aproveitando-se dos vieses cibernéticos já disponíveis na infraestrutura de mídia.

24 Os "materiais não míticos" analisados pelo autor convergem com precisão com aqueles tematizados nos públicos antiestruturais trazidos aqui: "Estados e processos corporais (por exemplo, saúde, doença, alimentação, excreção, reprodução e morte), construções de espaço e tempo, classificações sociais em vários níveis, e organização política" (Mosko, 1991: 127).
25 No atrator de Lorenz, a oscilação da trajetória de um lado a outro do duplo espiral – as "asas" da borboleta – corresponde à reversão de fluxo observada em sistemas de convecção de fluidos.

No caso da direita populista, essa estratégia tem assumido a forma daquilo que, nas teorias contemporâneas da guerra, é chamado de "pinça" (Leirner, 2020). No modelo do coronel estadunidense John Boyd estudado por Frans Osinga (2007), o movimento de pinça é preparado por uma etapa prévia de desorganização, provocada por ataques rápidos (*Blitzkrieg*) que desorientam os elementos do sistema e o afasta, como um todo, do estado de equilíbrio. As mesmas forças então o "cercam" por ambos os lados, delimitando assim o horizonte de possibilidades colocado aos sujeitos, que passam a oscilar entre os extremos propostos. Essa organização em dois polos não é nem estática nem simétrica: incide tanto sobre o ambiente como, através dele, sobre os agentes. Na guerra informacional, a pinça visa redefinir os limites do pensável e do possível: por exemplo, arrastar a "janela de Overton" para fazer com que aquilo que antes era entendido como direita (por exemplo, o PSDB) passasse a ser pensado nos termos dos significantes outrora atribuídos à esquerda (comunismo etc.).

Essa abordagem indireta incide sobre o ciclo cibernético de observação, orientação, decisão e ação dos agentes – o que Boyd chamou de OODA *loop* (Osinga, 2007). Boyd construiu seu modelo a partir de diversas fontes de inspiração, entre as quais Kuhn, Prigogine e Bateson, notadamente a noção de cismogênese (Osinga, 2007). Embora não haja referência explícita ao *double bind*, entendo que um tipo de duplo vínculo desempenha um papel central na estratégia de pinça. Na guerra informacional, os "guerrilheiros" propiciariam a simultânea produção e (falsa) resolução de *double binds*.

Tanto durante a eleição como depois dela, por exemplo, a guerrilha virtual bolsonarista trabalhava com *binds* (vínculos) elementares que *já estavam previamente dados* na cultura política do senso comum. Tratava-se de atratores simples, valores incontestáveis que perfaziam a própria delimitação global do sistema e de cuja integridade dependia, por extensão, a integridade do próprio corpo social (Douglas, [1966] 2010). Entre os significantes mobilizados nesse sentido estavam liberdade, nação, família, combate à corrupção, à pedofilia etc. Afinal, quem seria contra o Brasil? A favor da corrupção, da pedofilia? Contra a liberdade de expressão, a transparência do processo eleitoral?

A partir desse vínculo moral-afetivo inicial, os conteúdos disparados buscavam circunscrever, com a outra mão da "pinça", a experiência do usuário e o espectro de possibilidades disponíveis (nos termos de Boyd, seu *OODA loop*) (Leirner, 2020). Eles o faziam introduzindo um segundo *bind* na forma de uma mímese inversa do primeiro. Esse duplo vínculo circunscrevia o horizonte de expectativas do sujeito com uma ameaça iminente a sua integridade individual e coletiva (autoritarismo, antinacionalismo, antifamília, corrupção, pedofilia etc.).[26] Nesses públicos, portanto, o espectro político foi reconfigurado nos termos das duas possibilidades propostas pela gramática populista: amigo ou inimigo.

Ao se apropriar desses atratores globais enquanto seus símbolos parciais – a bandeira nacional, a camiseta da seleção –, o líder logrou se colocar como representante direto da autenticidade do "todo", explodindo, nesse movimento, a própria ideia de representação política. Com isso, lançou o inimigo para o campo da monstruosidade, do indizível, do mal absoluto, e, portanto, para fora das fronteiras do sistema social: "Nossa bandeira nunca será vermelha" (Rocha, 2021). Como essa operação se baseia numa mistificação – não existe, como vimos anteriormente, um fora do sistema capaz de purificá-lo –, se não for contida ela pode levar à deflagração e morte do próprio sistema (novamente, o caso extremo do fascismo).

26 Sobre este ponto, agradeço a interlocução com Stefan Serseniuc pelo academia.edu.

Na campanha eleitoral, como sabemos, não se chegou a esse ponto. Múltiplas fontes de feedback negativo entraram em operação, inclusive o próprio encerramento do período eleitoral – e, com efeito, a sensação nos grupos de WhatsApp após o resultado eleitoral foi, sobretudo, de alívio generalizado: salvamos o Brasil. Um resultado mais duradouro, porém, foi a redução do horizonte de possibilidades políticas a dois lados opostos de um mesmo atrator, sendo terceiras posições interditadas, desacreditadas ou ridicularizadas (isentões, terceira via etc.). Embora os dois lados do atrator parecessem, do ponto de vista local dessa terceira posição, simétricos, do ponto de vista global há uma clara quebra de simetria. Na própria proposição do *double bind* (duplo vínculo) está embutida uma hierarquia, pois a única saída possível é a substituição do sistema vigente *como um todo*, por meio do apoio incondicional ao líder: Brasil *über alles*.[27]

Osinga (2007) é bem claro sobre como, para Boyd, é a assimetria da pinça que leva à adesão do sujeito à guerrilha, cuja tática deve ser camuflada sob risco de desmascaramento de sua suposta organicidade. Na formulação original, Boyd utiliza a ideia do *bind* em dois momentos do ciclo de influência – um momento relativo ao desengajamento do indivíduo com relação ao sistema vigente, e outro relativo ao engajamento com a proposição antiestrutural da guerrilha semiótica:

27 Esse movimento se aproxima do que Bateson chamou de "Aprendizado III", situado num nível acima tanto do aprendizado enquanto ação propositiva (Aprendizado I) como do deuteroaprendizado, ou "aprender a aprender" (Aprendizado II). Contradições no nível II levam o sujeito a buscar uma resolução no nível III. Isso pode resultar na perda da capacidade de organizar o próprio comportamento ou em sua transposição para um "mundo no qual a identidade pessoal se funde com todos os processos de relações em uma vasta ecologia ou estética da interação cósmica [...]. Cada detalhe do universo é visto como propondo uma visão do todo". (Bateson, 1972: 222)

Capitalize a corrupção, injustiça, incompetência etc. (ou sua aparência) como base para produzir uma atmosfera de desconfiança e discórdia de modo a romper os laços morais que vinculam [bind] as pessoas ao regime vigente. Simultaneamente, compartilhe os problemas existentes com as pessoas e trabalhe com elas para eliminar e punir a corrupção, remover a injustiça, eliminar os ressentimentos etc. como base para formar laços morais entre as pessoas e as guerrilhas, para vincular [bind] as pessoas a sua filosofia e a seus ideais. (Osinga, 2007: 161)

Essa leitura, embora heterodoxa, me parece compatível com a formulação original do *double bind* batesoniano. Como notou Cheney (2017), o duplo vínculo não é uma situação de "perde-perde", em que há um horizonte de duas respostas ruins. Pelo contrário, o sujeito "fica 'preso' num dilema absurdo entre percepções que se invertem em oscilações contínuas" (: 31). Trazendo o exemplo do personagem Yossarian, do romance *Catch-22*: "Se ele está louco, ele não está louco; se ele não está louco, ele está louco; e assim por diante. O catch-22 é um absurdo lógico. Seu caráter paradoxal é o elemento vinculante" (: 31).

Foi em termos muito parecidos que a antropóloga portuguesa Maria José Abreu (2019) interpretou o modo de governo paradoxal do presidente Bolsonaro:

> A governança na era Bolsonaro, começando pela sua campanha, parece, portanto, não se dar via decisão (separação de) mas via incisões rítmicas (cortes). Não obstante seu conteúdo, o slogan presidencial [Brasil acima de tudo, Deus acima de todos] não demarca um ponto de exceção soberana externo. O "fora" e o "acima" no slogan são o centro do vórtex das contradições que envolvem o regime político de Bolsonaro. Seus primeiros dias no cargo foram especialmente evocativos. Ele divide a decisão em opostos alternantes e os coloca lado a lado de modo que, como no

dançarino de *moonwalk*, chegar é partir, subir é descer, adicionar é subtrair. Em outras palavras, contemplar os poderes afetivos do slogan presidencial de Bolsonaro é perceber seu oposto nele. É perceber que o fora e o acima que ele sugere são, na verdade, nada mais que o motor rítmico interno da indecidibilidade constitutiva de uma forma de soberania imanente.

A eficácia do discurso bolsonarista, assim como das gramáticas conspiratórias de modo geral, estaria, portanto, em simultaneamente formular (nomear) e propor uma saída antiestrutural para os *double binds* do sistema vigente. Os sujeitos aí capturados acabam se refugiando na camada aberta pela dupla torção, onde, do ponto de vista local, tudo é simples e parece fazer sentido. Porém, de um ponto de vista global, essas pessoas estão apenas trocando de *double bind*.

Mesmo depois de 2018, os públicos bolsonaristas continuaram a se caracterizar por ondas sucessivas de pautas que forçam as fronteiras do sistema preexistente, substituindo-o por sua própria pinça. A mobilização contra uma suposta ameaça de fraude nas urnas em 2022 é um bom exemplo. Ao levantar essa pauta como defesa do voto impresso e auditável em meados de 2021, Bolsonaro criou um problema que não existia, produzindo uma instabilidade no metaenquadramento similar à dos "mercadores da dúvida" no caso da ciência: podemos confiar no processo eleitoral? Quem são o Tribunal Superior Eleitoral e seus ministros – meus amigos, ou meus inimigos disfarçados? Quando os inimigos (a grande imprensa, a "esquerda") buscavam denunciar a manobra, a reação contrária era imediatamente codificada nos termos dos mecanismos de defesa embutidos na mímese inversa: quem pode ser contra o voto auditável? Só quem tem algo a esconder. E a dupla torção era, novamente, reforçada.

Deparamo-nos, também nesse caso, com processos multiescalares, ou seja, que se desenrolam transversalmente às infraestruturas cognitivas e de mídia. O tipo de atrator elementar que ancora os *double binds* das gramáticas populistas e conspiratórias também constitui o ponto de partida da cadeia operatória de técnicas de influência já bem conhecidas. É o caso da hipnose, cuja etapa inicial envolve reforçar o lugar onde o sujeito já se encontra (o *bind*): "Você está sentado, com as mãos sobre os joelhos, sinta suas mãos etc.". À medida que o sujeito vai entrando no fluxo de consciência proposto, ele pode ser conduzido sutilmente (*nudged*) pelo hipnotizador, ao mesmo tempo que experimenta as ações como se fossem de sua própria iniciativa.[28] A forma extrema desse tipo de heteronomia é a adicção, quando o sujeito perde o controle sobre a própria consciência reflexiva.[29]

No mesmo sentido, nos públicos refratados, o importante não é o controle sobre comportamentos individuais no nível local, mas a influência sobre os atratores no nível global. No caso do bolsonarismo, esse controle indireto se dá não apenas no âmbito *in-group* mas também no *out-group*, ao incitar reações previsíveis por parte dos públicos dominantes (quando, por exemplo, a imprensa e as redes sociais do *mainstream* reagem a alguma medida surpreendente ou fala absurda do presidente). Como na borboleta de Lorenz, os indivíduos se comportarão livremente, mas não sairão dos limites definidos pelo atrator. Uma vez dentro dele, o sujeito *redpilled* recai na oscilação previsível entre equivalência (mímese identidade) e antagonismo (mímese inversa), que é sustentada, ainda, pelos vieses cibernéticos das plataformas.

28 Cf. Anthony Jacquin no podcast *Your Undivided Attention*, "Can Your Reality Turn on a Word?". Para uma visão crítica da economia comportamental e teoria do *nudge*, cf. Pedwell (2017).
29 Em "A cibernética do self", Bateson (1972) discute a adicção alcoólica como uma forma-limite de submissão patológica do eu ao todo, que, ao alcançar o "fundo do poço", só pode ser resolvida virando totalmente a chave: reconhecendo essa submissão e transferindo-a para outro lugar, no caso, a organização Alcoólicos Anônimos.

O viés de confirmação prevalente nos públicos antiestruturais precisa, contudo, ser contraposto por algum tipo de feedback negativo. Do contrário, o escalamento descontrolado do feedback positivo pode levar o sistema como um todo a um processo de *runaway* e, eventualmente, a sua autodestruição. Mesmo a corrida armamentista durante a Guerra Fria contou com dinâmicas que aliviavam a tensão cismogênica, impedindo a detonação das ogivas e o tão temido apocalipse nuclear. Já o fascismo histórico não logrou essa contenção, e teve como resultado o espiral autodestrutivo que foi a Segunda Guerra. Parece haver mecanismos desse tipo operando no nível da arquitetura das próprias plataformas, que fazem com que a tensão cismogênica que ela ajuda a gerar seja absorvida ali mesmo e não resvale de modo significativo para o mundo off-line. Mas parte desse processo também envolve ação tática. Descrevo a seguir um dos modos pelos quais a própria comunicação bolsonarista evita essa ruptura, ao sustentar uma dinâmica híbrida de cismogênese e platô.

ATRATOR DE RÖSSLER E O HÍBRIDO CISMOGÊNESE-PLATÔ

A oscilação entre extremos que marca o bolsonarismo também incide sobre a relação circular entre suas camadas on e off-line. Para existirem enquanto tais, esses públicos antiestruturais precisam oscilar periodicamente entre uma forma e outra: multidões virtuais nas mídias digitais, multidões físicas nas ruas. É o que tem ocorrido desde que o presidente tomou posse, na forma de manifestações de rua, carreatas e motociatas realizadas periodicamente, com intervalo de alguns meses e tamanhos variáveis. Em 2021, as maiores aconteceram em datas significativas: 1º de Maio (Dia do Trabalho) e 7 de Setembro (Dia da Independência).

Em projetos de pesquisa colaborativos, temos buscado identificar a dinâmica cibernética desses públicos tanto qualitativa como computacionalmente. Ainda há muito a ser estudado, mas alguns padrões já parecem suficientemente claros. Em primeiro lugar, o bolsonarismo não envolve uma tática política ajustada ao ambiente da democracia liberal preexistente, mas a sua antiestrutura. Ele se alimenta de outra lógica de ação política, calcada no *colapso entre ambiente e ação tática* (Osinga, 2007; Leirner, 2020), reforçando-a ao mesmo tempo. Como vimos, há uma forte ressonância entre essa lógica e o tipo de ambiente já disponibilizado na web plataformizada.

O colapso entre agente e ambiente facilita, notadamente, táticas baseadas em *camuflagem*, que envolvem mimetizar o ambiente ao qual o agente pretende se "misturar". Definida por Bateson (1972) como "o oposto da comunicação", a camuflagem é alcançada por meio de: "(1) redução da relação sinal/ruído, (2) quebra de padrões e regularidades no sinal, ou (3) introdução de sinais similares no ruído" (: 296). Nos públicos refratados bolsonaristas, (1) ocorre pelo aumento da equiprobabilidade (ou ambiguidade) dos enunciados, tanto por parte do próprio presidente como do amplo espectro de possibilidades narrativas disparadas nos públicos digitais que suplementam sua comunicação (Cesarino, 2021b, 2021e). Já (2) se daria pelas constantes interpelações (*Blitzkrieg*) que o presidente e outros fazem nos públicos do *mainstream*, mantendo-os sempre desorganizados e orbitando em torno de suas declarações ultrajantes ou ações inconsistentes. Aquilo que muitos chamam de "cortina de fumaça" não teria como objetivo esconder algo que esteja sendo feito, mas tão simplesmente impossibilitar a própria estabilização de um pano de fundo linear no qual qualquer ação possa ser rastreada, e responsabilidades, atribuídas. Finalmente, (3) envolveria a disponibilização, nos públicos refratados, de narrativas alternativas para os "mesmos" eventos noticiados pelos públicos dominantes – boa parte delas de ordem conspiratória e estruturadas como mímese inversa (Nascimento et al., 2021).

Mas ainda que conte com um viés infraestrutural favorável, devido ao caráter sempre emergente desses ambientes digitais, a ação tática deve ocorrer de modo contínuo por parte dos usuários que animam e alimentam grupos e canais. Sem influenciadores, esses públicos provavelmente deixariam de existir na forma e escala em que existem hoje. Na prática, é improvável que isso ocorra. Os esforços recentes de desplataformização da desinformação têm mostrado que esses atores sempre encontrarão algum refúgio na economia da atenção: seja de modo mais extremo em camadas submersas como o Telegram ou sites que mimetizam as plataformas do *mainstream* (como o GETTR ou Rumble), seja de modo mais camuflado nas plataformas de superfície, notadamente o YouTube (Rogers, 2020).

A estimulação contínua desses públicos se reflete num amplo espectro de conteúdos e pautas, que vão se alternando, se sobrepondo, ou se hibridizando. Em meados de 2021, por exemplo, foi crescendo nos públicos refratados a pauta do voto impresso auditável, alimentada por declarações do presidente de que de outro modo ele não aceitaria o resultado eleitoral. Em primeiro de agosto, esse movimento online se reverteu em multidões off-line em algumas cidades. A medida foi derrubada pelo Congresso e, meses depois, muitos se surpreenderam com falas do presidente reconhecendo que a urna eletrônica é, afinal, confiável – com a ressalva de que as Forças Armadas haviam sido convidadas pelo presidente do TSE para supervisionar o processo eleitoral. Não houve recuo do presidente, portanto, mas uma concessão dos demais atores: afinal, por que, numa democracia funcional, as Forças Armadas supervisionariam o processo eleitoral? Essa não é parte de suas atribuições constitucionais.

Nesse meio-tempo, em 7 de setembro de 2021, houve grandes manifestações pró-governo, porém concentradas em apenas duas cidades: Brasília e São Paulo. Na análise de dados do Telegram que fizemos em torno desse movimento, a pauta do voto impresso já havia praticamente desaparecido, e outra tomou seu lugar de destaque: o passaporte vacinal. A mobilização da multidão passou a se dar principalmente em torno dessa nova pauta e de suas variações, resvalando inclusive para eventos off-line como protestos em câmaras municipais. Na virada para 2022, quando se pensou que a pauta da fraude eleitoral já estava morta, emergiu uma hibridização entre as duas: por exemplo, em narrativas conspiratórias de que bolsonaristas seriam impedidos de votar em outubro por não terem o passaporte vacinal. Essas narrativas não desfazem o aparente recuo anterior: a metafunção "fraude eleitoral" é mantida, ainda que se tenha aberto mão da pauta específica do voto impresso.

 A análise qualitativa e computacional das interações e conteúdos em torno do 7 de setembro evidenciou, ainda, uma dinâmica cíclica alternando feedbacks positivos e negativos, e que perpassa tanto os públicos refratados como os públicos dominantes (Nascimento et al., 2021). No período imediatamente anterior às manifestações, preponderaram mensagens de mobilização: um feedback positivo movido pela cismogênese básica do bolsonarismo contra o "sistema". O clímax ocorreu no discurso do presidente aos manifestantes, quando ele subiu o tom ao afirmar que ou o Ministro do STF Alexandre de Moraes "se enquadra, ou pede para sair": "Qualquer decisão do senhor Alexandre de Moraes, este presidente não mais cumprirá. A paciência do nosso povo já se esgotou... Ele, para nós, não existe mais".

 Nos públicos dominantes, a tensão subiu, com muitos na imprensa, na classe política e em redes sociais repudiando as falas golpistas do presidente. Já nos públicos refratados, segmentos mais radicalizados chegaram a crer que o esperado dia da intervenção militar finalmente havia chegado, e alguns caminhoneiros apoiadores chegaram a bloquear estradas.

Em vídeos de celular, alguns seguidores comemoravam o que acreditavam ser um estado de sítio declarado pelo presidente. Contudo, dois dias depois, circulou um áudio de Bolsonaro pedindo para que as estradas fossem desbloqueadas, e publicou-se uma Nota Oficial que colocava "panos quentes" no episódio. No público dominante, todos celebraram o que viram como um recuo. Já nos públicos bolsonaristas, algo raro aconteceu: expressões de decepção, crítica e desconfiança.

Isso não durou muito, contudo. Antes mesmo da publicação da nota, já circulava nos grupos um amplo espectro de narrativas para lidar com a dissonância cognitiva. Todos reenquadravam o aparente recuo em padrões já conhecidos: o "xadrez 4D" ("às vezes é preciso recuar para voltar mais forte"), adiamento da decisão ("eu agirei, eu farei tudo na hora certa, dentro das quatro linhas da constituição"), *trust the plan* ("enquanto este homem estiver no poder, eu continuarei acreditando"), acuse-os daquilo que você faz ("não haverá ruptura, mas sim defesa da Constituição"), traidores infiltrados ("os agentes do caos estavam às ocultas nos grupos. Querem colocar o presidente contra os brasileiros, insuflando revolta e não dando tempo ao que deve ser feito"). Outros memes traziam "slogans" do estrategista militar chinês Sun Tzu: "Pareça fraco quando você está forte, e forte, quando está fraco".[30] Em poucas horas, os seguidores já tinham voltado ao seu estado normal de adesão incondicional ao líder.

---

[30] Trata-se do mesmo paradoxo apontado acima para o *double bind*, aplicado de forma deliberada como tática de influência indireta (Leirner, 2020). Sun Tzu foi, ele mesmo, inspiração importante para John Boyd (Osinga, 2007).

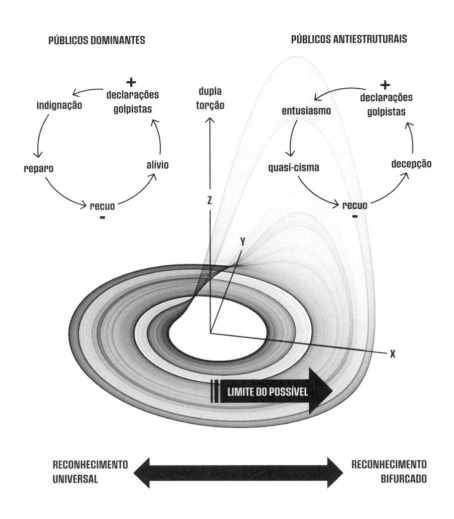

FIGURA 3 Modelo cibernético dos públicos da extrema direita no Telegram.

No modelo ao lado, baseado no atrator de Rössler, nota-se que os ciclos cibernéticos de avanços e recuos atravessam os dois lados do atrator. Nos públicos dominante e refratado, as valências são invertidas: enquanto no primeiro o "recuo" gera alívio, no outro, produz decepção etc. Porém, em ambos, a alternância entre feedbacks positivos e negativos segue um ritmo sincronizado e, tomadas globalmente, as reações dos usuários em ambos são previsíveis. Unidos em sua incomensurabilidade, os dois públicos coemergem numa relação antiestrutural operada por uma dupla torção do tipo mímese inversa. O presidente e alguns em seu entorno, como o vice Mourão, são aqueles que, presentes em ambos os lados, controlam indiretamente esses ciclos, e assim operam como dobradiças entre os dois públicos.

Como no caso da espacialidade bifurcada já discutida acima, também a temporalidade dos públicos antiestruturais envolve uma aparência local de simetria e reversibilidade ofuscando uma dinâmica global que é hierárquica e irreversível. Há, também aqui, uma quebra de simetria: embora, do ponto de vista local, pareça que os recuos estão fazendo o sistema sociopolítico voltar para o mesmo lugar de antes, do ponto de vista global esses ciclos vão, pouco a pouco, corroendo as bases do cronotopo de reconhecimento universal que organiza a democracia liberal, substituindo-o por um cronotopo de reconhecimento bifurcado.

Por essas vias, os públicos bolsonaristas vão não apenas mudando o modo de fazer comunicação política mas *o próprio significado da política e suas condições de possibilidade*. Essa mudança não é meramente representacional ou simbólica: é uma transformação concreta, que se dá no plano da *infraestrutura material* da política. A atual infraestrutura de mídia inclui propriedades cibernéticas que facilitam sobremaneira a ação tática desses grupos: temporalidade de crise permanente, produção de sujeitos influenciáveis em estado de multidão, métricas em tempo real, ganhos de escala pela automatização, mímese e viralização, jogo de ocultamento e visibilidade em topologias multicamadas, colapso de contextos público--privado, desdiferenciação das esferas sociais, desestabilização dos metaenquadramentos fato-ficção, espontaneidade-manipulação – para não falar das novas possibilidades de monetização e empreendedorismo com tudo isso.

A indecidibilidade do presidente (Abreu, 2019) não marca apenas eventos extraordinários como o do 7 de setembro. Permeiam, também, o cotidiano de seu governo: medidas que são ventiladas depois abandonadas; normas que chegam a ser publicadas, mas logo revogadas – por ele mesmo ou por outros, como o STF. Muitos veem essa oscilação entre avanços e recuos como "balões de ensaio": formas de testar a reação de diferentes públicos por meio das métricas em tempo real. E isso é, de um ponto de vista local, provavelmente verdadeiro. Porém, do ponto de vista da explicação cibernética, parece haver algo mais em jogo.

Ao refletir sobre a reorganização de sistemas longe do equilíbrio, Prigogine e Stengers (1984) falam da *histerese* como a tendência de um sistema a persistir num determinado comportamento mesmo após o estímulo que o gerou ter sido removido. Eles a identificaram no estado biestável em que um sistema, ao se aproximar do ponto de bifurcação, se divide em três áreas: dois estados estacionários que são o "espelho invertido" (: 162) um do outro e um "terceiro estado instável que marca a fronteira entre os dois" (Prigogine e Stengers, 1984: 166). A histerese é produzida quando o valor do parâmetro de bifurcação é aumentado e depois diminuído. Porém, essa oscilação não é simétrica: quando o estímulo é removido, o sistema não volta imediatamente para sua posição basal, mas tende a uma "inércia" que se ancora em seu histórico pregresso.

Os avanços e recuos do bolsonarismo produzem exatamente esse efeito, ao minar, pouco a pouco, as condições para a reprodução e o amadurecimento o Estado democrático de direito. À primeira vista, a inércia em jogo parece remeter ao público dominante: confia-se que os avanços antiestruturais do presidente serão absorvidos pelas instituições. Contudo, de um ponto de vista histórico prolongado, o diagrama se inverte: a inércia em jogo nessa reorganização é menos a do Pacto de 1988 que a do longo passado personalista que, nos termos de Marx ([1852] 2011), pesa como um pesadelo sobre a mente dos vivos (Cesarino, 2021c). Se isso é verdadeiro, a tragédia foi o golpe militar de 1964 – e a farsa é o golpe não linear que *já vem sendo dado* na democracia brasileira desde 2018, se não antes (Nunes, 2022). Sob esse ponto de vista mais global – em que é a história brasileira como um todo que oscila entre períodos de democracia civil e governos militares autoritários –, é nossa jovem democracia liberal que está em estado de histerese, após os estímulos a sua construção terem sido removidos durante os quatro anos do governo Bolsonaro.

4.
VERDADE: CONSPIRACIONISMOS E *ALT-SCIENCES*

A MÁQUINA DE RESSONÂNCIA POPULISTA-CONSPIRACIONISTA

Na última década, vem se desenvolvendo uma percepção cada vez maior de que a crise da política e da ciência caminham em paralelo, e só podem ser compreendidas conjuntamente (Latour, [1999] 2019; Roque, 2021). Há tantas analogias entre elas que, de um ponto de vista estrutural, podem ser vistas como sendo a mesma crise (Cesarino, 2021d). Este capítulo explora algumas dessas convergências, nos termos colocados na primeira parte deste livro: como a atual infraestrutura de mídia ajuda a propiciar uma máquina de ressonância (Connolly, [2005] 2021) que aproxima, mas não confunde totalmente, populismo e pós-verdade. Inicialmente, uso o termo pós-verdade de modo genérico, para abarcar processos de desinformação, conspiracionismos, negacionismos, pseudociências. Ao fim, espero ter mostrado como esses rótulos sofrem o mesmo "dilema taxonômico" do conceito de populismo (Cesarino, 2020a) e como a explicação cibernética pode lançar uma luz diferente sobre eles.

Este capítulo privilegiará públicos adjacentes aos do bolsonarismo político que se desenvolveram durante a pandemia, como o do QAnon nos Estados Unidos (Cesarino, 2021b), mas, principalmente, o do chamado tratamento precoce para a covid-19. Além de minhas próprias observações, me apoio numa colaboração com o jornalista Victor Hugo da Silva, que realizou uma etnografia investigativa em profundidade nesses públicos ao longo da pandemia.[1] Buscamos olhar para esses movimentos fora da chave do negacionismo, mirando as raízes sociotécnicas de sua notável eficácia durante a pandemia no Brasil. Boa parte dessas análises se encontram publicadas ou em vias de publicação (Cesarino, 2021e; Cesarino e Silva, no prelo). Limitar-me-ei aqui aos pontos que dialogam com a tese geral deste livro sobre os públicos antiestruturais.

Os públicos do tratamento precoce e segmentos conspiratórios e antivacina se sobrepõem apenas parcialmente ao bolsonarismo político no sentido estrito. Mas eles compartilham muitas das dinâmicas estruturais expostas no capítulo anterior e, portanto, também operam como públicos antiestruturais. Para caracterizá-los, tomo duas noções que considero compatíveis com a explicação cibernética: conspiracionismo (e sua variante, a conspiritualidade) e ciência alternativa, ou *alt-science*. Este último termo foi proposto por Casarões e Magalhães (2021) em uma analogia com a *alt-right* para caracterizar o populismo médico de líderes de direita como Bolsonaro e Trump. Victor e eu o relemos "de baixo para cima", a partir da lógica própria desses públicos (Cesarino e Silva, no prelo). Desde esse ponto de vista etnográfico, eles apresentaram formas de eficácia e ressonâncias estruturais bastante próximas às dos públicos do bolsonarismo político, mesmo onde não coincidiam com ele em termos de seu conteúdo explícito.

Além (ou por causa?) dessas ressonâncias infraestruturais, havia pontos mais diretos de convergência conjuntural. Durante a pandemia, Bolsonaro seguiu com seu padrão de indecidibilidade (Abreu, 2019), delegando a gestão da crise para outros e cuidando sempre de manter uma margem de negabilidade plausível que impedisse sua responsabilização pela catástrofe humanitária (Cesarino, 2021b, 2021c). Os próprios indivíduos e famílias,

[1] Além das matérias publicadas em jornais sobre o tema desde 2020, há o blog disponível em: cronicasdotitanic.substack.com.

a máquina pública ancorada no Sistema Único de Saúde (SUS), além de inimigos (governadores, STF) e amigos (médicos, planos de saúde, influenciadores e pacientes) ficaram a cargo de gerenciar, de modo desarticulado, uma crise sanitária sem precedentes. Longe de envolver planejamento, transparência e política pública, a governança paradoxal da pandemia se deu por alianças obscuras travadas em zonas cinzentas entre o oficial e o não oficial, o legal e o extralegal. O próprio governo federal tinha suas camadas refratadas, que ficaram conhecidas como "gabinetes paralelos". Além do já conhecido "gabinete do ódio" na área da comunicação (Mello, 2020), uma Comissão Parlamentar Mista de Inquérito (CPMI) apurou a existência de um "gabinete paralelo" que aconselhava o presidente sobre a condução da crise sanitária de modo informal e pouco transparente. Em todos os casos, Bolsonaro desempenhou o papel ambíguo que lhe é característico, de dobradiça entre públicos refratados e de superfície. Como veremos, foi a sua indecidibilidade que propiciou o vácuo regulatório no qual o tratamento precoce vicejaria.

Há, finalmente, diferenças entre esses públicos antiestruturais. No bolsonarismo político, há fortes indicações de ação tática organizada por parte de grupos com uma consciência notável sobre como funcionam os atuais ambientes cibernéticos. Ali, a produção de públicos antiestruturais é, na mesma medida, orgânica e deliberada, e se manifesta de forma clara nos padrões recorrentes de narrativa e design de conteúdos. Já os demais públicos que ressoam em seu entorno, como os que abordaremos aqui, sugerem maior equilíbrio entre a atuação tática de influenciadores e os vieses algorítmicos próprios do ambiente, incluindo a influência de públicos adjacentes de ordem não explicitamente política, como a indústria do bem-estar, a telemedicina ou canais conspiratórios. Em outras palavras, o empreendedorismo individual de médicos, influenciadores e pacientes se retroalimentou com as potencialidades auto-

-organizativas das plataformas – notadamente aquelas ligadas à monetização direta ou indireta. Embora em todos os públicos estudados haja um colapso entre ativismo e empreendedorismo (Nunes, 2022), no caso da *alt-science* e dos conspiracionismos, a proporção pende mais explicitamente para este último. Não obstante essa diferença de ênfase, também esses públicos constituem variações da dinâmica antiestrutural ancorada nas *affordances* das novas mídias. Este capítulo argumentará que a eu-pistemologia na escala individual (local), junto com as conspiritualidades na escala holística (global) e a bifurcação amigo--inimigo na escala sociológica (de grupo) constituem a tríade epistêmica que organiza todos os públicos antiestruturais estudados aqui, e possivelmente outros. Essa tríade se reflete na topologia do atrator de Rössler: respectivamente, nos processos de desengajamento da trajetória do eixo *x-y*, atração para o eixo *z*, e reinjeção no lóbulo principal. Começaremos discutindo algumas das possíveis bases cognitivas e encorporadas desses processos, pois é nesse nível que a lógica da plataformização parece incidir com mais força sobre a desestabilização do sistema de peritos em toda a sua extensão, da ciência à política (Cesarino, 2021d).

CULTURA, COGNIÇÃO E CONFIANÇA

No Brasil e alhures, as mudanças recentes nos modos de produção de verdade receberam o nome de pós-verdade, palavra do ano de 2016 definida pelo Dicionário Oxford como "circunstâncias nas quais fatos objetivos têm menos influência para definir a opinião pública do que o apelo à emoção ou crenças pessoais". Essa definição é altamente problemática, pois inclui pressupostos obsoletos sobre a separação entre emoção e razão, verdade e crença, objetividade e subjetividade, as próprias noções de opinião pública e pessoal (Cesarino, 2021d). A explicação cibernética, por outro lado, ajuda a evitar as armadilhas envolvidas em olhar para fenômenos emergentes com as lentes do paradigma ao qual eles, justamente, se contrapõem.

O tema da pós-verdade demonstra bem como as novas mídias não operam num vácuo, mas em estreita coemergência com outra infraestrutura técnica e material sem a qual elas não teriam os efeitos que expomos neste livro: o corpo dos usuários humanos ou, mais especificamente, sua cognição encorporada. Aqui retomaremos discussões antropológicas sobre corpo e cognição à luz das novas mídias, elaborando a hipótese de que a atual coprodução entre cognição maquínica e humana envolveria uma reversão desta última à vizinhança do que Bateson (1972) chamou de processos primários.

Já ressaltamos aqui como a plataformização construiu toda uma infraestrutura invertida direcionada à produção de usuários humanos como ambientes para a agência de sistemas algorítmicos. Em trabalhos recentes, argumentamos que esses processos de influência têm perpassado três escalas: da infraestrutura técnica (algoritmos não humanos), da cognição encorporada dos usuários comuns (algoritmos humanos) e da ação tática de influenciadores sobre o ambiente digital (Cesarino, 2021b, 2022a; Nascimento et al., 2021). Nas três, a produção de influência opera de forma análoga, e elas também coincidem, como detalharemos, com os padrões epistêmicos emergentes observados nos públicos estudados: eu-pistemologia, reconhecimento bifurcado e causalidades ocultas ou conspiritualidades (Cesarino, 2021d).

Em todas essas escalas, o sujeito é interpelado menos a partir da cognição consciente (processos secundários) do que próximo ao plano pré-representacional dos processos primários. É pela via deste último que a influência atinge a camada do comportamento reflexivo e da tomada de decisão. O termo *in-fluência* tem esse sentido: colocar o sujeito em fluxo para, a partir daí, direcioná-lo de forma subliminar e indireta. Através de intervenções no ambiente, influenciam-se os próprios *esquemas imagéticos* (Turner, 1998) que as pessoas utilizam para entender o real – tanto o que elas aprendem (por exemplo, que um "CPF foi cancelado" pela polícia) como o modo pelo qual elas aprendem a aprender (que *se* é "bandido", *então* é uma pessoa inerentemente má e deve ser eliminada). Do ponto de vista local, a agência é experimentada como se partisse exclusivamente do próprio sujeito, não sendo sentida como coerção ou controle externo. Daí, inclusive, a reação comum de recusa peremptória a acusações de manipulação – frequentemente respondidas pela via da mímese inversa, como na devolução de acusações ("o manipulado é você") (Cesarino, 2020a).

Técnicas de influência já são bem conhecidas: do mesmerismo do século XVIII ao ilusionismo, do marketing aos cassinos, da hipnose às fraudes e golpes, das operações psicológicas militares às diversas "ciências da influência" que subjazem à arquitetura das plataformas digitais. Uma vez que o fluxo de consciência dos usuários é externalizado para esse aparato cibernético, ele é disponibilizado para captura não apenas pela economia de dados mas por outros usuários que entendem como esse ambiente opera e buscam introduzir, nele, vieses que lhes sejam favoráveis – seja por razões financeiras, políticas ou ambas (Abidin, 2021). Nesses públicos refratados, o usuário comum tem, dentro dos limites do atrator, a experiência de operar livremente, pois não tem acesso à escala global de como o sistema como um todo se forma e é mantido (Empoli, 2019; Neto, 2020). Essa opacidade, cuja base é a alienação técnica dos usuários comuns, se dá, portanto, nas três escalas mencionadas: ação tática camuflada, assimetria entre plataformas e usuários, e vieses de confirmação próprios da cognição humana.

O senso comum tende a reproduzir uma visão equivocada de que o que ocorre no plano digital é imaterial e descorporificado, e que a tecnologia é apenas uma ferramenta neutra na mão dos usuários. Na antropologia digital e campos afins, esse é um pressuposto já bastante problematizado (Hine, 2015; Horst e Miller, 2012; Rifiotis e Segata, 2016). Não apenas a aparente virtualidade da internet se sustenta num aparato material e energético gigantesco escondido por trás das telas como também sua interação com os usuários humanos é altamente corporificada. Como vimos, além de produzirem efeitos reais em nossos corpos na forma de afetos, os loops cibernéticos que nossa cognição entretém com essas máquinas são desenhados para esse fim. Assim, a depender do grau de imersão e dependência do usuário com relação aos ambientes digitais que frequenta, o que ocorre neles pode ter impacto definitivo, pois pré-consciente, sobre sua identidade e comportamento.

Abordar essa problemática não é tarefa simples, pois vai de encontro à fragmentação acadêmica: psique individual e aspectos socioculturais, evolutivos, linguísticos e técnicos se distribuem entre disciplinas diferentes, com pouco diálogo entre si. A antropologia digital está em posição privilegiada para construir essa perspectiva integrativa, retomando sua vocação original pré-fordista nos chamados quatro campos (*four fields*) (Cesarino, 2021a). A antiga organização nos quatro campos da antropologia cultural, antropologia linguística, arqueologia e antropologia física poderia ser renovada como uma atenção integrada às dimensões (1) socioculturais; (2) linguísticas, (3) técnicas e materiais; e (4) encorporadas das relações humano-máquina. Um esforço como esse implica experimentações transdisciplinares não apenas com outras áreas das ciências humanas (linguística, comunicação) mas também com ciências biológicas (neurociências, psicologia cognitiva e evolutiva) e exatas (ciência da informação, ciências e engenharias de sistemas).

Embora hoje a crítica do divisor natureza-cultura seja lugar comum na antropologia, poucos se arriscam a diálogos consistentes fora das ciências humanas. A disciplina sempre teve uma relação ambivalente com as ciências naturais: ao mesmo tempo que se inspirava nelas, buscava demarcar um nicho disciplinar próprio; ao mesmo tempo que sempre houve linhas cognitivistas na antropologia, também sempre houve resistência a elas. Isso é compreensível, considerando que os primeiros antropólogos desenvolveram o conceito de cultura em oposição ao determinismo biológico (Kuper, 2002). Havia, na virada do século XIX para o XX, boas razões para isso: era o auge do pensamento evolucionista, racista e eugênico nos Estados Unidos e na Europa. Mas esse viés de origem fez com que a vocação integrativa de fundadores do campo como Franz Boas e Marcel Mauss logo se perdesse na fragmentação dos quatro campos, com uma hipertrofia do campo sociocultural.[2] Diferente daquela época, hoje dispomos de modelos científicos não determinísticos que podem ser compostos de forma não reducionista com as ciências sociais e humanas, inclusive para a dimensão biológica.

Na minha experiência, essa antropologia *four fields* 2.0 implica recuperar a teoria clássica numa nova chave. Não por acaso muitos autores e conceitos encontram vitalidade analítica renovada no caso dos fenômenos em questão (Luhrmann, 2016; Cesarino, 2020a, 2020b). Isso pode se dar, por um lado, porque as novas mídias de fato revertem processos sociocognitivos humanos para o que, na antropologia clássica, convencionou-se chamar de formas elementares,[3] também partilhadas com outras

---

[2] Exceção parcial pode ser feita aos Estados Unidos, que contam com uma antropologia linguística importante, e algumas linhas de antropologia biológica. Mas é certamente o caso no Brasil, onde a antropologia se desenvolveu como uma ciência social (Peirano, 2000).

[3] Este termo não tem um sentido evolutivo, mas sistêmico: cada experiência humana desdobra essas potencialidades num padrão cultural diferente (Lévi-Strauss, [1952] 2017; Geertz, [1973] 1981). Algumas delas também são, num nível rudimentar, extensíveis para outros mamíferos sociais (Bateson, 1972).

culturas (Durkheim, [1912] 1996; Lévi-Strauss, [1949] 2012). Mas por outro, essa convergência também se deu no âmbito teórico, visto que a antropologia do pós-guerra foi influenciada por alguns dos mesmos movimentos científicos que viriam a embasar as atuais tecnologias cibernéticas.

Com efeito, os antropólogos mais influentes fora da academia no pós-guerra – Claude Lévi-Strauss na França, Margaret Mead, Gregory Bateson e Clifford Geertz nos Estados Unidos – tiveram forte influência da cibernética e das ciências afins para comporem suas teorias gerais da cultura (Chaney, 2017; Paidipaty, 2020). Geertz desnaturalizou o determinismo biológico apontando o caráter paradoxal da cultura: ela é ao mesmo tempo o oposto da biologia da espécie e um suplemento imprescindível para seu sucesso evolutivo. Ele argumentou que a cultura suplementa a biologia oferecendo um segundo nível de "comandos", produzidos coletivamente e internalizados pelos indivíduos, que orientam seus comportamentos habituais (Geertz, [1973] 1981). Como havia notado Mauss ([1934] 2018), mesmo funções corporais que pensamos ser de ordem instintiva também são codificadas culturalmente (ou seja, aprendidas e transmitidas de forma tradicional): comer, dormir, defecar, copular, parir etc.

Além disso, como elaborou Douglas ([1966] 2010), o próprio corpo é um símbolo estruturante do metacódigo puro-impuro em inúmeras culturas humanas, se não em todas. Central às inversões antiestruturais do populismo, esse metacódigo também opera no modo como os conspiracionismos delimitam e controlam as fronteiras entre corpos individuais e coletivos. É muito comum que teorias da conspiração tematizem ansiedades sobre a integridade, segurança, pureza e reprodução do corpo coletivo, expressas em temas de violações, manipulações, inoculações, transformações, vigilância ou esterilização de corpos individuais.

Classificações culturais baseadas na simbologia do corpo orientam os modos como reconhecemos e delimitamos fronteiras (individuais e coletivas) entre o eu e o outro. No plano dos afetos e processos primários, isso envolve uma circularidade em que é impossível separar as dimensões culturais das linguísticas, técnicas e biológicas. Experimentos recentes sugerem, por exemplo, que sentimentos de intolerância moral ao outro podem ser atenuados pelo efeito de substâncias que reduzem a sensação de náusea, como o gengibre (Tracy et al., 2019). Isso ocorre porque, como têm mostrado as neurociências, o aparato cognitivo humano não está isolado no sistema nervoso central, mas se espraia por todo o corpo, inclusive para o trato digestivo e intestinal (Connolly, 2002).

Assim, quando dizemos que sentimos nojo ou repulsa pelo nosso inimigo, isso deve ser entendido num sentido literal, pois tem de fato uma base material. Já discuti em detalhe como esse efeito estava, por exemplo, embutido nos padrões de design de mímese inversa, na memética bolsonarista dedicada à "demonização" das feministas do #EleNão (Cesarino, 2020a, 2022c). Essas e outras observações reforçam a ideia de que noções de sujeira e impureza e os afetos de repulsa que elas geram também se situam no nível das "premissas da interação mamífera" (Bateson, 1972), ou *função-μ*.

Nos termos do metacódigo fundamental do político (Laclau, 2013), essa função pode ser traduzida por: "Você é meu amigo ou meu inimigo?". Recolocados nesses termos, os padrões comunicativos, afetivos e estéticos da mímese inversa teriam a função de negar reconhecimento ao outro e assim estabelecer o tipo de fronteira de grupo que é próprio à dinâmica evolutiva dos mamíferos sociais. Enquanto tais, eles não são apenas palavras ou imagens abstratas mas propõem uma reorganização profunda do tecido social, acenando para a própria possibilidade de bifurcação ou cisma.

Isso não se dá, contudo, de forma tão direta como um cão que mostra os dentes e eriça o pelo em sinal de rivalidade ou, pelo contrário, abaixa as orelhas e mostra a barriga em sinal de submissão. Como outros mamíferos, também comunicamos a função-μ via linguagem corporal, ou cinética. Mas os humanos complementamos essa comunicação com outra, que Bateson (1972) chamou de digital, envolvendo palavras e representações. Esses códigos de ordem cultural permitem dar aos processos primários uma escala espacial e longevidade temporal que eles não têm no caso de outros animais – o máximo que eles podem fazer é, por exemplo, deixar seu cheiro pelo território onde transitam.

É pela via simbólica, portanto, que noções e práticas que buscam manter saudável e limpo o corpo individual passam a se confundir com as classificações e narrativas mobilizadas para manter seguro e puro o corpo coletivo. Entende-se, nesse sentido, por que a dinâmica de fenômenos operados pelo metacódigo amigo-inimigo, como os populismos, messianismos e conspiracionismos, também inclui os metacódigos estudados por Douglas: pureza-impureza, segurança-perigo, ordem-desordem, beleza-feiura. Todos esses perfazem a função-μ e, enquanto tal, os mobilizamos menos de forma consciente do que por meio de afetos negativos de repulsa, medo, desconfiança (na relação *out--group*) e solidariedade, amor, confiança (na relação *in-group*).

A possibilidade de uma ancoragem evolutiva dos efeitos adversos ligados à plataformização é, ainda, reforçada pela centralidade dos processos miméticos discutidos no capítulo anterior. Faltou aludir a sua dimensão cognitiva, que se ancora em estruturas que a neurociência chamou de neurônios-espelho (Lempert, 2014). Seu comportamento típico foi observado em experimentos na década de 1940, e mapeado de forma mais precisa com a sofisticação de técnicas de imagem nos anos 1990.

Experimentos mostraram um mesmo grupo de neurônios disparando quando o sujeito realizava uma ação e quando ele via outra pessoa realizando aquela mesma ação. Resultado similar foi encontrado entre outros primatas, o que indica processos primários de controle da sociabilidade nessas espécies e possivelmente em outros animais (Ferrari et al., 2009). As discussões sobre neurônios-espelho têm enfatizado seu papel na geração de empatia ou identificação com o outro, classificando-o como membro do mesmo grupo ou, no mínimo, uma alteridade não ameaçadora. Minha experiência de pesquisa indicou, por outro lado, a importância do processo contrário, mas complementar a esse, que chamei de mímese inversa: um enquadramento do tipo espelho invertido, em que o outro aparece com a mesma forma, porém com conteúdo simetricamente oposto. Riles (2001) glosou a visão de Bateson sobre estética como "empatia para com padrões" (: 132). No caso da mímese inversa, a empatia para com os padrões produziria não simpatia (sentir com) mas seu oposto, antipatia (sentir contra).

Quando há imersão contínua do sujeito num ambiente de mídia no qual essa estética prevalece, como foi o caso do WhatsApp bolsonarista em 2018, a mímese inversa pode levar à desidentificação com aquele outro (Cesarino, 2020a, 2022c). A divergência de conteúdo extrema combinada com uma convergência de forma extrema posiciona o outro como sendo não apenas de fora do meu grupo, mas uma ameaça existencial: o inimigo que é igual a mim, só que ao contrário, é aquele que pode tomar meu lugar. Como no clímax da cismogênese, na mímese inversa a relação conteúdo-forma, tensionada até seus limites, abre a possibilidade de uma dupla torção como a que descrevemos anteriormente. Trata-se de redefinir fronteiras ontológicas diante de um estado de exceção simbólico: em suma, uma situação de guerra.[4]

---

[4] Há, aqui, ecos evidentes da problemática hegeliana do reconhecimento segundo a dialética do senhor-escravo (Kojève, [1947] 2007).

O tipo de antagonismo envolvido nos conspiracionismos e populismos pode ser visto, portanto, como codificações culturalmente mediadas – nunca expressões diretas – de mecanismos evolutivos próprios ao *sapiens* enquanto mamífero social. Como apontamos com Lévi-Strauss ([1952] 2017), a alternativa a isso – a visão liberal segundo a qual a espécie inteira (a humanidade) aparece como sendo nosso grupo – é atípica no conjunto das sociedades humanas, e eivada de paradoxos. Assim, a tentativa moderna de transferir a luta por englobamento para o plano impessoal das instituições muitas vezes envolveu apenas transferi-la para outro lugar.

Esse foi o caso dos processos históricos pelos quais a Euro--América construiu para si um ponto de vista transcendente sobre os demais povos: o que Pratt (1999) chamou do olhar imperial e Haraway ([1988] 1995), de truque de Deus. Eles tiveram como contraparte a estereotipificação e a desumanização do outro não europeu, que justificaram os empreendimentos imperiais e coloniais modernos. Em suas múltiplas variações, o orientalismo (Said, [1978] 2007; Trouillot, 2003; Ramos, 1998) assume, precisamente, a forma da mímese inversa: um algoritmo conforme o qual, se eu me reconheço ou quero me reconhecer na forma *a*, então projeto no outro o inverso disso, a^{-1}.

Assim, se o ocidental quer se ver como civilizado, democrático e livre, seus outros – povos orientais, seu próprio passado medieval etc. – são projetados como bárbaros, autoritários e violentos. Se o ocidental se vê como puritano, projeta os outros como hipersexualizados (a odalisca, o harém, o imigrante estuprador). Se, pelo contrário, seus desígnios imperialistas assumem uma forma liberal, ele projeta uma mulher oriental oprimida que deve ser salva do apedrejamento e da burca. Da mesma forma, se o branco se vê como racional e iluminado, o indígena ou africano é projetado como inferior e imaturo. Se ele quer se ver como libertado da natureza, projeta o outro (o primitivo, a mulher, a criança, o louco) como preso a ela. Se, pelo contrário, o europeu de verve romântica vê sua própria sociedade como corrupta e decadente, projeta seu passado medieval como glorioso, ou o indígena do Novo Mundo como inocente e puro. E poderíamos multiplicar os exemplos.

Finalmente, a função de inversão f_{a-1} encapsulada na mímese inversa também aponta para a multiescalaridade não apenas do ambiente no qual os usuários atuam mas de *sua* própria mente. Como vários ramos da psicologia e neurociências têm sugerido, a mente individual, como as sociedades, também opera numa topologia em camadas múltiplas. Nos termos da Gestalt, a cognição opera por inversões figura-fundo, nas quais a figura corresponderia àquilo a que dedicamos nossa atenção consciente, enquanto o fundo seriam os pressupostos pré-conscientes que constituem o pano de fundo de nossa ação. Bateson (1972) destaca, todavia, um *terceiro* nível de enquadramento, necessário à delimitação daquilo que operará como fundo para a figura em questão. Diferente da inversão figura-fundo da Gestalt, esse metaenquadramento não é simétrico:[5] a "percepção do fundo deve ser positivamente inibida, e a percepção da figura [...] deve ser positivamente ressaltada" (: 144). Em termos dumontianos, podemos dizer que esse enquadramento, ao definir o polo englobante, introduz um valor e, portanto, uma hierarquia.

Essa assimetria é reconhecida pela psicanálise, que elaborou uma topologia complexa da estrutura da mente segundo a qual o inconsciente abrigaria os elementos recalcados ou negados nos processos de subjetivação. Como no modelo da convecção de fluidos, esses "resíduos" não deixam de existir, mas continuam agindo de forma indireta sobre a subjetividade. Nesse sentido, o jogo de reconhecimento recíproco entre o eu e o outro

---

5 Kuhn ([1962] 2020) identificou uma limitação parecida na analogia entre o *Gestalt shift* e o *paradigm shift*, pois este último não é reversível.

tampouco é estável e linear, mas passa por uma dialética nem sempre coerente de recalques e projeções. Nela, o outro pode aparecer como uma projeção *uncanny* (estranho-familiar) do "eu" (Bateson, [1945]1980). Embora as dimensões libidinais e identitárias destacadas pela psicanálise não façam parte do escopo deste livro, cabe reconhecer que, como outros já apontaram (Safatle, 2020; Kehl, 2020; McAfee, 2021; Neto, 2020; Nunes, 2022), elas também desempenham um papel importante nos processos descritos aqui.

VERDADE, COGNIÇÃO E CONFIANÇA

As discussões sobre a pós-verdade a partir do campo CTS (Cesarino, 2021d) ressaltam como a produção da verdade enquanto processo cognitivo se relaciona à confiança social, e, portanto, à função-μ. Para Bateson (1972), nas sociedades humanas como nas de outros mamíferos, epistemologia e sociabilidade andam juntas, pois todas envolvem comunicação. O autor usa um exemplo simples: quando alguém diz "está chovendo", nosso reflexo é olhar para a janela. Fazemos isso não apenas para conferir a veracidade do enunciado (se, de fato, está chovendo), mas para aferir se, de fato, aquela pessoa é digna de confiança.[6] Se estabeleço que ela é digna de confiança, não preciso me preocupar em conferir seus enunciados, e posso dedicar minha atenção a outras coisas.

---

6   A confiança social traz *redundância*, que é o objetivo de toda comunicação e remete a escalas holísticas: "Essa forma de pensar a comunicação agrupa todos os métodos de codificação sob uma mesma rubrica, a de parte-e-todo. A mensagem verbal 'Está chovendo' deve ser vista como parte de um universo maior dentro do qual ela produz redundância ou previsibilidade" (Bateson, 1972: 297).

Com efeito, décadas de estudos históricos e etnográficos sobre a prática das ciências mostraram que a produção da verdade científica não se dá a partir de uma relação direta entre sujeito e mundo (Cesarino, 2021d). Passa, antes, por ciclos de credibilidade (Latour e Woolgar, [1979] 1997) entre sujeitos que compartilham procedimentos e pressupostos – nos termos de Kuhn ([1962] 2020), paradigmas – comuns. Verdade é, também aqui, uma relação de confiança social.

Isso espelha a economia cognitiva própria da evolução humana, pois é a confiança social no grupo do qual o sujeito faz parte que o libera para os processos secundários. Já está bem estabelecido que o *sapiens* evoluiu para ser dependente das convenções compartilhadas que na antropologia chamamos de cultura. Um homem ou mulher sem a cultura e o social não seriam indivíduos livres e autônomos, como presumem ideologias libertárias ingênuas. Seriam, como colocou Geertz, "monstruosidades incontroláveis, com muito poucos instintos úteis, menos sentimentos reconhecíveis e nenhum intelecto" (1981: 37).

Isso ocorre pois o *sapiens* é uma espécie paradoxal, cuja eficácia como organismo biológico depende do que a modernidade vê, equivocadamente, como sendo seu oposto: a cultura (Ingold, 1995). Bateson (1972) já havia notado como a suposição ocidental de um "grande divisor" entre natureza e cultura – que, no capitalismo industrial, passou a justificar a exploração ilimitada da primeira pela segunda – é uma formulação profundamente disfuncional. Seus pontos cegos a impedem de ver como sua própria dinâmica é, em última instância, suicidária, conduzindo o sistema como um todo a processos de *runaway*, ou feedback positivo descontrolado (Chaney, 2017).

Um desses pontos cegos é o que Dumont ([1986] 2000) chamou de ideologia individualista. Ela impede, por exemplo, que nos vejamos como ambiente para a agência de sistemas algorítmicos. Como num trabalho de Sísifo, tentamos o tempo todo assegurar a individualidade e a originalidade de nossas identidades e ideias num ambiente que constantemente as desfaz. A epidemia de plágios que enfrentamos desde ao menos os anos 2000 era um sinal do que viria. Hoje, é praticamente impossível resguardar a autoria de qualquer ideia lançada em ambientes digitais, marcados por *affordances* inéditas de copiabilidade e replicabilidade. Ali, as ideias se individuam menos nas mentes individuais do que numa mente coletiva (Bateson, 1972), cuja forma mais extrema e dramática talvez seja o comportamento de enxame. Por não conseguirem se conceber de outra forma que não como indivíduos autônomos, muitos usuários tornam-se presa fácil para o tipo de desinformação e fraudes que grassam nas novas mídias.

No mesmo sentido, seria equivocado responsabilizar apenas os indivíduos por esses problemas, pois eles são também propriedades *do ambiente*. Humanos, como qualquer animal, não têm acesso direto (não mediado) à realidade tal como ela é. Nosso aparato sensorial percebe de forma seletiva os sinais que vêm do entorno e é a partir deles que nos propõe padrões de ação. Essas mediações são cibernéticas, pois esses padrões são testados e modificados em *feedback loops* contínuos entre agente e ambiente. São, além disso, multiescalares: operam desde a percepção imediata (visão, audição etc.) até mediações simbólicas (estórias, valores etc.). Todas, mesmo as que acreditamos ser de ordem biológica, exigem processos de aprendizagem. São, finalmente, específicas, pois remetem ao histórico evolutivo da espécie (outros animais conseguem ver cores e ouvir sons que não percebemos) e, no caso do *sapiens*, ao histórico linguístico e sociocultural.[7]

---

[7] Essa discussão tem uma longa história na antropologia cultural estadunidense, desde seu fundador Franz Boas ([1889] 1999) até a hipótese Sapir-Whorf do relativismo linguístico (Koerner, 1992).

As explicações da psicologia evolutiva para os conspiracionismos se baseiam numa diferenciação similar à que Bateson faz entre processos primários e secundários. Essas gramáticas "pegariam carona" em vieses cognitivos de (1) essencialismo (presumir que membros de uma mesma categoria compartilham propriedades localizadas em um núcleo não observável); (2) teleologia (atribuir propósito a eventos ou objetos); e (3) inferir agência onde não existe (quando um objeto se mexe e pensamos que é uma pessoa ou animal, enquanto o contrário raramente ocorre) (Blancke e Smedt, 2013). Nos grupos de caçadores-coletores em que nossos corpos evoluíram, esses vieses envolviam *trade-offs* entre (probabilidade de) verdade e velocidade de reação. Se um *sapiens* percebia algo se mexendo no mato, em termos da economia evolutiva fazia mais sentido presumir que fosse um predador do que o contrário. Se uma fruta era comestível, presumia-se que todas as outras parecidas com ela também fossem. Essa "heurística rápida mas nem sempre confiável" (: 364) fazia sentido em seu contexto original, mas hoje, na sociedade de mídia de massa, pode gerar distorções comunicativas. Nesse sentido, os conspiracionismos seriam rumores que cresceram demais, ao extrapolarem o domínio privado da mente cotidiana (Turner, 1998).

Na sociedade moderna, o alto grau de dependência cognitiva do indivíduo com relação à mente estendida que McLuhan (1994) chamou de mídia coloca esses artefatos no centro do processo social. Na virada do século, com os avanços da pesquisa neurocientífica, vários livros refinaram a relação entre cognição e mídia na indústria cultural (Connolly, 2002), na política (Lakoff, 2009) ou no campo literário (Turner, 1998). Em *A mente literária*, Mark Turner (1998) trouxe o conceito de esquemas imagéticos para pensar como a "mente cotidiana" (o senso comum) opera por meio de "estórias curtas". Como na Gestalt, essas estórias têm a função de imprimir à cognição um enquadramento holístico a partir do qual o sujeito percebe a existência (ou não) dos itens do real, o que também envolve operações algorítmicas do tipo *Se... então*. Se eu vejo uma janela quebrando, meu reflexo é olhar na direção de onde veio a pedra. Se vejo ali alguém abaixando o braço, minha cognição completa a estória com o elo que falta, ainda que meus olhos *não* tenham visto aquela pessoa jogar a pedra.

No mesmo sentido, conteúdos repetitivos em públicos conspiratórios treinam a cognição dos usuários a completar estórias de forma pré-consciente e automática. Assim, por exemplo, a justaposição entre um *print* anunciando a morte de alguém por ataque cardíaco e outro *print* dessa mesma pessoa mostrando o cartão de vacinação pode ser suficiente para estabelecer uma relação de causalidade entre os dois. Muitas vezes, esses conteúdos trazem manipulação de dados como datas, idades ou causa da morte para adequar melhor a estória ao enquadramento conspiratório: no caso, que vacinas causam ataque cardíaco e que essa verdade está sendo escondida pela grande mídia, que por sua vez foi comprada pela grande indústria farmacêutica, o *deep state* etc.[8] Do ponto de vista do usuário, os pequenos erros ou manipulações da informação importam pouco: o enquadramento já está dado, e ele está *hard-wired* numa camada cognitiva e subjetiva muito mais profunda. É por isso que, no mais das vezes, é inútil desmascarar um *fake* com fatos: a dissonância cognitiva é aliviada com racionalizações do tipo "não foi verdade, mas poderia ter sido", "dessa vez pode não ter sido, mas das outras sim" etc.

Como já indicado, a eficácia cognitiva desse tipo de influência tem forte ancoragem numa base evolutiva. Como Harari (2020) popularizou no best-seller *Sapiens*, o *storytelling* – rumores, fofocas e estórias sobre outros – teve um papel evolutivo

---

[8] Quanto mais a narrativa escala rumo às superconspirações (Barkun, 2013), maior é a probabilidade de ela incluir o significante do judeu (no caso, capital judaico comandando a indústria de vacinas etc.).

importante ao ajudar os humanos, então organizados em pequenas comunidades face a face, a saberem em quem confiar. Essas estórias propõem roteiros coletivos para que os indivíduos de um grupo avaliem a função-μ: por exemplo, como identificar um inimigo. Mas o *storytelling* humano envolve ficções, ou seja, estórias sobre personagens e eventos que existem fora da interação cotidiana, sobretudo em narrativas míticas.

Como já discutimos, a capacidade de diferenciar realidade de ficção já está prefigurada nos processos primários de alguns animais, como na distinção entre uma mordida real e uma de brincadeira (Bateson, 1972). Mas seu refinamento enquanto processo secundário foi provavelmente o traço distintivo do *sapiens*, que possibilitou um salto evolutivo sem precedentes na história do gênero *Homo*.[9] Nos termos de Harari, ao comunicarem sobre ficções, foi possível aos grupos humanos crescerem para além dos limites da interação face a face. Esse avanço evolutivo veio, contudo, ao custo de uma dependência extrema do indivíduo para com mediações culturais – o que, nas sociedades industriais do pós-guerra, alcançou níveis inéditos com as mídias de comunicação em massa (Mazzarella, 2017).

Essas ficções ofereciam a nossos ancestrais roteiros eficazes, testados por gerações anteriores dentro da mesma cultura e, no mais das vezes, do mesmo ambiente natural. Esses roteiros não são apenas simbólicos, mas materiais. Talvez as leitoras já tenham notado como uma música ou fala escutada durante uma caminhada, quando acessada novamente em outro contexto, nos faz lembrar da paisagem anterior no exato momento

---

9 A chamada explosão criativa do Alto Paleolítico aparece em evidências fósseis de cultura numa janela de tempo relativamente curta, em várias regiões. Embora o quadro geral dessa transformação relativamente brusca permaneça – talvez para sempre – um mistério, sabe-se que se liga à capacidade de cooperar em grandes grupos propiciada pela emergência da cultura (Neves et al., 2015).

em que a ouvimos. Narrativas também são mecanismos encorporados de memorização e construção social de territórios existenciais. Por isso passamos, num sentido muito literal, a ver o mundo através das estórias que encorporamos. Isso sugere que o problema, hoje, não é exatamente a mistura entre fato e ficção: fatos sempre foram produzidos a partir de ficções e vice-versa. A diferença parece ser que, em contextos históricos mais lineares, há um compartilhamento mais amplo de estórias – e, portanto, de fatos – entre os indivíduos de uma mesma sociedade. Para colocar nos termos de Latour ([1996] 2002), sabe-se que "fatos são feitos", mas se confia naqueles que os "fazem".

Por outro lado, à medida que o *storytelling* começa a passar cada vez mais pela infraestrutura acelerada e não linear das novas mídias e sua economia da atenção, a linearização das narrativas coletivas, propiciada pela estabilidade dos metaenquadramentos e da confiança social a ela associada, vai se desfazendo. Intensifica-se, com isso, o colapso de contextos entre fato e ficção, e as pessoas passam a entender e explicar fenômenos da "vida real" cada vez mais por meio de narrativas absorvidas nessas mídias. Como no caso de outros binarismos como público e privado, não é que a separação deixa de existir: fato e ficção passam a ser recombinados de novas formas, com a última englobando o primeiro. Assim, quem vende melhor suas estórias, consegue levar seus fatos mais longe. É o caso notório da produtora Brasil Paralelo e de seu investimento agressivo na "compra" de termos nas plataformas da Alphabet (Google e YouTube), que hoje monopolizam boa parte do acesso ao real no Brasil.

A desestruturação de formas anteriores de separar fato e ficção é acelerada, ainda, por *affordances* como editabilidade: como saber se um texto, um perfil ou mesmo um vídeo é real? Os modos de aferir autenticidade vão se afastando do sistema de peritos (baseado na confiança em especialistas) e se aproximando de padrões da própria economia da atenção.

As narrativas "orgânicas" sobre crimes no WhatsApp bolsonarista, por exemplo, tinham o estilo de filmes policialescos ou programas punitivistas. Quantas vezes não vimos alguém utilizar, em discussões sobre eventos reais, argumentos retirados de filmes ou séries de ficção? Levada a um extremo, essa tendência pode chegar à dupla torção dos enquadramentos conspiratórios: um descolamento da visão de realidade prevalente na sociedade dominante e a abertura de uma nova camada do real (o *rabbit hole*) codificada apenas pelo reconhecimento bifurcado (se vem do campo do amigo é fato; se vem do campo do inimigo é falso) (Cesarino, 2021d).

LIMINARIDADE E CRISE DO SISTEMA DE PERITOS

Tudo o que foi dito nos capítulos anteriores sobre a digitalização da política também vale para a produção da verdade. Em todos os casos, os padrões epistêmicos dos usuários são enviesados para formas de apreensão do real que, do ponto de vista local, parecem mais diretas e confiáveis do que os supostos excessos de mediações dos sistemas de peritos. Na prática, contudo, só se está trocando um conjunto de mediações por outro: com a diferença de que as mediações algorítmicas, até por serem novas, permanecem ocultas em suas "caixas pretas".

Na filosofia da ciência, antropologia e áreas afins, às vezes diz-se que não existem verdades absolutas, pois pessoas e grupos diferentes têm visões diferentes sobre a "mesma" realidade, que está, ela mesma, sempre em fluxo. Se há uma objetividade no mundo, portanto, ela estaria no próprio fato da variação e da mudança. Isso não impede a possibilidade de certos enunciados e teorias se estabilizarem como verdades eficazes durante *certos* períodos de tempo, em *certas* sociedades. Nesses períodos lineares, estabilizam-se as condições para que fato e ficção, mapa e território possam ser distinguidos de modo eficaz, duradouro, e compartilhado pela maioria dos indivíduos numa mesma sociedade. O que se vem chamando de pós-verdade denota, por outro lado, uma desestabilização dessas condições (Cesarino, 2021d).

O campo CTS ensina que a ciência só funciona quando as condições para isso – a infraestrutura sociotécnica apropriada – estão dadas. Nos termos de Latour e Woolgar ([1979] 1997), a ciência opera como um circuito neguentrópico fechado, que reduz a entropia do ambiente por meio de loops negativos como a revisão por pares e a reprodutibilidade dos experimentos. Uma das muitas camadas de estabilidade necessárias para que isso ocorra consiste num financiamento que garanta a autonomia dos cientistas com relação a *lobbies* econômicos e outras pressões externas. Durante a ciência do século XX, isso foi propiciado pelo financiamento público à ciência básica, no modelo estadunidense da Guerra Fria, que foi emulado por outros países como o Brasil. Isso começa a mudar a partir dos anos 1970, com a neoliberalização da ciência e a privatização – e, portanto, fragmentação – do financiamento à pesquisa. Fica cada vez mais fácil para "mercadores da dúvida" (Oreskes e Conway, 2011) agirem deliberadamente no sentido de impedir a formação de consensos científicos em áreas de seu interesse econômico, como a indústria do tabaco e a dos combustíveis fósseis.

Sendo a ciência um dos pilares da Constituição Moderna (Latour, [1991] 2013), é inevitável que sua crise reverbere por todo o espectro do sistema de peritos (Roque, 2021). A universidade, o sistema escolar, a imprensa profissional, o sistema legal e de saúde têm formas de objetivação – ou seja, de produzir verdades objetivas – que ecoam as da ciência. Essas instituições e seus peritos têm uma função não apenas simbólica mas também prática, de produzir conhecimento que oriente a organização da sociedade de forma consequente e planejada, mediada pelo Estado democrático de direito. Esse é um modelo que funcionou relativamente bem em muitos países no período linear do pós-guerra.

Entre os vários fatores que têm contribuído para a crise de confiança nesse modelo está a digitalização crescente da vida. As novas mídias introduzem um viés cibernético que favorece a emergência e proliferação de forças antiestruturais também no caso da ciência. Se, como argumentaram Latour e Woolgar ([1979] 1997), a realidade é o "'conjunto dos enunciados considerados caros demais para serem modificados', a pós-verdade é uma condição epistêmica na qual qualquer enunciado pode ser potencialmente modificado por qualquer um, a um custo muito baixo" (Cesarino, 2021d: 77). Na esteira do colapso de contextos entre ciência e outras esferas, proliferam nichos de mercado para novos "mercadores da dúvida": sobre o aquecimento global, sobre a eficácia e a segurança de vacinas, sobre a forma da Terra.

Ao mesmo tempo que abalam a confiança social no sistema de peritos preexistente, as novas mídias propiciam sua transferência para outros mediadores – afinal, é impossível para a cognição humana viver no caos. Essas emergências podem ou eventualmente se estabilizar num novo "paradigma", ou se mostrar, nos conhecidos termos de Gramsci, apenas "sintomas mórbidos" da crise. Em outra ocasião, identifiquei três níveis de reorganização epistêmica nos públicos estudados: (1) eu-pistemologia; (2) bifurcação amigo-inimigo; e (3) causalidades ocultas (Cesarino, 2021d). Estas se sobrepõem às camadas cibernéticas de agência e tomada de decisão delimitadas no capítulo anterior: respectivamente, (1) usuários comuns; (2) influenciadores formadores de públicos refratados; e (3) sistemas algorítmicos das plataformas. Todas essas perfazem uma mesma dinâmica antiestrutural emergente, que ao mesmo tempo desorganiza e reorganiza o sistema preexistente.

CONSPIRACIONISMOS E CONSPIRITUALIDADES

Mesmo os acadêmicos às vezes precisamos dar o que parecem ser "grandes saltos" para conectar os pontos em nossas explicações. Mas os procedimentos da ciência normal exigem que façamos isso de forma documentada e sujeita a procedimentos compartilhados e impessoais de metodologia, revisão por pares, referência a um cânone etc. Muitas vezes, influenciadores da *alt-science* avançam explicações que lembram, numa primeira impressão, teses como a de Conway e Oreskes (2011) sobre os mercadores da dúvida. Mas quando esses autores – historiadores da ciência – afirmaram que a indústria do tabaco tinha um esquema montado para influenciar resultados científicos, eles o fizeram de forma documentada e *falseável* junto à comunidade acadêmica. Os autores explicitaram quais foram os procedimentos, fontes, o passo a passo utilizado para chegar a essas conclusões, para que pudessem ser avaliados por pares que *não* foram escolhidos por eles. São, nos termos que colocamos aqui, procedimentos de reconhecimento universal. As ciências alternativas, pelo contrário, não se ancoram nesses procedimentos, mas no conspiracionismo como bifurcação que opera uma mímese inversa da ciência normal, em termos similares aos da topologia do atrator de Rössler.

A noção de conspiracionismo sofre o mesmo dilema taxonômico de termos como populismo e pós-verdade (Cesarino, 2020a, 2021d). Em uma revisão recente, Mahl et al. (2022) propuseram uma definição mínima: "Explicações epistemológicas singulares que refutam explicações oficiais e oferecem, em seu lugar, explicações alternativas para eventos ou práticas que envolvem indivíduos ou grupos que agem em segredo" (: 17). Seus três eixos – oposição ao *mainstream*, atribuição de culpa a indivíduos ou grupos, e desvelamento de verdades escondidas – convergem com os padrões antiestruturais já mapeados aqui. Do ponto de vista da explicação cibernética, os conspiracionismos podem ser entendidos como uma expressão limite dessas tendências. Enquanto tal, condensam vieses epistêmicos que também podem ser observados nos populismos e, em graus variados, em outros públicos refratados. Aqui como em outros casos, a internet participativa não cria nada totalmente novo. Conspiracionismos são bem difundidos no espaço e no tempo, e tipicamente se associam a contextos de crise e dissonância, onde trabalham ao mesmo tempo o sintoma e a cura. Como resumiram com brilhantismo etnográfico Harding e Steward (2021),

> A sensibilidade da conspiração, ou "paranoia da fusão" (Kelly, 1995), rastreia signos e surtos de poder, vigia superfícies banais para descobrir ameaças e promessas ocultas, junta detalhes díspares e obscuros em busca da chave para um quebra-cabeça final e para o momento em que o imaginário finalmente corresponde ao real. Ela sonha com caminhos excêntricos de retorno a um passado imaculado, uma agência humana redentora e um mundo ordenado do alto como se um projeto de lei, um código ou um texto unitário pudesse ser impresso diretamente, magicamente, na matéria e na sociedade, alegando curar a ferida impressa pela longa sensação de desencaixe entre o sonho americano e uma realidade sempre já degradada (: 216).

Processos desse tipo costumam ganhar espaço em momentos de rápido desenvolvimento tecnológico e/ou eventos de crise e revolução. Grandes rupturas que aceleraram a transição da era medieval para a moderna, como a Reforma Protestante e a Revolução Francesa, cresceram no vácuo de mídias de replicação rápida e capilarizada como os panfletos e cartazes. Também envolveram lideranças carismáticas e discursos mobilizadores do tipo populista, complementados por rumores conspiratórios de amplo alcance.

Embora a historiografia linearize retrospectivamente esses movimentos, o mais provável é que tenham sido, em suas respectivas épocas, eventos caóticos. Ambas as revoluções foram impulsionadas por rumores conspiratórios e de incitação ao ressentimento e ódio às elites: o "Grande Medo" que se espalhou por aldeias em todas as regiões da França (Lefebvre, [1932] 2020), ou rumores sobre o diabo – ou o próprio Anticristo – agindo por trás do Papa e da tirania da Igreja (Edwards Jr., 1994). Em Paris, viralizaram desenhos mostrando de forma gráfica o comportamento sexualmente corrupto do Rei, da Rainha e da nobreza, e, na Alemanha de Lutero, a voracidade monstruosa da alta hierarquia da Igreja literalmente devorando o cristão comum. Em ambos os casos, estados de multidão foram propiciados por narrativas conspiratórias sobre elites que sugam e parasitam o povo, que era, por sua vez, representado como fonte da autenticidade necessária à regeneração social.

Hoje, as novas mídias modulam essas tendências de acordo com suas *affordances*. Uma delas refere-se ao que Van Zoonen (2012) chamou de eu-pistemologia. O termo designa formas de veridição ligadas à experiência imediata, trajetórias pessoais e certeza dos sentidos, que vêm ganhando espaço nas últimas décadas com a internet como seu "grande facilitador" (: 60). Nesse caso, a eu-pistemologia enquanto integração epistêmica de verdades na escala da cognição individual não deve ser entendida sozinha. Ela é efeito da *experiência global de não mediação* propiciada pelas plataformas e, portanto, caminha junto com seu suplemento estrutural: causalidades holísticas ocultas, que traremos a seguir com a noção de conspiritualidade. Como no populismo, essa ferradura entre extremos é reintermediada pelo reconhecimento bifurcado amigo-inimigo, expresso na metáfora da pílula vermelha característica desses públicos.

Como discutido, a plataformização e seu modelo de negócios se baseiam na experiência mistificada de desintermediação espaço-temporal. Sua manifestação mais icônica é o vídeo do evento que é transmitido ao vivo em plataformas de *streaming* ou repassado de imediato em aplicativos de mensagens. A experiência do usuário é de estar *vendo* o que *realmente* aconteceu, *no momento* em que aconteceu. Na temporalidade de crise permanente das novas mídias, "o real é o que acontece em tempo real" (Chun, 2011: 96). Quanto menos mediações, mais confiança: a (falsa) experiência de presenciar um evento em primeira mão carrega um peso de verdade com o qual é impossível aos "profissionais da verdade" (Roque, 2021) competir. No mesmo sentido, se um evento parece ter mediações demais (demora a chegar, passa por diferentes etapas e procedimentos), seu valor epistêmico é percebido pelo público leigo como menor. As "lentas" e "pesadas" estruturas do sistema de peritos se tornam, assim, vulneráveis a explicações conspiratórias.

Novamente, contudo, o que temos aqui não são *menos* mediações, mas sua troca por outras. A ênfase no evento em tempo real – filmado, repassado, narrado em testemunhos de "primeira mão" – já se manifestava na preferência da televisão pela "catástrofe" (Chun, 2011) e, mais recentemente, por suas *breaking news* e *reality shows*. As novas mídias inflexionam essa tendência na direção do conteúdo gerado pelos usuários, que passam de coadjuvantes ocasionais a protagonistas. Como essa torção se dá não apenas no plano local do conteúdo discursivo como também no plano meta *da própria materialidade da mídia*, ela é dupla: abre uma nova camada de realidade separada daquela propiciada pelas mídias que ainda se orientam pela lógica do sistema de peritos.

Por isso, nos públicos antiestruturais, os conteúdos não perfazem apenas o movimento revelatório de trazer os fatos em tempo real, mas vêm acompanhados do movimento denunciatório de trazer uma verdade que as "elites" não querem que o usuário comum conheça. Essa dupla torção é uma condição estrutural para que aquele público, seus influenciadores e formas de geração de valor econômico e social *continuem existindo enquanto tais*. Nesses casos, o conspiracionismo não é (apenas) uma forma espontânea pela qual o senso comum apreende causalidades "grandes" demais, diante da crise de confiança no sistema de peritos que outrora realizava essa tarefa em seu nome. Ele torna-se um novo nicho de empreendedorismo digital.

Outros vieses das novas mídias como eu-pistemologia e colapso de contextos suplementam as causalidades ocultas, que são sempre de ordem subjetiva e moral.[10] Ainda que se utilizem de significantes vazios como a Nova Ordem Mundial, essas explicações costumam se incorporar em pessoas concretas (George Soros etc.). Assim, se as pessoas sentem que estão sendo vigiadas por seus smartphones ou que as novas tecnologias estão avançando mais rápido do que o tecido social consegue acompanhar, no lugar de buscarem explicações estruturais para causas que são complexas (como no modelo do sistema de peritos), esses *seekers*,[11] buscadores da verdade, acabam engajando em narrativas apreensíveis por sua eu-pistemologia. A destruição de antenas 5G no Reino Unido no início da pandemia é um bom exemplo: de fato, essas tecnologias estão sendo instaladas pelas cidades com pouca *accountability* junto aos moradores, por exemplo, quanto aos efeitos na saúde desse tipo de onda. Não tendo a quem recorrer para explicação e responsabilização,

---

10 Essa é uma diferença crucial entre explicações conspiratórias e explicações objetivas. Popper ([1963] 2006), ao cunhar o termo teoria da conspiração, excluiu o marxismo científico, pois ele trata da lógica sistêmica do capital enquanto força estrutural, e não de agências e moralidades subjetivas em grupos sociais como a burguesia.

11 Em sua pesquisa de campo com seguidores do QAnon nos Estados Unidos, Russo (2022) estabeleceu que o que esses *seekers* têm em comum é "uma subjetividade caracterizada pela necessidade de busca constante pela 'verdade' por meio de práticas teopolíticas zelosas" (: 1).

acabam encontrando na internet públicos conspiratórios que atribuem causalidades a um inimigo identificável pelo senso comum, como a China ou Bill Gates.

Portanto, assim como os populismos, os conspiracionismos podem ser entendidos como formas de lidar com as dissonâncias impostas pelo sistema socioeconômico mais amplo: de *retomar o controle* sobre o próprio destino, de as pessoas voltarem a sentir que têm a escolha que a modernidade capitalista lhes prometeu em sua condição de consumidores (Harding e Steward, 2021). Essas narrativas propiciam a expectativa de que é possível agir contra as agências sombrias – impedi-las de cumprirem seus desígnios maléficos. Essa expectativa pode ser projetada em algum tipo de líder ou guru (Q, Trump, Bolsonaro), mas também passa pela experiência de empoderamento que as novas mídias propiciam ao usuário comum.

Em suas manifestações extremas, essas experiências são profundamente subjetivas e afetivas. Os indivíduos se sentem pessoalmente atingidos por ataques ao líder ou ao guru, ou cerceados pelo "sistema" em sua vida cotidiana: pelas políticas sanitárias de distanciamento social, pela moderação de conteúdo nas plataformas, pela suposta fraude nas urnas eletrônicas etc. Não conseguem conceber a raiz das contradições como sendo de ordem estrutural: veem apenas – para colocar nos termos de Margaret Thatcher – indivíduos e famílias sofrendo nas mãos de outros indivíduos e famílias que conspiram contra eles. Tampouco têm consciência de que, ao buscarem essas informações na internet, *também são buscados por elas* por vias algorítmicas (Faltay, 2020).

O nível causal em que opera o conspiracionismo se parece com o que Evans-Pritchard ([1937] 2004) identificou, em sua etnografia lapidar sobre bruxaria entre os Azande do Sudão colonial, como a "segunda lança" (Cesarino, 2021d). Segundo ele, o fato de os Azande acreditarem que a bruxaria era a principal causa de mortes não significava que eles desconhecessem causalidades materiais. Eles sabiam que, se um granário desmorona sobre alguém, é porque os cupins comeram a madeira: essa é a "primeira lança". Mas os Azande também se perguntavam: por que o granário caiu justamente naquela hora, quando aquela pessoa estava sentada ali? É aí que entravam, segundo o autor, as explicações de ordem social e moral, calcadas na gramática da bruxaria. Como na bruxaria azande, as narrativas conspiratórias estabelecem tanto causalidade como *accountability*. Se as causas dos problemas derivam de maquinações humanas, as soluções também são de ordem social. Muitas vezes, essas teorias incluem narrativas de guerra e redenção, tomadas de escatologias cristãs ou *new age*, ou da indústria do entretenimento. No QAnon, por exemplo, são comuns temas retirados de filmes: a onipresente pílula vermelha do *Matrix*, o adrenocromo de *Medo e delírio em Las Vegas* (1998), o lema "onde vão (sic) um, vão todos" (*where we go one, we go all*) de *White Squall* (1996). O herói ou messias (papel desempenhado, no caso do Q, por Donald Trump) coemerge com o trabalho "de formiguinha" dos próprios seguidores numa dinâmica circular de *crowdsourcing* similar à observada nos públicos populistas (Cesarino, 2019a). O movimento QAnon ilustra bem a topologia caleidoscópica desse tipo de público, pois se constituiu em torno de um significante literalmente vazio – o perfil anônimo de um suposto *insider* do governo americano que se identificava simplesmente como "Q".

Outra convergência expressiva com a etnografia azande é a centralidade de procedimentos oraculares na revelação dessas causalidades ocultas. O "Q" era literalmente um oráculo. Os enigmáticos *Q-drops* (gotas) que ele ia deixando nos fóruns online eram avidamente decodificados por seus seguidores, que se reuniam para debater, propor e testar interpretações, frequentemente em torno de falas e ações do presidente Trump. Era um ecossistema altamente gamificado, que seguia uma lógica similar à dos RPGs (*role-playing games*, jogos de interpretação de papéis), especialmente em suas versões *live action* (em tempo real) (Berkowitz, 2021).

Douglas Rushkoff (2014) cunhou o termo *fractalnoia* para designar o tipo de reconhecimento de padrões associado ao espaço-tempo de crise permanente da web plataformizada, que ele chamou de choque do presente (*present shock*). Diferente da dinâmica da ciência normal, organizada por procedimentos lentos, institucionalizados em normas impessoais (manuais, revisão por pares etc.) e loops fechados que sempre forçam o retorno do argumento de cada cientista para uma *mesma* base epistêmica comum (o paradigma), a fractalnoia é uma lógica aditiva e personalizada de livre associação de padrões *ad hoc*. Ela é, por definição, infalseável, pois contestações vindas de fora dos públicos conspiratórios são automaticamente enquadradas pelo metacódigo amigo-inimigo/fato-ficção que o separa dos públicos dominantes, em que se localiza o sistema de peritos.

Há, também aqui, uma forte ressonância entre os conspiracionismos e as *affordances* das novas mídias como o colapso de contextos entre fato e ficção, entre entretenimento e outras esferas. Além disso, suas narrativas não são lineares, mas recombinações caleidoscópicas de "pedaços" descontextualizados de informação que os algoritmos entregam, de forma personalizada, a cada usuário. Conspirações sempre foram, como colocam Harding e Steward (2021), "local de conjuntura para discursos concorrentes e conflitantes", uma "'história com vários sotaques' que [...] era tanto heteroglóssica como 'nervosa', articulando forças e sensibilidades diacríticas ou opostas" (: 215). Transpostas para as plataformas, tomam a forma dos "*clusters* agitados" que Chun (2021) apontou como base das hegemonias invertidas ancoradas nos públicos antiestruturais.

Finalmente, muitos analisaram o QAnon como um tipo de culto. Públicos antiestruturais de fato lembram cultos e seitas, pois estas também são formas liminares de (re)organização social. Mais do que a ideia de culto ou seita individual, todavia, prefiro acionar aqui a noção de *meio cúltico*. Ela foi proposta nos anos 1970 por Colin Campbell (1972) para descrever "o subterrâneo cultural da sociedade": "Os mundos do oculto e do mágico, do espiritualismo e fenômenos psíquicos, do misticismo e do novo pensamento, de inteligências alienígenas e civilizações perdidas, da cura pela natureza e pela fé" (: 14).

Nos anos 1960 e 1970, muitas dessas práticas se associavam a movimentos contraculturais como os hippies e as espiritualidades *new age*, que Turner (1974) viria a caracterizar como liminoides. Escrevendo nessa época, o antropólogo via tais processos de forma positiva, como "ambientes em que novos símbolos, modelos e paradigmas surgiam – como berçários da criatividade cultural. Esses novos símbolos e construções então retroalimentavam os domínios político-legais e econômicos 'centrais', fornecendo-lhes metas, aspirações, incentivos, modelos estruturais e razão de ser" (: 60).

Num sentido similar, os meios cúlticos grassavam às margens da sociedade dominante, onde uma verdade mais profunda podia ser buscada resgatando conhecimentos heterodoxos: marginalizados, esquecidos, ocultos ou proibidos. Essa busca frequentemente envolvia, como hoje, transitar por diferentes grupos, heterogêneos, mas que tinham em comum uma posição antiestrutural com relação à ortodoxia do "centro". Nos casos descritos por Campbell e Turner, esses processos permaneciam marginais a uma sociedade estruturada por normas e convenções dominantes. Hoje, com o estado paradoxal de crise permanente, os buscadores (*seekers*) humanos (Russo, 2022) passam a coemergir com os buscadores algorítmicos na procura por novos padrões de reorganização sistêmica, passando a ocupar cada vez mais espaço no sistema sociotécnico dominante (Prigogine e Stengers, 1984).

Os públicos aqui analisados são, portanto, formas organizacionais que proliferaram na esteira de ortodoxias em crise, reverberando padrões outrora associados aos meios cúlticos. No caso dos cultos propriamente ditos, essa reorganização envolve o afastamento físico do indivíduo da sociedade dominante e seu isolamento em algum lugar como uma fazenda ou acampamento – procedimento também comum nas fases liminares dos ritos de passagem, segundo Turner ([1969] 2013) (Cesarino, 2020b). Ao extrapolar cultos individuais, a noção de meio cúltico permite entrever como a atual infraestrutura de mídia propicia não apenas que heterodoxias diversas aflorem para se contrapor aos públicos dominantes mas que se conectem, vicejem e passem a pressionar as ortodoxias a partir de camadas refratadas da internet: novamente, as hegemonias invertidas de Chun (2021).

Além disso, tanto Campbell como releituras contemporâneas de sua teoria (Kaplan e Lööw, 2002) destacam o modo como os meios cúlticos oferecem um senso de propósito espiritual elevado à visão de mundo e comportamentos heterodoxos de seus membros. A noção de conspiritualidade (*conspirituality*) foi proposta para iluminar a combinação entre teorias da conspiração de base (geo)política e masculinista (como a do *deep state*) e causalidades holísticas e encantadas no estilo das espiritualidades *new age* (Ward e Voas, 2011). Embora esse tipo de ferradura não seja nova (Asprem e Dyrendal, 2015), seu crescimento tem sido impulsionado pelas *affordances* antiestruturais da internet, que propiciam maior circulação e hibridização das narrativas conspirituais (Cesarino, 2022b). Com a plataformização, é possível que seu caráter (re)combinatório tenha se intensificado, fortalecendo o padrão, já bem conhecido, de uma teoria da conspiração levar a outra, depois a outra, numa lógica aditiva típica da fractalnoia (Mahl et al., 2021).

Além disso, as conspiritualidades convergem com a lógica invertida da economia da atenção, que atribui valor econômico menos à qualidade do conteúdo do que a sua capacidade de atrair e reter a atenção do público. Por sua posição antiestrutural, conteúdos heterodoxos têm maior probabilidade de gerar engajamento e compartilhamento: pela novidade, pelo exotismo, pelo caráter revelatório, por incitar afetos de medo ou indignação. Em casos extremos como o QAnon, públicos conspiratórios envolvem as mesmas preocupações sobre a integridade, segurança, pureza e reprodução do corpo social observadas no populismo do tipo messiânico.

Dizem que não há leis exatas nas ciências humanas, mas as narrativas que proliferam em movimentos conspiratórios invariavelmente seguem a gramática de pureza e perigo descrita por Douglas ([1966] 2010). Enquanto tais, essas "ansiedades de influência" (Steward e Harding, 2021) tematizam o estado de crise do corpo coletivo (a sociedade, a nação, o povo, a família) e preocupações com riscos a sua integridade (intervenção internacional, inimigos internos). São, contudo, narradas de modo acessível ao senso comum, em termos de ameaças e intervenções em corpos individuais: inoculações, implantes, violações, vampirismo, manipulação genética, metamorfoses, vigilância.

No caso do QAnon, essa tendência se expressou nos temas do abuso sexual, da tortura sacrificial e da retirada de sangue dos corpos de crianças – símbolos últimos da pureza em nossas sociedades. No Brasil, os eixos conspiratórios relativos à covid-19 mapeados por Kalil (2021) trabalham com ansiedades similares, relativas, por exemplo, à contaminação proposital de corpos e a controles externos sobre sua mobilidade, como o lockdown ou passaporte vacinal. No caso das vacinas, aparecem preocupações relativas à vigilância de corpos individuais, metamorfoses em híbridos de humanos e robôs ou animais, alterações genéticas ou de sexo/orientação sexual, inoculação de doenças e drenagem da fertilidade, e mesmo a predação de corpos infantis, como o suposto uso de células de fetos humanos abortados.

A recorrência de substâncias corporais – sangue, células, DNA, esperma – nessas narrativas corrobora os insights etnográficos de Douglas, Turner e outros sobre seu papel como materialidades liminares que simbolizam o risco à integridade do corpo social. Ao envolver uma incisão na pele e a inoculação de substâncias artificiais nos corpos dos indivíduos por uma pessoa desconhecida, vacinas sempre foram terreno fértil para rumores conspiratórios (Sevcenko, 2018). Mas o que os públicos antiestruturais parecem estar propiciando é uma longa cadeia de inversões interconectadas, que fazem com que a margem se torne centro, a exceção (por exemplo, efeitos adversos graves das vacinas) se torne regra (pânico diante da profusão de "notícias" sobre vacinados morrendo ou com sequelas).

Como se sabe, teorias da conspiração costumam trabalhar com "pedaços" de informação que são reais. Mas o conspiracionismo não está no conteúdo ou no agente individual: é uma propriedade do ambiente e de seu enquadramento. Assim, mesmo em formas mais moderadas de conspiracionismo, tudo o que acontece tende a ser reduzido aos poucos códigos que estruturam aquele enquadramento. Concordância ou diálogo entre políticos que pensam diferente, por exemplo, são vistos como parte de algum roteiro oculto para defender o "sistema". O contrário disso – disputas entre eles – também é lido na mesma chave: como falsas encenações de divergência. Qualquer crítica ao líder é imediatamente codificada como um sinal de que ele está "fazendo a coisa certa", e tentativas de regulação ou punição são vistas como perseguições e censuras que só confirmam o roteiro conspiratório.

Uma vez consolidada a dupla torção, as formas de "representação do eu na vida cotidiana" descritas por Goffman ([1959] 2013) como complexas e sensíveis ao contexto são reduzidas a uma única linha separando palco (onde tudo é encenação) de bastidores (onde tudo é autenticidade). Em outras palavras, diante da ausência de contextos claros e estáveis no ambiente das plataformas, a operação de contextualização é reorientada para "dentro" da própria cognição do usuário, sendo seu principal metacódigo a bifurcação amigo-inimigo e seus corolários (fato-ficção, espontaneidade-manipulação, puro-corrupto etc.).

A explicação cibernética permite visualizar, ainda, como a bifurcação amigo-inimigo que forma os públicos conspiratórios triangula com uma ferradura entre os dois extremos epistêmicos da conspiritualidade e da eu-pistemologia (Cesarino, 2021c, 2021d). Teorias conspiratórias costumam envolver agentes humanos ou humanoides operando em escalas afastadas da vida cotidiana, como a estatal (*deep state*), a global (globalismos), a planetária (alienígenas) e/ou, na vertente espiritualista, forças invisíveis situadas em planos espirituais ou quânticos. Ao contemplarem essas causalidades longínquas e inescrutáveis, as conspiritualidades suplementam o imediatismo e a suposta transparência da eu-pistemologia. Assim, à confiança na certeza dos sentidos e na opinião individual corresponde a confiança num plano que é, em última instância, inacessível às pessoas comuns. Ambos convergem enquanto extremos que delimitam um mesmo sistema caótico: na eu-pistemologia, o indivíduo se vê como totalmente livre para "fazer a própria pesquisa" como bem entender. Porém, a entrega total ao "plano" faz com que ele nunca deixe a circunscrição daquele atrator.

O que "falta" entre um nível epistêmico e outro é justamente o nível causal médio em que operava o sistema de peritos. A crise desse nível não é apenas epistêmica, mas transversal às formas neoliberais de reorganizar a temporalidade, o mundo do trabalho, a produção de conhecimento e de valor (Bear, 2016).

Jane Guyer (2007) propôs a noção de tempo pontuado (*punctuated time*) para descrever o modo como a temporalidade neoliberal reduz a experiência individual ao presentismo do cotidiano, por um lado, e a temporalidades futuras inescrutáveis, por outro. Essa temporalidade de crise permanente, que também subjaz às novas mídias (Chun, 2011, 2016), propicia uma coexistência contraditória entre sobrevivência imediata e horizonte apocalíptico (Comaroff e Comaroff, 2000). Como colocou um meme que mostrava a intersecção dos conjuntos "fim do mundo" e "sair para trabalhar todos os dias": "De alguma forma eu vim parar aqui" (no meio). Com a crise das temporalidades e causalidades intermediárias do fordismo (Guyer, 2007), novos mediadores passam a articular as escalas individual e holística (ou local e global). Esse novo sistema de peritos, ainda emergente, desloca a confiança social para outros lugares. Um deles são indivíduos que organizam a segmentação de redes: influenciadores, *coaches*, gurus. Os tipos de organização coletiva que daí emergem diferem dos modelos de reconhecimento universal privilegiados pelo sistema preexistente, sendo mais próximos do modelo de reconhecimento bifurcado. Sua forma prototípica parece ser a família, que inspira outras formações como as igrejas, empresas, redes pessoais e de trabalho, e suas múltiplas variações em pequenos "cultos", das *fanbases* de *youtubers* ao *crossfit*. Menos importante que seu conteúdo é sua capacidade de produzir uma comunidade de destino na qual os indivíduos se sintam seguros e confiantes: nos termos de um dos slogans do QAnon, que aonde um vá, todos vão.[12]

Finalmente, o conspiracionismo sintetiza todo o poder de inversão antiestrutural das novas mídias: o modo como elas aparentam oferecer acesso fácil e barato a mundos ocultos, escon-

---

12 É assim que podemos entender, também, a subserviência de Bolsonaro a Trump, que em princípio parecia contradizer sua retórica nacionalista. No reconhecimento bifurcado, prevalece menos a autonomia do que a lealdade para com um patrono mais poderoso.

didos e intocados por "elites" midiáticas, políticas, intelectuais. A eficácia de muitos movimentos que proliferam digitalmente se relacionaria, assim, a esse poder que as novas mídias oferecem aos usuários de transitar entre um mundo visível, de superfície, e um mundo oculto, subterrâneo. Como no filme *Matrix*, esse trânsito é uma operação cognitiva: uma vez tomada a pílula vermelha, os usuários passam a transitar pelo *mesmo* ambiente da sociedade dominante, porém agora com a perspectiva correta sobre o que *realmente* estaria por detrás dos acontecimentos. Essa operação encontra variações em outros segmentos, como o cristão, por exemplo no onipresente João 8:23 ("Conhecereis a verdade, e a verdade vos libertará").

Essa nova perspectiva traz, portanto, novidade, exclusividade, possibilidade de "virar o jogo", ataca *double binds* e propicia aos sujeitos confiança diante de um horizonte de crise permanente (Barkun, 2013; Stewart e Harding, 2021). Embora o peso desses fatores cognitivos e subjetivos seja, de fato, significativo, há implicações bastante práticas, até triviais, da adesão aos conspiracionismos. Ao colocar "o sistema" como uma grande farsa, essas gramáticas encorajam e justificam ações extralegais de toda ordem. Estas variam desde formas mais extremas de vigilantismo e milicianização, como as franjas mais radicalizadas do QAnon nos Estados Unidos, até desrespeito a normas e regulações coletivas, como sonegar impostos alegando que imposto é "roubo", promover agitação contra o processo eleitoral, ou empreender em uma diversidade de nichos na zona cinzenta entre legalidade e fraude. O que os *seekers* têm em comum, nesse sentido, é uma disposição para jogar fora das regras do jogo.

Além disso, as novas mídias não apenas difundem as gramáticas conspiratórias em narrativas abstratas. Suas próprias *affordances* as tornam palpáveis e reais. Na campanha bolsonarista de 2018, por exemplo, áudios de WhatsApp materializavam a oferta de acesso exclusivo, e em tempo real, aos bastidores de um mundo ocultado pelas elites. Num deles, um suposto funcionário da Rede Globo alegava estar saindo de uma reunião na qual seus chefes haveriam ordenado o massacre midiático de Bolsonaro, pois ele prometera acabar com sua "mamata". Em outro, uma mulher dizia falar da embaixada brasileira na Venezuela para denunciar uma catástrofe humanitária escondida pela mídia, alertando que, se os usuários não agissem (repassassem o áudio, votassem em Bolsonaro), logo os brasileiros também estariam comendo lixo. As mesmas narrativas vão sendo readaptadas a períodos posteriores, como o áudio que viralizou em 2021 denunciando pessoas comendo gatos em Araraquara (cidade governada pelo PT que implementou um forte *lockdown* durante a pandemia).

Os vieses antiestruturais dos quais se aproveitam os conspiracionistas também produzem, em outros segmentos, manifestações menos extremas. Na época do pagamento do auxílio emergencial em 2020, o deputado André Janones ganhou milhares de seguidores e suas *lives* no Facebook eram assistidas por milhões de brasileiros. Nelas, o deputado revelava os bastidores do Congresso enquanto filmava com seu celular os corredores e gabinetes, explicando como as articulações para o auxílio aconteciam, prevendo o que estava por acontecer, ajudando as pessoas a orientarem suas expectativas e cursos de ação num ambiente que lhes parecia caótico. Nos públicos do tratamento precoce, influenciadores e usuários também obtinham engajamento mostrando o que acontecia na clínica, nos hospitais, na "vida real" da linha de frente da covid-19.

É claro que, pensando friamente, todos sabem que um texto ou áudio de WhatsApp, ou mesmo um vídeo, pode ser gravado por qualquer um, em qualquer lugar, para falar qualquer coisa. Mas, via de regra, usuários que já se encontram imersos num ambiente no qual aquela mensagem faz sentido imediato não param para pensar sobre sua autenticidade. (Quantas vezes não acreditamos de forma irrefletida num áudio ou *post* quando ele nos apresenta um viés de confirmação?) Onde o real é o que acontece em tempo real, não há sequer tempo suficiente para pausa ou reflexão – nos termos de Bateson, para processos secundários. Outras *affordances* tornam difícil, se não impossível, rastrear a origem e responsabilizar indivíduos por fraudes – vide a explosão de golpes que acompanha cada novo avanço tecnológico. A desinformação não remete, portanto, a itens isolados de informação falsa – ela é uma propriedade antiestrutural *do sistema como um todo* (Gray, Bounegru e Venturini, 2020). Ela é todo um ambiente que é produzido e entregue de forma personalizada pelos algoritmos a cada usuário. Os públicos conspiratórios são, nesse sentido, apenas a forma mais extrema e visível de um viés que é mais geral. Para concluir, discutiremos outro tipo de público antiestrutural que, sendo menos extremo e fechado que os segmentos conspiratórios, pode lançar luz sobre possíveis horizontes de reintermediação mais duradouros.

A *ALT-SCIENCE* DO TRATAMENTO PRECOCE

Os fenômenos atualmente reunidos sob a rubrica de negacionismos ou pseudociências não são tão simples quanto esses termos fazem parecer. Nem todos envolvem uma negação frontal da ciência, mas, como faz o populismo iliberal com a democracia liberal, busca-se ocupar e ressignificar seu "núcleo cultural". Foi nesse sentido que optamos por definir os públicos do tratamento precoce e seus desdobramentos pós-vacinação como um tipo de *alt-science* (Cesarino e Silva, no prelo). A analogia com a *alt-right* proposta por Casarões e Magalhães (2020) reflete a dinâmica antiestrutural que este livro busca mapear. Sob esse ângulo, o termo denota saberes e práticas médicas que emergem em contextos liminares de crise a partir das margens da ciência do *mainstream*, e que ganham tração por meio de processos de bifurcação do tipo mímese inversa que propõem um englobamento do contrário: ocupar o centro a partir das margens e, assim, pressionar por virar o sistema como um todo "do avesso".

Assim como Bolsonaro corre por fora do jogo da democracia liberal parasitando suas fragilidades, os públicos do tratamento precoce correram por fora dos procedimentos da ciência normal, vicejando no estado de exceção científico aberto pela pandemia. Ancorado na máquina de ressonância das novas mídias, o tratamento precoce pode ser visto como uma transformação do bolsonarismo num registro pandêmico. Sua notável eficácia social diz respeito menos a seu conteúdo particular – ao remédio x ou y – do que ao enquadramento alternativo que esse movimento propôs para o combate à pandemia como um todo. É nessa camada que ele ressoou fortemente com o populismo médico do então presidente (Casarões e Magalhães, 2020), sem se confundir totalmente com ele.

Como os públicos populistas, as *alt-sciences* da covid-19 também variaram no espaço e no tempo. Inicialmente adjacentes aos movimentos *antilockdown* (Silva, 2021), esses públicos ganharam escala ao longo de 2020 em torno dos protocolos de tratamento preventivo, ou "kit covid". Com o início da vacinação em 2021, eles se desdobraram, por um lado, em movimentos explicitamente antivax e, por outro, num mercado de consultas e atestados em torno de supostos efeitos adversos da vacinação (Silva, 2022). Eles agregavam um amplo espectro de segmentos: desde núcleos conspiracionistas estruturados por dinâmicas sectárias (no WhatsApp ou Telegram) até redes mais ambíguas, na zona de transição entre públicos refratados e dominantes (como o Instagram e YouTube). Finalmente, há, também aqui, um duplo processo de desintermediação do sistema de peritos vigente e reintermediação por novas formas emergentes que, neste caso, assumiram um viés mais claramente mercadológico que no caso da política (Pinheiro e Emery, 2022; Cesarino e Silva, no prelo).

Visto sob o prisma da explicação cibernética, o problema da eficácia do tratamento precoce se desloca de um veredito sobre verdade ou erro. A questão é menos se algum desses medicamentos, aplicado em alguns pacientes, em algum momento específico da progressão da doença, pode de fato aliviar os sintomas da covid e ajudar o organismo a combater a doença do que *se ainda estavam dadas*, nesses públicos, as condições infraestruturais para que essa hipótese pudesse ser sequer testada adequadamente nos termos da ciência normal. A gramática do tratamento precoce parecia funcionar por meio de uma lógica híbrida que combinava alguns elementos de sistematicidade científica com fortes elementos de conspiritualidade, eu-pistemologia e bifurcação amigo-inimigo – os mesmos pilares epistêmicos do populismo digital.

Como as narrativas do populismo, o termo "tratamento precoce" também não possui um referente fixo e bem delimitado. Ele circulava mais como significante vazio que articulava, em conexões parciais, um público caleidoscópico de médicos, remédios, pacientes, influenciadores, procedimentos, exames, protocolos não necessariamente coerentes – nem necessariamente contraditórios – entre si. E assim como o bolsonarismo em geral vicejava na causalidade circular e na temporalidade de crise permanente da atual infraestrutura cibernética, também os públicos de *alt-science* emergiram performativamente entre práticas e experimentações espontâneas em escalas locais e off-line, e os fluxos de influência online que incluíam, mas não se limitavam, ao aparato de comunicação digital do bolsonarismo.

Embora a indecidibilidade do presidente Bolsonaro (Abreu, 2019) tenha propiciado o vácuo de política pública que criou a demanda por esse serviço, esses públicos cresceram por meio de suas próprias formas de eficácia. Elas se ligavam menos à política no sentido estrito do que a processos descritos na literatura sobre neoliberalização. Quatro dimensões de eficácia se destacaram nesse caso: abertura de novos mercados na esteira de crises e vulnerabilidade da população; colapso de contextos entre experts e leigos, ciência médica e mídia, com protagonismo importante de pacientes-experts e médicos-influenciadores; mímese inversa da ciência normal; e difusão capilarizada de *fast policies* (políticas rápidas) por meio de "infraestruturas de empreendedorismo, *networking* e monetização já disponíveis nos ambientes online" (Cesarino e Silva, no prelo). Nesse sentido, a *alt-science* aprofunda uma contradição entre lógica mercadológica e lógica científica que preexistia à pandemia da covid-19 (Mirowski, 2012) e aponta para possíveis reintermediações no sentido do modelo do reconhecimento bifurcado.

Boa parte da *alt-science* do tratamento precoce correu em paralelo aos circuitos neguentrópicos da ciência normal. Num primeiro momento, isso era compreensível ou até inevitável, diante do estado de exceção científico no qual o novo vírus lançou a pesquisa no campo da saúde como um todo (Campinas, 2020). Os estudos usados como evidência nesses públicos não haviam sido submetidos nem a modalidades de experimentação no topo da pirâmide de evidências nem, em sua maioria, à revisão por pares em periódicos com mediação editorial de excelência.

A pirâmide da medicina baseada em evidências organiza uma hierarquia das muitas metodologias utilizadas no campo da pesquisa biomédica, ranqueando a qualidade das evidências produzidas por cada uma. Quanto mais alto na pirâmide se situa um estudo, mais suas evidências são consideradas robustas, e quanto mais embaixo, mais anedóticas e menos confiáveis. O padrão-ouro são os grandes ensaios randomizados controlados (na sigla em inglês RCT – *randomized controlled trial*). Previsivelmente, estudos fortes no topo da pirâmide são poucos e exigem maior aporte de financiamento e infraestrutura. Já as evidências fracas na parte baixa da pirâmide – estudos observacionais, estudos do coorte, observações anedóticas – têm um "custo" (Latour e Woolgar, [1979] 1997) inferior: são mais fáceis de realizar e, portanto, mais comuns.

Ao longo da pandemia, o *mainstream* da comunidade científica foi conseguindo avançar com desenhos experimentais mais próximos ao topo da pirâmide, produzindo evidências mais robustas sobre a covid-19 e suas formas de controle. Com isso, a eficácia de remédios como cloroquina/hidroxicloroquina e ivermectina foi se tornando improvável, pois os estudos que demonstravam melhores resultados tendiam a se concentrar na parte baixa da pirâmide. Não obstante, os proponentes do tratamento precoce continuaram prescrevendo os remédios, evocando a própria pirâmide de evidências para defender a validade de estudos menos robustos e até observações anedóticas feitas pelos médicos no atendimento aos pacientes. Argumentei que o que eles propunham não era uma negação da pirâmide de evidências, mas sua inversão: o que era base foi para o topo, o que era marginal foi para o centro, e o que era a ortodoxia e o padrão-ouro, não deixou de ser considerado, mas foi jogado para o pano de fundo (Cesarino, 2021e).

Esse movimento tipicamente antiestrutural também se expressava nas atitudes e falas desses pesquisadores, que questionavam a legitimidade e boa-fé da elite científica global. Muitos transpareciam algum tipo de ressentimento, referindo-se a essa elite de forma irônica como "professores" ou "cientistas" na "torre de marfim". Alegavam que os médicos comuns, às margens do *mainstream* porém à beira do leito dos pacientes, teriam uma perspectiva mais verdadeira sobre a doença pois mais próxima da "linha de frente" da pandemia. Sem grandes financiadores nem relações com a *big pharma*, seriam, por isso, mais "livres" para acessar a realidade tal como ela é. Uma curiosa, mas não surpreendente, (in)versão libertária do privilégio da perspectiva subalterna também observada no caso da nova direita digital (Rocha, 2019). Essa disposição antiestrutural não tinha apenas base epistemológica e subjetiva. Ela encontrava ancoragem material nas plataformas de *pre-prints* que cresceram exponencialmente durante a pandemia, como medrxiv.org e preprints.org. *Pre-prints* são publicações preliminares de estudos ainda não submetidos a revisão por pares e que, como tais, não devem ser tomados como evidências definitivas até que sejam efetivamente submetidos ao crivo de outros pesquisadores e publicados em bons periódicos. Disponíveis antes da pandemia, essas plataformas já anunciavam uma tendência de crise do modelo clássico da revisão por pares, agravada pela crescente contaminação da ciência pela lógica de mercado.[13] Como a *alt-right*, a *alt-science* também viceja "nas ruínas do neoliberalismo" (Brown, 2019).

Como os influenciadores do bolsonarismo faziam com a ideia de democracia, os influenciadores do tratamento precoce buscavam englobar a ciência pela lógica do reconhecimento bifurcado. Numa de suas inúmeras entrevistas ao canal Jovem Pan, o criador de um dos primeiros protocolos de "hospitalização fora do hospital", o imunologista Roberto Zeballos, afirmou que não se importava se seus *pre-prints* disponibilizados nessas plataformas jamais fossem publicados em periódicos de elite. O que ele queria era "abrir os olhos" da comunidade científica global para uma verdade sufocada pela grande indústria farmacêutica, mas agora revelada pelos humildes médicos que salvavam vidas

---

13 É um processo complexo e emergente envolvendo fragmentação de financiadores, terceirização de etapas da pesquisa, segmentos predatórios no mercado de periódicos, faculdades e conferências científicas, intervenções jurídicas e mercadológicas no processo de revisão por pares, entre outros (Mirowski, 2012; Katiambo e Ochoti, 2021).

experimentando com remédios baratos e sem patente. Essas revelações eram, como em sua contraparte política, possibilitadas pelo que era entendido como um espaço de liberdade e escolha individual propiciado pelas novas mídias.

Outros médicos compartilhavam essa atitude ambivalente com relação à ciência do *mainstream*. Embora buscassem o reconhecimento por esses pares, eles tinham para onde ir caso não o recebessem: os públicos emergentes do tratamento precoce. Como no bolsonarismo político, seu espectro cobria desde segmentos mais convencionais junto aos públicos dominantes até públicos explicitamente conspiratórios. Quanto mais refratadas as camadas (por exemplo, em aplicativos de mensagens), mais as proposições sobre os remédios iam deixando de ser falseáveis, pois isoladas dos feedback negativos próprios da ciência normal como a revisão por pares. Ali, estudos demonstrando resultados contrários à eficácia dos remédios podiam ser ignorados, enquadrados como seletivos ou mesmo fraudulentos.

Esses núcleos subterrâneos eram formados pelo mesmo tipo de dupla torção observada em outros públicos conspiratórios. Nesse caso, a função do inimigo era desempenhada principalmente por elites científicas (incluindo a divulgação científica do *mainstream*) e pela "grande mídia". Ali, nem sempre se negava frontalmente a importância de periódicos científicos de excelência, mas eram constantemente alimentadas dúvidas sobre sua confiabilidade. Um caso muito falado envolveu o *The Lancet*, que, em meados de 2020, retratou um estudo que trazia resultados contrários à eficácia da hidroxicloroquina. O fato de o próprio periódico ter reconhecido o erro era, para eles, sinal de *falta* de confiabilidade, e não o contrário. Isso porque, *nesses* públicos, não estava prevista a possibilidade de falseabilidade e retratação diante de evidências produzidas por pares externos.

Ali, só havia lugar para feedback positivo e viés de confirmação: seus pesquisadores e médicos nunca estavam errados. E nem podiam estar, pois, como na fractalnoia (Rushkoff, 2014), sua dinâmica epistêmica era, por design, infalseável.

Se a *alt-science* não opera pelos procedimentos neguentrópicos da ciência normal, como ela produz verdades estáveis? Sugiro que, como no bolsonarismo político, suas mediações epistêmicas combinam eu-pistemologia, causalidades ocultas e a bifurcação amigo-inimigo, resultando numa pressão antiestrutural por "virar do avesso" a ciência normal. Em pseudociências típicas como o terraplanismo encontramos esta mesma combinação: procedimentos que qualquer um pode conduzir para comprovar a forma da Terra e teorias sobre como e por que essa verdade tem sido escondida por algum tipo de inimigo das pessoas comuns. O metaenquadramento em operação aqui é o oposto da ciência normal: enquanto causalidades naturais são personalizadas em experimentos *do it yourself*, causalidades sociais são hipostasiadas em grandes narrativas conspiratórias.

Observam-se inversões parecidas no tratamento precoce, especialmente em suas camadas mais refratadas. Para esses médicos, pacientes e influenciadores, o acesso a causalidades de ordem natural se dá pela experiência imediata, aquilo que conseguem perceber "por si mesmos" e que, portanto, "não há como negar": a melhora dos pacientes. O que ameaça essa certeza tende a ser remetido a causalidades ocultas de ordem social: algum tipo de conspiração global unindo indústria farmacêutica, grande mídia e políticos corruptos para impedir a adoção dos "remédios baratos". Essa verdade estaria aí para quem quisesse ver. Basta "fazer sua própria pesquisa" – contanto que se tenha, antes, tomado a pílula vermelha e mudado o registro cognitivo para o metaenquadramento correto. Nesse sentido, o conspiracionismo é uma dupla torção da ideologia cientificista:[14]

---

[14] A ideologia de que apenas a ciência e suas elites têm acesso à verdade sobre o mundo natural teve, historicamente, a função de garantir a auto-

uma forma de resgatar a autoridade incontestável do fato objetivo, não mais pela via da "torre de marfim" da elite científica, mas, ao, contrário, pela pessoa comum, numa nova camada do real aberta pelas novas mídias. Essa dinâmica ocorria também nos segmentos menos abertamente conspiracionistas, nos quais as três dimensões também estavam presentes, ainda que de modo mais sutil. Na mesma participação na Jovem Pan citada acima, por exemplo, o dr. Zeballos defendeu apaixonadamente a confiança na experiência imediata, que "ninguém pode tirar de você". Se alguém te disser que o Sol é verde, disse ele, e você o vê amarelo, confie em seus sentidos – mesmo se essa pessoa for um astrônomo. Esse exemplo é tanto mais surpreendente quando, ao fazer "nossa própria pesquisa", constatamos que já está muito bem estabelecido na ciência da ótica que cores não são atributos inerentes aos objetos. São, antes, uma função da *relação* entre o órgão de visão de um organismo e o reflexo do objeto em uma certa faixa do espectro de radiação que *esse órgão específico* é capaz de captar. Pessoas humanas e abelhas, por exemplo, veem cores diferentes na mesma flor. Muitas espécies de mamíferos conseguem ver a eletricidade em linhas de transmissão. Cães são capazes de ouvir faixas de som que nossa audição desconhece. A certeza dos sentidos não é, portanto, uma base confiável para acessar o real – embora a cognição humana tenha evoluído, por boas razões adaptativas, para acreditarmos piamente que ela é.

Já as causalidades ocultas tomavam a forma de forças invisíveis, muitas vezes enquadradas por narrativas de guerra ou regeneração espiritual. Eram comuns, por exemplo, noções difusas de que o novo coronavírus teria vindo para nos testar de alguma forma: nossa moralidade, o cuidado com nossos corpos

nomia científica diante da religião e da política. Como Latour ([1991] 2013) e muitos outros mostraram, ela se diferencia da *prática* das ciências.

e mentes, com o planeta. Alguns dos médicos-influenciadores eram cristãos, com derivas carismáticas. O dr. Rubens Amaral, por exemplo, concluía *lives* com uma canção convocando o Espírito Santo a agir nos elos causais do processo de cura que se encontravam fora do alcance da experiência do médico: "Cura Jesus onde dói/Cura Jesus bem aqui/Cura Jesus onde eu/Não posso ir". Não raro, esses médicos e enfermeiras eram louvados por seu público como anjos e heróis enviados por Deus para cuidar de pacientes que estavam sendo mandados "de volta pra casa com dipirona" de hospitais e UTIs lotados.

Outra médica-influenciadora cujos vídeos curtos se difundiram nos aplicativos de mensagem durante a pandemia, a dra. Raissa Soares, era bastante popular por sua performance maternal e carismática. Ela personificava como nenhuma outra o discurso do cuidado que atraía tantos pacientes para esse público, se dizendo aberta para receber todos, independentemente de sua origem e de seus sintomas. Em seu consultório e redes sociais, os pacientes podiam esperar cuidado e reconhecimento personalizado e espiritualizado. Embora tivesse assumido a secretaria de saúde do município de Porto Seguro, sua admiração pelo setor privado era indisfarçável. Clínicas, médicos empreendedores e planos de saúde eram vistos como mais ágeis e livres para incorporarem as inovações e o reposicionamento de medicamentos do tratamento precoce. Ela enaltecia os empresários que compravam o "kit covid" para seus funcionários, possibilitando assim seu retorno imediato ao trabalho mesmo nos períodos mais dramáticos da pandemia – o que era visto como uma forma de cuidado.

Como Silva (2021) notou na época, os remédios possibilitaram a mobilidade necessária para que a economia não parasse. Formaram a base de toda uma política de gestão da pandemia que se deu à sombra da política pública oficial do governo federal. No vácuo aberto pela indecidibilidade do presidente, agentes tanto privados como estatais – notadamente, prefeituras no período eleitoral de 2020 – tomaram para si esse papel, se valendo da praticidade, do baixo custo e da pronta disponibilidade do "kit covid" e de uma rede digital crescente de médicos que os prescreviam, bem como de pacientes-experts que replicavam em suas redes pessoais o tratamento precoce como uma forma de *fast policy* "de baixo para cima" (Cesarino e Silva, no prelo).[15]

Esse tipo de populismo médico propõe, portanto, uma inversão antiestrutural da medicina baseada em evidências tanto na teoria como na prática. Como outros influenciadores, a dra. Raissa via o tratamento precoce como um retorno aos fundamentos da medicina na relação com o paciente, em que o médico zela pelo estado de saúde do paciente "como um artesão molda um vaso". Trata-se, todavia, de uma "arte" também altamente mediada pela indústria farmacêutica e de diagnóstico. Envolvia realizar baterias de exames, prescrever uma série de remédios com base nesses resultados, depois fazer mais exames, e assim ir "cercando" a doença e seus efeitos no corpo. Eram procedimentos personalizáveis, pois cada médico podia compor a própria combinação de protocolos para cada paciente, especialmente aqueles que podiam pagar por consultas particulares. Para quem não podia, protocolos padronizados circulavam livremente em *apps* de mensagens, e os remédios podiam ser comprados sem receita em farmácias e na internet. Alguns protocolos ficaram associados ao nome de pessoas ou cidades onde surgiram: Belém,

---

15 O termo designa "a prática neoliberal em 'estado selvagem', que contempla a 'experimentação no limiar da crise'" (Peck, Theodore e Brenner, 2012: 278). As políticas rápidas operam "no vácuo de repetidas falhas regulatórias", se apropriando de "modelos locais promissores" que recebem "investimentos, escala e estilização para emulação" (: 279) através de diferentes jurisdições. Essas "balas de prata rápidas" são constituídas "com/pelas redes – de defensores, intermediários, emuladores e críticos – que se formam em torno delas" (: 280) (Cesarino e Silva, no prelo).

Porto Feliz, o protocolo do dr. Coimbra baseado na vitamina D, do dr. Dickson baseado em ivermectina, do dr. Zelenko baseado em zinco e hidroxicloroquina etc.

Nesses públicos, não só a covid-19 tinha cura como ela tinha também um amplo cardápio de possibilidades de cura. Tudo parecia funcionar contra a doença: corticoides, antibióticos, antimaláricos, antiparasíticos, vitaminas, minerais, esteroides... E a lista aumentava no ritmo acelerado da pipeline de *pre-prints*, testemunhos individuais e notícias que brotavam diariamente nas redes sociais e nos aplicativos de mensagens. Sites especializados em agregar estudos favoráveis a certos remédios – ivermectina ou cloroquina – ofereciam uma profusão de números, gráficos, tabelas e publicações, numa mímese barroca dos portais científicos do *mainstream* (Gray, Bounegru e Venturini, 2020).

Essa espécie de *firehosing*[16] médico se materializou na CPI da covid-19 no fim de 2021, quando Mayra Pinheiro e Nise Yamaguchi levaram ao Congresso Nacional uma pilha enorme de papéis com o que alegavam ser evidências a favor do tratamento precoce. Isso é o oposto do modo como Latour e Woolgar ([1979] 1997) descrevem a purificação do fato científico enquanto dinâmica neguentrópica. No laboratório de neuroendocrinologia etnografado por Latour, a estabilização do fato científico novo implicou reduzir uma profusão de anos de testes, substâncias, camundongos sacrificados, culturas celulares, cálculos, papéis impressos, conversas em uma única e elegante fórmula, referendada pela comunidade de pares: Pyro-Glu-His-Pro-NH. O processo da ciência normal (Kuhn, [1962] 2020) não envolve chegar a uma correspondência definitiva entre referente e

---

16 *Firehosing* é uma técnica de propaganda na qual um volume massivo de mensagens é enviado, sem preocupação com consistência ou precisão dos conteúdos.

mundo, mapa e território, mas logra reduzir a equiprobabilidade do enunciado a um mínimo. A realidade daquele fato passa a ser, assim, "cara demais" para ser disputada pelo restante da comunidade científica (Cesarino, 2021d).

Na *alt-science* do tratamento precoce, outros processos parecem estar em operação. Se não era um paradigma comum referendado pela comunidade de pares, nem um fato científico purificado que "dava liga" às dezenas de remédios e protocolos que circulavam, então o que era? Minha sugestão é que as proposições de causalidade ligando o uso dos remédios à melhora dos pacientes eram articuladas por procedimentos epistêmicos de outros tipos, mais afeitos à lógica do "capitalismo milenarista" de que falaram Jean e John Comaroff (2000).[17] Alguns desses eram de ordem abertamente religiosa-espiritual. Muitos médicos-influenciadores, como a dra. Raissa ou o dr. Rubens, incluíam causalidades inescrutáveis – Deus, o Espírito Santo – em suas narrativas de sucesso e cura, sem contradição aparente com a linguagem técnica que também utilizavam.

Já outros segmentos da mesma máquina de ressonância empregavam uma linguagem mais secularizada, como um libertarianismo ancorado no fundamentalismo da escolha individual de pacientes e médicos – que justificou, inclusive, a omissão regulatória por parte do Conselho Federal de Medicina. O dr. Zimmermann, por exemplo, demonstrava tendências anarcoca-

---

17 O termo designa a afinidade entre a financeirização neoliberal (em que as origens do valor e formas de (re)distribuí-lo tornam-se imateriais e opacas) e epistemologias próximas a configurações "não modernas". Esquemas pirâmide, promessas de enriquecimento rápido, teorias da conspiração, oráculos, narrativas de vampirização e parasitismo se desdobram em causalidades encantadas do tipo religiosa-espiritual (cristãs, *new age*, xamânicas) ou mais secularizadas, como saberes quânticos ou *coaches* do mercado financeiro, astrologia ou algoritmos de buscadores e de mídias sociais.

pitalistas, sendo um crente na mística da mão invisível do mercado. Já o dr. Zeballos afirmava a relevância de forças invisíveis unindo todos nós – algo, segundo ele, já comprovado pela física quântica. Por isso era tão importante que os pacientes se mantivessem esperançosos com os remédios (o que incluía ficar longe do pânico, segundo eles, induzido pela grande mídia), para manterem o espírito otimista e a imunidade alta. A linguagem ambígua da imunidade permitia uma ampla gama de articulações entre enunciados técnico-científicos e enunciados de praticamente qualquer outra ordem: subjetiva, moral, mística etc. Numa entrevista, o dr. Zeballos citou a teoria do centésimo macaco como comprovação da existência de uma consciência coletiva com poder de moldar realidades em larga escala, de forma invisível.[18] Nesse argumento, se articulam os três pilares epistêmicos notados (Cesarino, 2021d): se fossem eliminados os elementos negativos (bifurcação amigo-inimigo) e uma quantidade suficiente de indivíduos mentalizassem todos positivamente (eu-pistemologia), as sociedades poderiam cruzar, todas ao mesmo tempo, um limiar de mudança global (elos ocultos), levando assim ao fim da pandemia.

Esse tipo de raciocínio requer uma confiança incondicional em níveis holísticos de causalidade que, como vimos no primeiro capítulo, é típica da aproximação de bifurcações em sistemas longe do equilíbrio. No início da pandemia, quando seus pacientes começaram a melhorar após tomar os corticoides, o dr. Zeballos pensava: *não pode ser só coincidência*. A "documentação" científica da eficácia dos medicamentos ainda precisaria ser feita,

---

[18] A teoria, que não tem respaldo da comunidade científica, foi proposta por Lyall Watson nos anos 1970 para explicar o fluxo mimético entre macacos japoneses. Um indivíduo teria começado a lavar batatas na água e, após a imitação alcançar um certo limiar (o centésimo macaco), as populações em ilhas vizinhas teriam, por meio de uma consciência coletiva imaterial, adotado aquele mesmo comportamento.

reconheceu ele. Mas ele próprio já sabia qual seria o resultado, pois não duvidava dos dados da experiência. Temos, aqui, a epistemologia da *alt-science* não eliminando, mas *englobando* a epistemologia da ciência normal. Essa certeza era, ainda, fortalecida pelo viés de confirmação interno à bifurcação amigo-inimigo: esses dados também vinham de outros médicos, que entravam em contato relatando resultados convergentes. Colegas me ligam da Itália, de Portugal, ele contou, para comunicar os casos de sucesso com o mesmo protocolo. Mas fica a questão: os colegas teriam ligado para comunicar os fracassos?

É um modelo de reconhecimento bifurcado pois, de modo geral, não havia, nos experimentos conduzidos por médicos individuais, salvaguardas procedimentais suficientes contra vieses de registro, seleção, memória e outros. Nesse sentido, a *alt-science* é o inverso dos circuitos neguentrópicos descritos por Latour e Woolgar ([1979] 1997). Em vez de a equiprobabilidade global ser reduzida a um mínimo, como na ciência normal, ela é continuamente sustentada num público fechado em que o custo para disputar os enunciados sobre a ineficácia dos remédios é próximo de zero. Como no caso do populismo (Cesarino, 2021b), a gestão da probabilidade é então feita por um tipo de *hedging*, ou seja, apostando em várias frentes para maximizar o bônus e minimizar o ônus. Se a eficácia dos remédios não pode ser comprovada em definitivo, ela também não pode ser falseada. Nessas condições, com tantas apostas lançadas nos públicos do tratamento precoce, não devemos nos surpreender se, por acaso, uma delas eventualmente "acertar o milhar".

Em sua forma global, portanto, os públicos do tratamento precoce operavam transformando a pirâmide de evidências num tipo de esquema-pirâmide. Esquemas-pirâmides têm sido notados como uma forma de organização e de produção de (pseudo) valor que tem proliferado com a neoliberalização (Comaroff e Comaroff, 2000; Mirowski, 2012). Em minha leitura, essa é a dinâmica inicialmente assumida pela camada antiestrutural (eixo z) do atrator de Rössler, que, para existir, requer o influxo constante de trajetórias a partir das margens do sistema dominante (eixo x-y). Ela substitui o modelo fordista, baseado em estratificação linear, procedimentos burocráticos e impessoais, e possibilidade de planejamento mediante controle do ambiente. *Grosso modo*, esse modelo também caracterizou a ciência normal durante o século XX, ancorada no financiamento estatal à pesquisa. Essa era a melhor forma de garantir o seu caráter público, assim como sua autonomia contra influências externas. Do contrário, a ciência é facilmente capturada e fragmentada por forças de mercado, numa situação em que, no limite, cada financiador privado pode pagar por sua própria ciência (Conway e Oreskes, 2011).

Diferente dos "mercadores da dúvida" clássicos, o tratamento precoce foi, em larga medida, autofinanciado pelo empreendedorismo dos indivíduos e redes privadas que o compunham (Pinheiro e Emergy, 2022; Cesarino e Silva, no prelo). Como a militância do bolsonarismo político, esse movimento vicejou no colapso de contextos entre ativismo político e empreendedorismo propiciado pela digitalização. Houve algum apoio indireto de recursos públicos, como na distribuição de kits covid por prefeituras nas eleições de 2020 e no "gabinete paralelo" desvelado pela CPI da covid-19. Mas no geral, tudo se passou como na campanha de 2018: empresários (em alguns casos os mesmos, como Luciano Hang e Carlos Wizard), médicos, influenciadores, políticos, jornalistas e pacientes convertidos em apóstolos do tratamento precoce, faziam ativismo gerando capital humano e financeiro para si. Telemedicina, consultas, tratamentos experimentais, cursos, *lives*, canais – todos os envolvidos souberam fazer da crise oportunidade durante a pandemia.

Em analogia com a hegemonia invertida de Chun (2021), podemos pensar a *alt-science* como operando um tipo de paradigma invertido. Os múltiplos segmentos do tratamento precoce seriam "*clusters* agitados" que, sem coerência paradigmática entre si, se conectavam a partir das margens da ciência normal em contraposição a um inimigo comum: o *establishment* científico e acadêmico, a grande mídia, a *big pharma*. A *alt-science* também se aproveita da crise de confiança no "centro", tensionando suas falhas no sentido de um reconhecimento bifurcado regido, de modo mais explícito que no populismo digital, por uma lógica de mercado adaptada às dissonâncias do realismo capitalista pós-2008 (Fisher, 2020).

Assim, a *alt-science* reage aos excessos de corporatização da medicina pela *big pharma* propondo um modelo igualmente mercantilizado, mas que seus defensores veem como sendo mais participativo e "democrático" (Cesarino e Silva, no prelo). A diferença seria o maior controle por parte dos agentes que atuam na ponta: médicos e os próprios pacientes. É uma atitude antissistema baseada em pressupostos de justiça de mercado de viés libertário, complementados pelas mistificações do capitalismo milenarista (Comaroff e Comaroff, 2000). Assim, como na política, em lugar de pesquisadores de elite fixarem caminhos lineares dentro de um paradigma compartilhado, temos um modelo mais próximo a um tipo de *inbound marketing*:[19] uma proliferação de microagentes que lançam suas propostas (que são, também, apostas) nas redes e "colhem" aqueles usuários que se sentem mais influenciados por elas. Não por acaso, boa parte dos empreendedores do tratamento precoce despontaram para a fama com marketing conspiratório e antissistema, em canais ou perfis que alegam trazer, para seus clientes, uma suposta verdade escondida pelo *establishment* midiático, científico e político.

---

19 Traduzível por marketing de atração, é uma estratégia que trabalha de modo indireto, lançando "iscas" pelos ambientes digitais e "pescando" os clientes que se sentem atraídos por elas (comunicação pessoal, Virgínia Squinzani).

Assim, se os grandes ensaios randomizados controlados, considerados o padrão-ouro da ciência biomédica, têm uma estruturação linear e hierárquica do tipo fordista, as compilações de testemunhos pessoais, evidências anedóticas, estudos observacionais e ensaios randomizados de baixa qualidade que fundamentam as alegações de eficácia dos remédios do tratamento precoce têm a estruturação piramidal e em rede típica do neoliberalismo. Isso se manifesta no influxo constante, na base da pirâmide, de novas substâncias, estudos, testemunhos, dados e tratamentos. Como as criptomoedas e outros públicos antiestruturais,[20] a *alt-science* depende da replicação por mímese de seus protocolos para uma rede crescente de influenciadores e pacientes, assim como do isolamento do contraditório (ou seja, da comunidade científica dominante). Isso significa que a comprovação final de sua eficácia está sendo sempre adiada. Se todos os "investidores" no ecossistema resolvessem coletar seus retornos – ou seja, cobrar um veredito definitivo sobre os remédios segundo o padrão-ouro da ciência –, provavelmente se veriam de mãos vazias.

Mas não precisou chegar a esse ponto: como no bolsonarismo político, a dinâmica dos públicos da *alt-science* implica não chegar a esse momento de decisão, mas oscilar dentro de um *double bind* pelo qual novas oportunidades de atuação são buscadas. Com efeito, a dinâmica longitudinal do tratamento precoce logo passou a espelhar as "ondas" sucessivas de pautas e narrativas do bolsonarismo. No início da pandemia, os sucessivos remédios (cloroquina, depois ivermectina etc.) permitiam

---

20 Segundo Golumbia (2016), as critpomoedas seguem a combinação paradoxal de antipolítica e ultrapolítica da extrema direita. Herdaram do tecnoutopianismo uma (falsa) presunção de que por esses meios seria possível escapar da contradição e da política, oferecendo a esperança messiânica de migrar de um sistema corrupto para uma camada autêntica (pois não estatal) da realidade econômica (Paraná, 2020).

contornar os *lockdowns*, devolvendo a mobilidade à população. Com o início da vacinação, o nicho original do tratamento preventivo e precoce foi perdendo sua razão de ser. Muitos médicos-influenciadores lograram pivotar para as novas frentes de mercado que despontavam com a vacinação. Essa adaptação envolveu menos o influxo de novos remédios na base da pirâmide do que a invenção de novas pirâmides.

Ao longo de 2021, o ecossistema do tratamento precoce foi se segmentando entre camadas mais radicalizadas e mais moderadas. Assim como ocorreu com os públicos bolsonaristas após a vitória eleitoral, os grupos outrora dedicados ao tratamento precoce (por exemplo, no WhatsApp e Telegram) ou foram esvaziados e desapareceram, ou foram assumindo um caráter antivax mais abertamente conspiratório. Alguns grupos chegaram a recair numa dinâmica de seita típica. Os não vacinados, incompreendidos pela sociedade, se viam cada vez mais isolados de seu círculo pessoal ou de trabalho. Nesses grupos, encontravam acolhimento por parte de outros na mesma situação, e até mesmo um reconhecimento especial por estarem entre os poucos que ainda teriam o "sangue puro" no Brasil.

Em meados de 2021, esses públicos voltaram a convergir com os do bolsonarismo político em torno da pauta do "passaporte sanitário". Esse inimigo comum se mostrou um potente agregador de hegemonias invertidas, pois prescindia do fato de estar ou não vacinado: dizia respeito, antes, a um suposto projeto autoritário de controle social pelo *establishment*. Calcada no metacódigo liberdade-autoritarismo, essa pauta remetia às origens desses públicos nos movimentos *antilockdown*. Nos segmentos mais radicalizados, essas narrativas conspiratórias foram recombinadas com outras, como aquelas historicamente alimentadas pelas Forças Armadas brasileiras: o anticomunismo e a cobiça internacional sobre a Amazônia (Motta, 2002). Influenciadores antivax se popularizaram, ocupando nichos de ação em interface estreita com públicos bolsonaristas mais radicalizados, do Telegram ao Círculo Militar. Médicos como Maria Emília Gadelha Serra, cujo *branding* incluía ter "sangue viking", desencorajavam abertamente a vacinação, referindo-se às vacinas como experimentos de alto risco. Com o maior controle de conteúdo antivax nas plataformas do *mainstream*, esses influenciadores passaram a hospedar seus vídeos mais explícitos no Telegram e em sites alternativos como o Rumble e a Covidflix, cuja estética "estranho-familiar" mimetizava plataformas como YouTube e Netflix.

Já nos segmentos mais moderados do ecossistema, a vacinação era, no geral, aceita como medida eficaz de combate à pandemia. Contudo, ela era entendida estritamente na chave da escolha individual dos pacientes, tendo sido inclusive sugerida, como no caso do kit covid, sua compra e distribuição por agentes privados como empresários. Médicos-influenciadores viram oportunidades para pivotar seus serviços do nicho decadente do tratamento preventivo e precoce da covid-19 para os nichos emergentes do acompanhamento pós-vacina e mercado de atestados. Segundo apuração de Silva (2022), muitos passaram a oferecer exames e acompanhamento clínico de supostos efeitos adversos ou crônicos decorrentes da vacinação, em consultas da ordem de centenas e mesmo milhares de reais. Vendiam atestados médicos justificando a opção pela não vacinação, muitas vezes sem realizar consultas físicas.

Esse caso mostra bem a complementaridade funcional entre segmentos refratados e de superfície também observada no bolsonarismo político. A atmosfera de medo criada pela enxurrada de narrativas conspiratórias e relatos de efeitos adversos e mortes pós-vacina (incluindo vídeos de crianças mortas ou convulsionando) no Telegram, WhatsApp ou YouTube empurrava pessoas já vacinadas e pais assustados para os serviços oferecidos por esses médicos no Instagram. Do mesmo modo, o presidente Bolsonaro não precisa expressar enunciados radicais, pois sua ambiguidade individual é complementada, de forma microdirecionada, pela voz cibernética de seu corpo digital (Cesarino, 2020a). Essas observações convergem com o argumento de Empoli (2019) de que os segmentos mais radicalizados dos populismos digitais, embora reduzidos quantitativamente, são condição necessária à eficácia dessas lideranças nas arenas políticas convencionais.

Embora os públicos da *alt-science* pretendessem se limitar à dimensão técnico-científica, eles eram regidos pela mesma gramática da liberdade-controle da máquina de ressonância bolsonarista. A eficácia dos remédios era de ordem sobretudo *social*: eram baratos, de fácil acesso, permitiam retirar a gestão da pandemia da esfera do Estado e de seus experts, devolvendo o controle aos médicos e, aos pacientes, a mobilidade. Enquanto os médicos que defendiam as políticas sanitárias eram vistos como manipulados pela grande indústria farmacêutica, os médicos pela vida e pela liberdade se vendiam como salvando vidas e produzindo conhecimento real na "linha de frente" da pandemia. Causalidades de ordem biofísica tinham pouca ou nenhuma incidência nesse tipo de eficácia. Assim como a alta ambiguidade da comunicação populista (Cesarino, 2021b), a alta equiprobabilidade na interface corpo-vírus propiciava uma ampla gama de modos retrospectivos de atribuição de causalidade (Cesarino, 2021e).

De um ponto de vista cibernético, a eficácia sociotécnica de todos esses públicos parece derivar da sua afinidade com a dinâmica involutiva do realismo capitalista (Fisher, 2020). Quando se abriu o estado de exceção científico e político durante o primeiro ano da pandemia, os públicos do tratamento precoce trabalharam com práticas médicas, exames diagnósticos, remédios que já estavam disponíveis. Quando, no ano seguinte, o contexto se inverteu com a implementação de uma política pública coordenada (a vacinação), esses agentes passaram a se colocar como aqueles que evitariam um mal maior. Assim como o que o bolsonarismo tem a oferecer é impedir a suposta volta do comunismo, da corrupção etc., o que os públicos da *alt-science* oferecem, uma vez controlada a pandemia, é a proteção contra ameaças que eles próprios projetam: o atestado para que o filho não se vacine e assim evite um AVC, o acompanhamento clínico dos supostos efeitos crônicos da vacinação etc. Chegamos, como no caso da política, a uma topologia similar à do atrator de Rössler. Os segmentos conspiratórios, embora relativamente reduzidos, exercem a função chave de operar a dupla torção que bifurca os dois lados do atrator. É ela que propicia que os públicos da *alt-science* coemerjam numa relação antiestrutural com a ciência e a mídia do *mainstream*, as quais mimetizam de forma invertida ou, nos termos de Gray, Bounegru e Venturini (2020), "estranho-familiar". Assim, segmentos antivacina e outros situados em camadas mais subterrâneas como o Telegram, e os novos nichos do mercado médico em plataformas de superfície como o Instagram, coemergem como parte de uma mesma ecologia de mídia.

Assim, embora se considere uma ciência, a *alt-science* apresenta formas de produção de verdade que se parecem menos com as da ciência normal do que com as do marketing – em que, nos termos de Mirowski (2019), verdade é "o que quer que venda". No vácuo regulatório das e nas novas mídias, os novos mercadores da dúvida vicejam sem grandes empecilhos: não estão dadas, estruturalmente, as condições para discernir se os produtos que vendem são autênticos ou fraudulentos (Cesarino, 2021e). Sem procedimentos de falseabilidade, há, nesses públicos, apenas feedbacks de ordem mercadológica. Não há nem mesmo o feedback negativo da competição, pois essa relação foi transposta para a fronteira de bifurcação na forma da dinâmica conspiratória de guerra contra um inimigo externo. Dentro do público antiestrutural (o campo do amigo), não há concorrência, apenas reconhecimento mútuo: *where we go one, we go all*.

Chegamos, assim, ao ponto em que podemos diferenciar crítica de conspiracionismo, ciência normal de *alt-science*: menos por seu conteúdo do que por sua cronotopologia. A crítica ainda mantém algum compromisso com o modelo de reconhecimento universal e seus procedimentos. Já o conspiracionismo implica a dupla torção do reconhecimento bifurcado, contra algum tipo de *establishment*: as elites científicas e acadêmicas, a grande mídia etc. Esta última talvez seja o metainimigo unificador de todos esses públicos, pois é essa relação de antagonismo que propicia a emergência da própria rede na qual esses atores se situam: para que eles existam enquanto tais, é preciso que a verdade possa ser encontrada *apenas nas mídias alternativas*. Daí, também, a reação virulenta de influenciadores contra quaisquer tentativas de regulação da desinformação, que são prontamente denunciadas como censura autoritária.

Assim, se o fascismo é a antiestrutura da democracia liberal, algo semelhante pode ser dito do conspiracionismo com relação à ciência. Nesse mundo invertido, a verdade da natureza é acessada pela via da experiência pessoal, enquanto grandes causalidades são explicadas em termos sociais, pela revelação de agentes ocultos. Como colocaram Harding e Steward (2021), o conspiracionismo é o retorno do "iluminismo com uma vingança" (: 235): a promessa do conhecimento transparente sobre o fato objetivo, porém nos termos de uma bifurcação na qual de um lado há apenas escuridão e engano, e do outro, a pura verdade e autenticidade. Eu diria que é o iluminismo para as massas, num contexto em que as elites de peritos que antes serviam de "farol" para a sociedade como um todo não apenas estão desacreditadas mas também passam a ser vistas como inimigas de uma ordem moral ameaçada. Como no fascismo, são movimentos que podem entrar em *runaway* e, portanto, numa deriva suicidária, como às vezes ocorre com seitas e cultos.

Essa explicação cibernética pode ajudar, inclusive, a entender a tenacidade do antissemitismo em teorias da conspiração, e da ressurgência neonazista em muitos cantos da internet hoje. Para além do lugar estrutural do judaísmo como pano de fundo identitário a partir do qual o cristianismo se fundou como religião de reconhecimento universal, a partir do Holocausto a figura do judeu passou a ser entendida numa dialética com seu oposto, o nazista ou fascista. No Brasil e alhures durante a pandemia, o simbolismo desse par apareceu em protestos contra o passaporte vacinal e outras medidas de controle sanitário. Elas eram comparadas à marcação de judeus na Alemanha nazista, ao mesmo tempo que se denunciava a Nova Ordem Mundial ou grandes empresas globalistas como a Pfizer como sendo comandadas por judeus. A aparente contradição se explica pelo fato de essas narrativas operarem um englobamento do contrário em que o judeu (vítima) se torna a elite conspiradora com aspirações de dominação total –transformando-se, assim, em seu oposto, o nazista (algoz).

Ao simbolizar os limites do dizível e do pensável na cultura ocidental, a referência ao nazismo e ao Holocausto aponta para os extremos desse sistema e, portanto, para possibilidades de inversão antiestrutural. Num sentido similar, a explicação cibernética pode iluminar um dos melhores produtos da internet, a "lei de Godwin". Criada em 1990 com base na experiência de fóruns de discussão online, ela afirma: "À medida que uma discussão online se alonga, a probabilidade de surgir uma comparação envolvendo Adolf Hitler ou os nazistas tende a 100%". A referência ao nazismo em qualquer discussão que escale para um clímax indica a aproximação de um limiar de bifurcação cismogênico. Enquanto caso extremo de *runaway* na história recente do Ocidente, o nazismo representa o limite das contradições internas desse sistema.

Finalmente, um dos corolários da lei de Godwin é que, quando alguém evoca a analogia com o nazismo, a discussão como um todo deve ser encerrada. Nos termos da cismogênese em estágio avançado, chegar a esse ponto significa que a forma da comunicação – no caso, a rivalidade – assumiu precedência com relação a seu conteúdo, ou seja, não fazendo sentido continuar o debate.

Nesses contextos, a referência ao nazismo se encontra completamente descolada de fundamentos factuais: não há como comparar, materialmente, o que ocorreu nos campos de concentração com ser impedido de frequentar estabelecimentos comerciais por não ter passaporte vacinal. Pensando com Bateson, talvez essa referência tenha a mesma metafunção paradoxal do cão que mostra os dentes para seu rival: *evitar* o cisma de fato (uma luta até a morte, como *de fato* ocorreu com o fascismo). E talvez, nesse caso, o ambiente digital – ou, mais precisamente, a separação entre as camadas on e off-line – desempenhe um papel semelhante ao do portão que permite que os cães se ameacem à vontade, cientes de que o risco de confronto direto ou extermínio físico tende a zero.

SOBRE FINS E RECOMEÇOS

Na conclusão de *Os engenheiros do caos*, Empoli (2019: 44) sugere que a dinâmica de explosão do centro pelas margens acelerada pelas novas mídias torna o sistema sociopolítico cada vez mais instável: "Até quando será possível governar sociedades atravessadas por impulsos centrífugos cada vez mais potentes?", ele pergunta. Este livro converge com seu diagnóstico sobre as inversões antiestruturais. Porém, sugere que a mesma infraestrutura que acelera a desorganização sociotécnica está, simultaneamente, propiciando formas emergentes de reorganização. Em meio ao turbilhão da história, ninguém é capaz de ver o "todo" para o qual nossas sociedades caminham. Mas alguns padrões parecem já estar suficientemente claros. A polaridade entre soberania/populismo e governamentalidade/tecnocracia, por exemplo, que marca o delicado equilíbrio do Estado democrático de direito, está menos desaparecendo do que sendo redesenhada. As novas mídias parecem estar propiciando uma bifurcação transversal em que uma camada comunicativa "populista" orientada por uma política de afetos passa a coexistir com camadas menos visíveis de controle e governo por vias algorítmicas e tecnocráticas.

Essa reorganização emergente é multiescalar e perpassa os processos analisados nos capítulos anteriores em todas suas dimensões: técnica, cognitiva, sociopolítica, epistêmica. O modelo do atrator de Rössler trazido no primeiro capítulo permite visualizar como essas transformações antiestruturais se dão sempre em três níveis articulados, que espelham as etapas rituais propostas por Turner ([1969] 2013): (1) o desengajamento das trajetórias locais do lóbulo principal do sistema a partir de suas margens (*x-y*); (2) o estado liminar regido por um novo metaenquadramento no eixo z; e (3) a reinjeção das trajetórias no sistema principal, agora modificadas por novas ferraduras. Em um nível, temos a eu-pistemologia individual; no outro, as escalas holísticas das conspiritualidades e afins; e entre os dois, as novas formas de reintermediação sociotécnica baseadas no reconhecimento bifurcado. Ou, nos termos dos slogans do QAnon: faça sua própria pesquisa (*do your own research*), confie no plano (*trust the plan*) e onde vão um, vamos todos (*where we go one, we go all*). Acredito que esse modelo geral possa ser estendido a outras esferas. Nos termos do cristianismo, por exemplo, remetem à trindade: Jesus como escala eu-pistemológica, Deus como escala holística, e o Espírito Santo como articulação segmentar do social em momentos carismáticos como o cristianismo primitivo, mas que foi, ao longo da história do Ocidente, burocratizado na forma da Igreja e secularizado na forma do Estado moderno, e que hoje retorna nos movimentos carismáticos do período neoliberal (Reinhardt, 2015; Abreu, 2021). Também podemos estendê-lo a considerações sobre economia. Hoje, difunde-se um pressuposto de que a prosperidade advém do esforço individual, que maximiza suas chances quando complementado por causalidades invisíveis em algum plano holístico como intuição, torcer a favor, Deus, Espírito Santo, energias, signos, a mão invisível do mercado, sorte nos investimentos do capitalismo de cassino e outras tendências da teologia econômica contemporânea (Comaroff e Comaroff, 2000). Intervêm, entre esses dois extremos, comunidades de destino às quais o indivíduo dedica laços de lealdade e confiança – espaços seguros nos quais ele pode se apoiar para tentar avançar a própria trajetória. Como, após quatro décadas de delapidação neoliberal, os cidadãos não encontram mais essa segurança nas instâncias públicas da política, da educação, do direito, da saúde (Brown, 2012), eles a encontram, em larga medida, em instâncias privadas: a família, a igreja, as redes pessoais e de trabalho, o pequeno empreendimento, os novos *coaches* e gurus, a empresa pela qual os colaboradores devem se sacrificar se preciso for, pois o seu destino será o mesmo que o dela.

Trata-se de uma imagem do social bem diferente da que predominou ao longo do século XX, baseada em ideias de sociedade civil, esfera pública liberal e Estado democrático de direito. Ela foi plasmada, nas últimas décadas, pela contaminação de todas as esferas da vida pela lógica de mercado (Brown, 2012) – sendo a nossa própria cognição e atenção a última fronteira desse extrativismo (Chun, 2016; Neto, 2020; Zuboff, 2021). Cabem algumas palavras finais nessa direção, visto que, como num enquadramento da Gestalt, é o que ficou no pano de fundo que se mostrou o pivô para integrar tudo o que foi discutido ao longo destas páginas.

A época neoliberal é marcada pela cronotopologia de crise permanente descrita acima: uma ferradura entre um presentismo exacerbado e um horizonte de futuro longínquo obscuro, inacessível ou apocalíptico (Comaroff e Comaroff, 2000; Guyer, 2007; Chun, 2011, 2016; Fisher, 2020). Não perfaz, portanto, um processo linear e incremental, como no período keynesiano-fordista, mas um estado instável de ritmo involutivo e oscilatório. Ele se desdobra em múltiplas escalas que ressoam juntas, porém sem formar um todo coerente. Fisher (2020), por exemplo, notou como o *boom* e *bust* da economia financeirizada corresponde, no plano da saúde mental dos sujeitos, a ciclos contraditórios de depressão e euforia. Num nível planetário, há a oscilação crescente entre eventos climáticos extremos (seca e chuva, frio e calor), e o aumento de instabilidades geopolíticas como as invasões russas na Ucrânia.

O que Fisher (2020) chamou de realismo capitalista – o desaparecimento da alternativa ao capitalismo neoliberal

– descreve um fechamento do sistema sobre si mesmo, levando às inversões que trouxemos aqui. Os piores efeitos do capitalismo são assim positivados: a crise vira oportunidade, a instabilidade vira flexibilidade, a insegurança vira assumir riscos, a precariedade vira networking e *exposure*. No âmbito midiático da guerra cultural, essas inversões chegam a extremos como afirmar que africanos foram escravizados por serem mais eficientes, e perpassam as técnicas morais impostas ao trabalho pela ideologia neoliberal. Ter resiliência e força – ser "guerreiro" – perfaz o mesmo englobamento do feminino pelo masculino observado na convergência ultraliberal-conservadora, em que pautas como direitos redistributivos passam a ser vistas como feminilizantes (Lakoff, 2009).

A alternativa para quebrar a temporalidade involutiva do realismo capitalista – pela qual devemos fazer cada vez mais apenas para continuarmos onde já estamos – deixa de ser a organização coletiva em torno de futuros alternativos. Tanto a crise como sua resolução passam a ser pensáveis apenas pela via individual: "Não há crise que resista ao trabalho". A saída possível é ganhar muito dinheiro rapidamente tornando-se investidor ou celebridade, ou então pela adesão às mistificações messiânicas dos populismos digitais, das criptomoedas ou afins. Os públicos antiestruturais propiciam, nesse sentido, simulacros de alternativas ao vazio do que Fisher (2020) chamou de estalinismo de mercado, em que valor é gerado por percepções autorreferenciais do próprio sistema, e não pela relação com um entorno externo.

Essas inversões manifestam, portanto, menos um novo paradigma estável do que a perpetuação contraditória da crise. O sistema como um todo é talhado para a produção em série de *double binds*: quanto mais eu trabalho e me esforço, menos prosperidade eu obtenho; enquanto consumidor sou o centro do mundo e enquanto trabalhador tenho cada vez menos direitos e retornos. Essas contradições, resultado de causalidades sistêmicas, não são apreensíveis por meio dos "circuitos curtos" (Bateson, 1972) da eu-pistemologia. As narrativas conspirituais e messiânicas oferecem atalhos cognitivos para sair do dilema, além da fantasia de que é possível aos indivíduos retomarem o controle: basta se unir com as pessoas certas para desmascarar e eliminar o inimigo. Todavia, como sugerimos, isso só transfere o *double bind* de lugar: quanto mais eu luto contra o inimigo, mais ele parece tomar conta do Brasil; quanto mais eu busco uma política fora do sistema, mais mundana e fisiológica ela fica.

O que falta a esses sujeitos, como ao esquizofrênico segundo Bateson (1972), é um metaenquadramento estável, vindo de uma autoridade coerente na qual se confia. Intuitivamente, parece ser essa integração entre sujeito e mundo – o que Sapir ([1924] 2012) chamou de uma cultura autêntica – que muitos estão buscando nos públicos conspiratórios e populistas. Nos ritos de passagem ndembo, a saída do estado liminar é conduzida por um oficiante que incute nos noviços o núcleo cultural daquele povo, possibilitando assim sua reintegração à ordem social (Turner, [1969] 2013). Já no atual contexto do capitalismo pós-2008, não obstante as fantasias conservadoras e reacionárias de retorno a um passado mais autêntico, não há uma ordem tradicional para a qual retornar, pois hoje, ainda mais que antes, tudo o que é sólido desmancha no ar. Uma eventual nova ordem está coemergindo na e pela própria crise, e seus contornos ainda são incertos.

No mesmo sentido, a posição antiestrutural que muitos dos usuários encontram satisfação em ocupar expressa, do ponto de vista local, uma experiência de já se sentirem "livres" de um sistema cuja legitimidade não mais reconhecem. Mas isso não significa que os sujeitos estejam de fato livres: apenas que se encontram num sistema longe do equilíbrio que ainda busca uma nova organização global. Nesse interregno no qual uma grande variedade de sintomas mórbidos proliferam, a vontade de liberdade contra o sistema significa seguir na luta pela existência, num contexto de crise permanente em que as estruturas que organizavam a justa distribuição do reconhecimento (política) e das chances de futuro (economia) não parecem funcionar adequadamente.

Chegamos, aqui, ao principal catalisador da convergência ultraliberal-reacionária do pós-2008: o ponto em que a gramática neodarwinista da luta pela existência se confunde com a gramática iliberal da guerra (Cesarino, 2021c; Andrade, 2021). Essa convergência se fundamenta numa antropologia comum: pressupostos sobre o que seria natural, porque espontâneo, no humano. É aí que se ancora a presunção de autenticidade do livre mercado e seu complemento, a moralidade tradicional (Brown, 2019), que fundamenta a posição antiestrutural de boa parte dos públicos mapeados aqui. Essa posição não é anticapitalista, mas, pelo contrário, hipercapitalista. Ela trabalha menos com uma utopia a perseguir (como o marxismo, ou o progressivismo) do que com um simulacro de distopia a evitar (a ameaça comunista, a ditadura gayzista etc.). Ao fazê-lo, ela apenas faz vir à tona aquilo que *já está dado* na sociedade, num tipo de aceleracionismo puramente extrativo que não reconhece freios.

É a partir do pano de fundo do realismo capitalista que entendemos por que tantos brasileiros hoje sentem que precisam de liberdade: sua prosperidade e a de suas famílias estaria sendo bloqueada pelas regulações do Estado democrático de direito. O bolsonarismo convenceu a muitos de que se armar é a garantia última desse direito fundamental: como postou o assassino do campeão de jiu-jitsu Leandro Lo, "a arma de fogo anula a tirania do mais forte e protege a integridade do mais fraco". Todavia, ao suspender e enfraquecer as estruturas regulatórias, como fez o presidente durante a pandemia, o que a convergência ultraliberal-reacionária liberta não é uma autenticidade preexistente no mercado, no indivíduo, na família, na nação ou em Deus – mesmo porque, como a antropologia tem demonstrado há mais de um século, não existe uma autenticidade do humano fora de estruturas socioculturais. O que ela liberta é um estado caótico e oscilatório em que há quebra generalizada de confiança social, e torna-se cada vez mais difícil discernir autenticidade de fraude, fato de ficção, espontaneidade de manipulação. Esse resultado não surpreende: em uma passagem pouco notada de suas derradeiras aulas sobre o neoliberalismo, Foucault ([1979] 2010) já havia apontado que a regulação dos mercados surgiu na Europa do século XVI, sobretudo, para inibir fraudes.

O neoliberalismo pode ser entendido como o capitalismo entrando em estado de *runaway*, após o fim do período histórico que lhe oferecia um contraponto geopolítico (a Guerra Fria). Sem os feedbacks negativos propiciados por uma alternativa a esse sistema, contempla-se a perspectiva de sua exaustão pelas próprias contradições internas – desta vez, na chave da crise climática (Roque, 2021). O que Stengers (2015) chamou de intrusão de Gaia envolveria um feedback negativo do entorno – ou seja, aquela parte do planeta que ainda não foi capturada pela lógica do capital – que forçaria uma reestruturação interna do sistema ou, alternativamente, seu colapso. Os processos involutivos notados neste livro também seriam sinais dessa exaustão.

É preciso, portanto, rever o conhecido adágio de que "é mais fácil conceber o fim do mundo que o fim do capitalismo". Do ponto de vista interno ao sistema, o realismo capitalista está de fato interditando a imaginação coletiva de uma reestruturação capaz de impedir o colapso. Nesse sentido ele é, como o fascismo, um sistema de deriva suicidária, só que de prazo bem mais alongado. Reações comuns a esse possível fim da história têm sido negar que ele seja um fim do mundo. Nos públicos que abordamos aqui, circula um tecnoutopianismo de base libertária que se apega à evolução tecnológica como forma de seguir no mesmo caminho sem prejuízo – ou, pelo menos, sem prejuízo para aqueles no topo da pirâmide, que já vislumbram seus *bunkers* de luxo e estações espaciais, enquanto seus seguidores seguem enfeitiçados pela renovação da promessa capitalista de ficar rico rapidamente com criptomoedas e outros esquemas-pirâmide disfarçados de investimento.

Uma segunda possibilidade de negação do fim do mundo, que, paradoxalmente, faz dele uma profecia autocumprida, é o neoliberalismo predatório que vemos no núcleo bolsonarista. Na prática, o que o bolsonarismo propõe não é um horizonte novo de futuro, mas tão simplesmente levantar as amarras que restam para que o capitalismo possa seguir predando as condições da própria existência (Cesarino, 2021c). A corrosão das políticas ambientais para "deixar passar a boiada" de garimpeiros, madeireiros e agronegócio predatórios do patrimônio coletivo dos brasileiros é apenas o exemplo mais contundente dessa tendência, reforçada pelos conspiracionismos gestados há décadas nas casernas e nos clubes militares. Na pandemia da covid-19, vimos os efeitos catastróficos da terceirização da saúde pública para agentes privados movidos pelo pensamento conspiratório. Por essas vias, o bolsonarismo avança a corrosão gradual das condições para a consolidação do reconhecimento universal (re)instaurado em 1988. Ao mesmo tempo, abre vácuos para processos de reintermediação nos moldes do reconhecimento bifurcado, em que o privado engloba o público: seja por vias mercadológicas como na *alt-science*, por vias fisiológicas como no pacto com o Centrão, ou por vias militarizadas como nas milícias e no armamento da população civil.

Por outro lado, é certo que o entorno do sistema capitalista – o que chamamos de mundo, natureza, planeta – persistirá sem ele, como ocorreu tantas vezes na história humana e animal. Isso não significa, contudo, que o que nos espera seja uma catástrofe linear, epitomizada na onipresente metáfora do meteoro. Danowski e Viveiros de Castro (2017) argumentaram que o fim do mundo é um evento não linear e relacional, envolvendo uma coemergência entre agentes e *seus* mundos. Isso significa, por um lado, que há segmentos sociais para os quais o mundo está acabando há muito tempo: a juventude negra nas periferias pelas mãos da polícia ou do tráfico, os povos indígenas pelas mãos dos garimpos e epidemias (Kopenawa e Albert, 2019; Krenak, 2020). Por outro, quer dizer que o fim do mundo se desenrola numa cronotopologia fractal. Enquanto tal, seus efeitos não necessariamente chegarão na forma direta de catástrofes naturais – embora eventos climáticos extremos e pandemias possam se tornar cada vez mais frequentes. Muitos dos sinais de involução e irreversibilidade da crise podem chegar na forma de efeitos de ordem social – inclusive alguns dos apontados aqui.

Para a leitora atenta, já deve estar claro que a perspectiva deste livro implica certo ceticismo com relação à capacidade de indivíduos (e famílias) se contraporem a essas tendências sistêmicas: fazemos história, mas não nas condições que nós próprios escolhemos. Mas minha resposta otimista para esse dilema não é a visão convencional de que, dentro dos limites de sua amplitude de escolha, os indivíduos podem sim fazer alguma diferença no todo. Se há alguma esperança de evitar a democratização do fim do mundo pelo capitalismo, ela está, contraditoriamente, na capacidade de adaptação do próprio sistema. Em lugar da catástrofe – uma reacomodação forçada vinda de fora –, ele pode ir encontrando, em meio a seus próprios mundos invertidos, uma reorganização que viabilize sua continuidade: não um fim do mundo, mas um fim deste mundo.

AGRADECIMENTOS

A não linearidade sobre a qual versa este livro não está apenas em sua perspectiva (meta)teórica e nos fenômenos analisados: também marcou as condições nas quais ele foi produzido. Boa parte destas páginas foi escrita em situações liminares: antes do nascer do sol, entre um compromisso e outro, em salas de espera, no carro, em portões de embarque. Muitos dos textos aqui referenciados foram "lidos" por aplicativos de inteligência artificial enquanto eu dirigia, cozinhava ou passeava com os cachorros. Assim como nos fenômenos analisados aqui, algum tipo de ordem parece ter emergido desse caos – não nos parágrafos individuais, mas no todo.

Certa vez, o fundador do estruturalismo na antropologia, Claude Lévi-Strauss, afirmou que não escrevia seus livros, mas que eram os livros que se escreviam através dele. Com efeito, ideias vindas de muitos lugares e tempos diferentes participaram de sua composição, e este é o momento de reconhecer esses interlocutores. Coautores, que me ajudaram a pensar fios importantes: Victor Silva, Pedro Nardelli, Daniel Andrade, Mariana Côrtes, Guilherme Casarões, Piero Leirner, Leonardo Nascimento e Paulo Fonseca. Um agradecimento especial aos dois últimos, parceiros na exploração de novas fronteiras entre a pesquisa computacional e antropológica, e demais participantes do Projeto Telegram na Universidade Federal de Santa Catarina (UFSC) e na Universidade Federal da Bahia (UFBA), e o InternetLab, na pessoa de Francisco Brito Cruz. A minhas orientandas, estudantes e colegas da UFSC. A minha eterna professora Mariza Peirano, primeira a me sugerir a escrita deste livro. Agradeço aos colegas estrangeiros pelo diálogo sobre muitos dos pontos trazidos aqui. Donna Goldstein, Kristen Drybread, Kira Hall, Rodrigo Borba e demais colegas da Society for Linguistic Anthropology. Subir Sinha, Sarthak Bagchi, Lipika Kamra, Nürhak Polak, Yazan Doughan, Timothy Makori, Wiebe Nauta, Gonzalo Crovetto, Cathrine Bublatzky, Simone Pfeifer, Maria José de Abreu, Valentina Napolitano, Katerina Hatzikidi, pelos convites para trocas internacionais com o Sul e Norte globais.

A "pandemia de *lives*" me permitiu compartilhar ideias com colegas de inúmeras instituições brasileiras e com o público não acadêmico. Seria temerário mencionar nomes aqui pois inevitavelmente esqueceria alguém. Tentei compensar, em parte, citando alguns deles nos capítulos. Agradeço também à *hivemind* do Twitter – a captura icônica das redes sociais me impede até de lembrar de alguns dos nomes.

Por fim, agradeço a minha família/matilha, pelo espaço seguro em meio ao longo interregno durante o qual essas palavras foram gestadas: Bruno, cujas ideias também estão aqui; Mathias e Iara, meus filhotes humanos; King, Zuma, Rose, Ori, com quem aprendo na prática sobre as "premissas do comportamento mamífero" de que Bateson tanto fala nos livros. Os caninos, sempre lembrando que meu corpo ainda é o mesmo da época em que nossas espécies fecharam sua bem-sucedida parceria evolutiva, nem nos piores momentos da pandemia deixaram que eu me acomodasse no sedentarismo. Aos parentes por afinidade e por vizinhança, em Florianópolis, Minas Gerais e alhures. A meus irmãos Sócrates e Gui, que, por razões diferentes, sei que vão adorar este livro. E, finalmente, minha mãe, Vera Lúcia, e meu pai *in memoriam*, Guilherme Cesarino, meus maiores fãs e apoiadores incondicionais – a eles dedico estas páginas.

REFERÊNCIAS BIBLIOGRÁFICAS

ABIDIN, Crystal
2018. *Internet Celebrity: Understanding Fame Online*. London: Emerald.
2021. "From 'Networked Publics' to 'Refracted Publics': A Companion Framework for Researching 'Below the Radar' Studies". *Social Media + Society*, v. 7, n. 1, pp. 1-13.

ABREU, Maria José
2019. "Before Anything, above All: No Decision". *The Immanent Frame*, 9 abr.
2021. *The Charismatic Gymnasium: Breath, Media, and Religious Revivalism in Contemporary Brazil*. Durham: Duke University Press.

AKRICH, Madeleine
2014. "Como descrever os objetos técnicos?". *Boletim Campineiro de Geografia*, v. 4, n. 1, pp. 161-86.

ALMEIDA, Mauro
2008. "A fórmula canônica do mito", in Claude Lévi-Strauss, *Leituras brasileiras*. Belo Horizonte: Ed. UFMG.

ANDERSON, Benedict
2008. *Comunidades imaginadas*, trad. Denise Bottmann. São Paulo: Cia. das Letras.

ANDRADE, Daniel
2021. "Neoliberalismo e guerra ao inimigo interno: Da Nova República à virada autoritária no Brasil". *Caderno CRH*, v. 34, pp. 1-34.
__ & Guilherme CASARÕES
2020. "Market Must Be Defended: O regime de verdade do neoliberalismo autoritário na crise pandêmica". *Anais do 44° Encontro Anual da Anpocs*, 1-11 dez. São Paulo: Anpocs.

__, Mariana CÔRTES & Silvio ALMEIDA
2021. "Neoliberalismo autoritário no Brasil". *Caderno CRH*, v. 34, pp. 1-25.

ANSELL, Aaron
2018. "Impeaching Dilma Rousseff: The Double Life of Corruption Allegations on Brazil's Political Right". *Culture, Theory and Critique*, v. 59, n. 4, pp. 312-31.

ASAD, Talal
1993. *Genealogies of Religion: Discipline and Reasons of Power in Christianity and Islam*. Baltimore: Johns Hopkins University Press.

ASPREM, Egil & Asbjørn DYRENDAL
2015. "Conspirituality Reconsidered: How Surprising and How New is the Confluence of Spirituality and Conspiracy Theory?". *Journal of Contemporary Religion*, v. 30, n. 3, pp. 367-82.

AUSTIN, John
[1962] 1990. *Quando dizer é fazer: Palavras e ação*, trad. Danilo de Souza Filho. Porto Alegre: Artes Médicas.

AVELAR, Idelber
2021. *Eles em nós: Retórica e antagonismo político no Brasil do século XXI*. Rio de Janeiro: Record.

BARKUN, Michael
2013. *A Culture of Conspiracy: Apocalyptic Visions in Contemporary America*. Berkeley: University of California Press.

BARROS, Thomás de & Miguel LAGO
2022. *Do que falamos quando falamos de populismo*. São Paulo: Cia. das Letras.

BATESON, Gregory
[1936] 2008. *Naven: Um esboço dos problemas sugerido por um retrato compósito,*

realizado a partir de três perspectivas, da cultura, trad. Magda Lopes. São Paulo: Edusp.

[1945] 1980. "An Analysis of the Nazi Film 'Hitlerjunge Quex'". *Studies in Visual Communication*, v. 6, n. 3, pp. 20-55.

1972. *Steps to an Ecology of Mind: Collected Essays in Anthropology, Psychiatry, Evolution, and Epistemology*. Chicago: University of Chicago Press.

BEAR, Laura
2016. "Time as Technique". *Annual Review of Anthropology*, v. 45, n. 1, pp. 487-502.

BENJAMIN, Walter
[1942] 2020. *Sobre o conceito de História*, trad. Adalberto Müller e Márcio Seligmann-Silva. São Paulo: Alameda.

BERKOWITZ, Reed
2021. "QAnon Resembles the Games I Design. But for Believers, There Is No Winning". *Washington Post*, 11 mai.

BICKERTON, Christopher & Carlo ACCETTI
2021. *Technopopulism: The New Logic of Democratic Politics*. Oxford: Oxford University Press.

BIJKER, Wiebe, Thomas HUGHES & Trevor PINCH (orgs.)
[1987] 2012. *The Social Construction of Technological Systems, Anniversary Edition*. Cambridge: MIT Press.

BLANCKE, Stefaan & Johan DE SMEDT
2013. "Evolved to Be Irrational? Evolutionary and Cognitive Foundations of Pseudosciences", in M. Pigliucci & M. Boudry, *Philosophy of Pseudoscience*. Chicago: University of Chicago Press, pp. 361-79.

BLOMMAERT, Jan
2020. "Political Discourse in Postdigital Societies". *Trabalhos Em Linguística Aplicada*, v. 59, pp. 390-403.

BOAS, Franz
[1889] 1999. "Sobre sons alternantes", in *A formação da antropologia americana 1883-1911*, trad. Rosaura Maria Cirne Lima Eichenberg. Rio de Janeiro: Contraponto, pp. 98-104.

BOELLSTORFF, Tom
2012. "Rethinking Digital Anthropology", in H. A. Horst & D. Miller (orgs.), *Digital Anthropology*. New York: Routledge. pp. 39-60.

BOYD, Danah
2008. *Taken Out of Context: American Teen Sociality in Networked Publics*. Tese de doutorado. Berkeley: University of California, Berkeley.

2010. "Social Network Sites as Networked Publics: Affordances, Dynamics, and Implications", in Z. Papacharissi (org.), *Networked Self: Identity, Community, and Culture on Social Network Sites*. New York: Routledge, pp. 39-58.

BRATTON, Benjamin
2016. *The Stack: On Software and Sovereignty*. Cambridge: MIT Press.

BROWN, Wendy
2015. *Undoing the Demos: Neoliberalism's Stealth Revolution*. New York: Zone Books.

2019. *Nas ruínas do neoliberalismo*, trad. Mario Marino e Eduardo Santos. São Paulo: Politeia.

__ & Daniel DENVIR
2021. "Explicando nossos sintomas mórbidos políticos". *Jacobin Brasil*, 30 jun.

BRUNO, Fernanda & Paulo VAZ
2002. "Agentes.com: Cognição, delegação, distribuição". *Contracampo*, n. 7, pp. 23-38.

BUCHER, Taina
2018. *If... Then: Algorithmic Power and Politics*. New York: Oxford University Press

__ & Anne HELMOND
2017. "The Affordances of Social Media Platforms", in J. Burgess *et al.* (orgs.), *The SAGE Handbook of Social Media*. Thousand Oaks: Sage, pp. 233-53.

BULUT, Ergin & Erdem YÖRÜK
2017. "Digital Populism: Trolls and Political Polarization of Twitter in Turkey".

International Journal of Communication, v. 11, pp. 4093-117.
BUTLER, Judith
2019. "Ideologia anti-gênero e a crítica da era secular de Saba Mahmood". Debates do NER, v. 2, n. 36, pp. 219-35.
CAMPBELL, Colin
1972. "The Cult, the Cultic Milieu, and Secularization", in M. Hill (org.), A Sociological Yearbook of Religion in Britain, v. 5. London: SCM Press, pp. 119-36.
CAMPINAS, Manuel
2020. "Standards and Urgency in Times of Pandemics: Hydroxychloroquine as a Pharmaceutical and Political Artefact". Somatosphere, 1 set. 2020.
CEROS
2022. Captcha if You Can.
CASARÕES, Guilherme & David MAGALHÃES
2021. "The Hydroxychloroquine Alliance: How Far-Right Leaders and Alt-Science Preachers Came Together to Promote a Miracle Drug". Revista de Administração Pública, v. 55, pp. 197-214.
CESARINO, Letícia
2019a. "Identidade e representação no bolsonarismo: Corpo digital do rei, bivalência conservadorismo-neoliberalismo e pessoa fractal". Revista de Antropologia, v. 62, n. 3, pp. 530-57.
2019b. "On Digital Populism in Brazil". POLAR: Political and Legal Anthropology Review, 15 abr. 2019b.
2020a. "Como vencer uma eleição sem sair de casa: A ascensão do populismo digital no Brasil". Internet & Sociedade, v. 1, n. 1, pp. 91-120.
2020b. "How Social Media Affords Populist Politics: Remarks on Liminality Based on the Brazilian Case". Trabalhos Em Linguística Aplicada, v. 59, n. 1, pp. 404-27.
2021a. "Antropologia digital não é etnografia". Civitas, v. 21, n. 2, pp. 304-15.
2021b. "A desinformação como método: Bolsonaro e o novo regime de verdade na pandemia". Jacobin Brasil, 9 fev.
2021c. "As ideias voltaram ao lugar? Temporalidades não lineares no neoliberalismo autoritário brasileiro e sua infraestrutura digital". Caderno CRH, v. 34, pp. 1-18.
2021d. "Pós-verdade e a crise do sistema de peritos: Uma explicação cibernética". Ilha, v. 23, n. 1, pp. 73-96.
2021e. "Tratamento precoce: Negacionismo ou alt-science?". Labemus, 27 jul.
2022a. "Bolsonarismo sem Bolsonaro? Públicos antiestruturais na nova fronteira cibernética". Revista do IEB.
2022b. "Conspiritualidade", in J. Szwako & J. Ratton (orgs.), Dicionário dos negacionismos no Brasil. Recife: Cepe, pp. 82-85.
2022c. "'Tropical Trump", in D. Goldstein & K. Drybread (orgs.), Corruption and Illiberal Politics in the Trump Era. New York: Routledge.
__ & Pedro NARDELLI
2021. "The Hidden Hierarchy of Far-Right Digital Guerrilla Warfare". Digital War, v. 2, pp. 16-21.
__ & Victor Hugo SILVA
No prelo. "Pandemic States of Exception and the Alt-Science of 'Early Treatment' for covid-19 in Brazil". Latin American Perspectives.
CHANEY, Anthony
2017. Runaway: Gregory Bateson, the Double Bind, and the Rise of Ecological Consciousness. Chapel Hill: University of North Carolina Press.
CHUN, Wendy
2011. "Crisis, Crisis, Crisis, or Sovereignty and Networks". Theory, Culture & Society, v. 28, n. 6, pp. 91-112.
2016. Updating to Remain the Same: Habitual New Media. Cambridge: MIT Press.
2021. Discriminating Data: Correlation, Neighborhoods, and the New Politics of Recognition. Cambridge: MIT Press.

COMAROFF, Jean & John COMAROFF
2000. "Millennial Capitalism: First Thoughts on a Second Coming". *Public Culture*, v. 12, n. 2, pp. 291-343.
2004. "Criminal Obsessions, after Foucault: Postcoloniality, Policing, and the Metaphysics of Disorder". *Critical Inquiry*, v. 30, n. 4, pp. 800-24.
2009. *Ethnicity, Inc.* Chicago: University of Chicago Press.
COSTA, Elisabetta
2018. "Affordances-in-Practice: An Ethnographic Critique of Social Media Logic and Context Collapse". *New Media & Society*, v. 20, n. 10, pp. 3641-56.
CONNOLLY, William
2002. *Neuropolitics: Thinking, Culture, Speed*. Minneapolis: University of Minnesota Press.
2017. *Aspirational Fascism: The Struggle for Multifaceted Democracy under Trumpism*. Minneapolis: University of Minnesota Press.
[2005] 2021. "A máquina de ressonância evangélica-capitalista". *Labemus*, 5 abr.
CRAWFORD, Kate
2021. *Atlas of AI: Power, Politics, and the Planetary Costs of Artificial Intelligence*. New Haven: Yale University Press.
CUNHA, Manuela Carneiro da
2017. *Cultura com aspas*. São Paulo: Ubu.
D'ANDRÉA, Carlos
2020. *Pesquisando plataformas online: Conceitos e métodos*. Salvador: EDUFBA.
DAMATTA, Roberto
[1979] 1997. *Carnavais, malandros e heróis: Para uma sociologia do dilema brasileiro*. Rio de Janeiro: Rocco.
DANOWSKI, Deborah & Eduardo VIVEIROS DE CASTRO
2017. *Há mundo por vir?* Florianópolis: Cultura e Barbárie.
DARDOT, Pierre & Christian LAVAL
2016. *A nova razão do mundo: Ensaio sobre a sociedade neoliberal*, trad. Mariana Echalar. São Paulo: Boitempo.

DARWIN, Charles
[1859] 2018. *A origem das espécies*, trad. Pedro Paulo Pimenta. São Paulo: Ubu.
DAVIES, William
2021. "The Revenge of Sovereignty on Government? The Release of Neoliberal Politics from Economics Post-2008". *Theory, Culture & Society*, v. 38, n. 6, pp. 95-118.
__ & Nicholas GANE
2021. "Post-Neoliberalism? An Introduction". *Theory, Culture & Society*, v. 38, n. 6, pp. 3-28.
DE LAET, Marianne & Annemarie MOL
2000. "The Zimbabwe Bush Pump: Mechanics of a Fluid Technology". *Social Studies of Science*, v. 30, n. 2, pp. 225-63.
DELEUZE, Gilles
1992. "Postscript on the Societies of Control". *October*, v. 59, pp. 3-7.
DOUGLAS, Mary
[1966] 2010. *Pureza e perigo*, trad. Mônica Siqueira Leite de Barros e Zilda Zakia Pinto. São Paulo: Perspectiva.
DUARTE, Luiz Fernando
2017. "O valor dos valores: Louis Dumont na antropologia contemporânea". *Sociologia & Antropologia*, v. 7, pp. 735-72.
DUMONT, Louis
[1966] 1997. *Homo Hierarchicus: O sistema de castas e suas implicações*, trad. Carlos Alberto da Fonseca. São Paulo: Edusp.
[1986] 2000. *Homo Æqualis: Gênese e plenitude da ideologia econômica*, trad. José Leonardo Nascimento. Bauru: Edusc.
DURKHEIM, Émile
[1912] 1996. *As formas elementares da vida religiosa*, trad. Paulo Neves. São Paulo: Martins Fontes.
EDWARDS JR., Mark
[1994] *Printing, Propaganda, and Martin Luther*. Minneapolis: Fortress Press.
EMPOLI, Giuliano da
2019. *Os engenheiros do caos*, trad. Arnaldo Bloch. São Paulo: Vestígio.

EVANS-PRITCHARD, Edward E.
[1937] 2004. *Bruxaria, oráculos e magia entre os Azande*, trad. Eduardo Viveiros de Castro. Rio de Janeiro: Zahar.
[1940] 2011. *Os Nuer*, trad. Ana M. Goldberger Coelho. São Paulo: Perspectiva.
FALTAY, Paulo
2020. "Máquinas paranoides e sujeito influenciável". Tese de doutorado. Rio de Janeiro: UFRJ.
FELDMAN-BIANCO, Bela (org.)
2010. *Antropologia das sociedades contemporâneas*. São Paulo: Ed. Unesp.
FELTRAN, Gabriel
2020. "'The Revolution We Are Living'". *HAU: Journal of Ethnographic Theory*, v. 10, n. 1, pp. 12-20.
FERGUSON, Niall
2019. *A praça e a torre: Redes, hierarquias e a luta pelo poder global*, trad. Angela Tesheiner e Gavin Adams. São Paulo: Crítica.
FERRARI, Pier Francesco, Luca BONINI & Leonardo FOGASSI
2009. "From Monkey Mirror Neurons to Primate Behaviours: Possible 'Direct' and 'Indirect' Pathways". *Philosophical Transactions of the Royal Society B: Biological Sciences*, v. 364, n. 1528, pp. 2311-23.
FESTINGER, Leon, Henry RIECKEN & Stanley SCHACHTER
2009. *When Prophecy Fails: A Social and Psychological Study of a Modern Group That Predicted the Destruction of the World*. Mansfield Centre: Martino Fine Books.
FIELITZ, Maik & Holger MARCKS
2019. *Digital Fascism: Challenges for the Open Society in Times of Social Media*. Berkeley: University of California.
FISHER, Mark
2020. *Realismo capitalista: É mais fácil imaginar o fim do mundo do que o fim do capitalismo?*, trad. Rodrigo Gonsalves et al. São Paulo: Autonomia Literária.

FRASER, Nancy
2018. "Do neoliberalismo progressista a Trump - e além", trad. Paulo Neves. *Política & Sociedade*, v. 17, n. 40, pp. 43-64.
2020. *O velho está morrendo e o novo não pode nascer*, trad. Gabriel Landi Fazzio. São Paulo: Autonomia Literária.
FRAZER, James
[1890] 1982. *O ramo de ouro*, trad. Waltensir Dutra. Rio de Janeiro: Guanabara.
FREUD, Sigmund
[1900] 2014. *A interpretação dos sonhos*, trad. Constantino Korovaeff. São Paulo: Lafonte.
[1919] 2019. "O infamiliar", in *Obras incompletas de Sigmund Freud: O infamiliar (das Unheimliche)*, trad. Ernani Chaves et al. Belo Horizonte: Autêntica.
[1930] 2011. *O mal-estar na civilização*, trad. Paulo Souza. São Paulo: Penguin.
FOUCAULT, Michel
[1979] 2010. *Nascimento da biopolítica*, trad. Pedro Elói Duarte. Lisboa: Ed. 70.
GALISON, Peter
1994. "The Ontology of the Enemy: Norbert Wiener and the Cybernetic Vision". *Critical Inquiry*, v. 21, n. 1, pp. 228-66.
GANGADHARBATLA, Harsha & Masoud VALAFAR
2017. "Propagation of User-Generated Content Online". *International Journal of Internet Marketing and Advertising*, v. 11, n. 3, pp. 218-32.
GEERTZ, Clifford
1969. *Agricultural Involution: The Processes of Ecological Change in Indonesia*. Berkeley: University of California Press.
[1973] 1981. *A interpretação das culturas*, trad. Fanny Wrobel. Rio de Janeiro: LTC.
GENNEP, Arnold van
[1909] 2014. *Os ritos de passagem*, trad. Mariano Ferreira. Petrópolis: Vozes.
GERBAUDO, Paolo
2017. "From Cyber-Autonomism to Cyber--Populism: An Ideological History of

Digital Activism". *Triplec: Communication, Capitalism & Critique*, v. 15, n. 2, pp. 477-89.
2018. "Social Media and Populism: An Elective Affinity?". *Media, Culture & Society*, v. 40, n. 5, pp. 745-53.
2018. *The Digital Party*. London: Pluto.
GIBSON, James J.
2014. *The Ecological Approach to Visual Perception: Classic Edition*. New York/London: Psychology Press.
GIL DE ZÚÑIGA, Homero, Karolina Koc MICHALSKA & Andrea RÖMMELE
2020. "Populism in the Era of Twitter: How Social Media Contextualized New Insights into an Old Phenomenon". *New Media & Society*, v. 22, n. 4, pp. 585-94.
GIRARD, René
[1982] 2004. *O bode expiatório*, trad. Ivo Storniolo. São Paulo: Paulus.
GLEICK, James
[1987] 2006. *Caos: A criação de uma nova ciência*, trad. Waltensir Dutra. Rio de Janeiro: Elsevier.
GLUCKMAN, Max
2011. "Rituais de Rebelião no Sudeste da África". *Série Antropologia*, v. 3, pp. 1-34.
GOFFMAN, Erving
[1959] 2013. *A representação do eu na vida cotidiana*, trad. Maria Célia Raposo. Petrópolis: Vozes.
GOLDENWEISER, Alexander
1936. "Loose Ends of a Theory on the Individual Pattern and Involution in Primitive Society", in R. Lowie (org.), *Essays in anthropology*. Berkeley: University of California Press, pp. 99-104.
GOLUMBIA, David
2016. *The Politics of Bitcoin: Software as Right-Wing Extremism*. Minneapolis: University of Minnesota Press.
GOW, Peter
2014. "Lévi-Strauss's 'Double Twist' and Controlled Comparison: Transformational Relations between Neighbouring Societies". *Anthropology of This Century*, v. 10.
GRAY, Jonathan, Liliana BOUNEGRU & Tommaso VENTURINI
2020. "'Fake News' as Infrastructural Uncanny". *New Media & Society*, v. 22, n. 2, pp. 317-41.
GUYER, Jane
2007. "Prophecy and the near Future: Thoughts on Macroeconomic, Evangelical, and Punctuated Time". *American Ethnologist*, v. 34, n. 3, pp. 409-21.
HACKING, Ian
[1983] 2012. *Representar e intervir: Tópicos introdutórios de filosofia da ciência natural*, trad. Pedro R. Oliveira. Rio de Janeiro: Eduerj.
1995. "The Looping Effects of Human Kinds", in D. Sperber et al. (orgs.). *Causal Cognition*. New York: Clarendon, pp. 351-94.
HAGEY, Keach & Jeff HORWITZ
2021. "Facebook Tried to Make Its Platform a Healthier Place. It Got Angrier Instead". *Wall Street Journal*, 15 set.
HAIDER, Asad
2019. *Armadilha da identidade*, trad. Leo Vinicius Liberato. São Paulo: Veneta.
HALPERN, Orit
2022. "The Future Will Not Be Calculated: Neural Nets, Neoliberalism, and Reactionary Politics". *Critical Inquiry*, v. 48, n. 2, pp. 334-359.
HARARI, Yuval
2020. *Sapiens: Uma breve história da humanidade*, trad. Jorio Dauste. São Paulo: Cia. das Letras.
HARAWAY, Donna
[1988] 1995. "Saberes localizados", trad. Mariza Corrêa. *Cadernos Pagu*, v. 5, pp. 7-41.
[2003] 2021. *O manifesto das espécies companheiras*, trad. Pê Moreira. Rio de Janeiro: Bazar do Tempo.
HARRIS, Tristan
2019. "Tristan Harris Says Tech is 'Down-

grading' Humanity - But We Can Fix It". Entrevista de Eric Johnson, 6 mai.
HARVEY, David
1992. *Condição pós-moderna*, trad. Adail Sobral e Maria Gonçalves. São Paulo: Loyola.
2008. *O neoliberalismo: História e implicações*, trad. Adail Sobral e Maria Stela Gonçalves. São Paulo: Loyola.
HAYDEN, Cori
2021. "From Connection to Contagion". *Journal of the Royal Anthropological Institute*, v. 27, n. S1, pp. 95-107.
HAYES, Rebecca, Caleb CARR & Donghee WOHN
2016. "One Click, Many Meanings: Interpreting Paralinguistic Digital Affordances in Social Media". *Journal of Broadcasting & Electronic Media*, v. 60, n. 1, pp. 171-87.
HELMOND, Anne
2015. "The Platformization of the Web: Making Web Data Platform Ready". *Social Media + Society*, v. 1, n. 2, pp. 1-11.
HERTZ, Robert
1980. "A proeminência da mão direita: Um estudo sobre a polaridade religiosa". *Religião e Sociedade*, v. 6, pp. 99-128.
HESSE, Barnor
2004. "Im/plausible Deniability: Racism's Conceptual Double Bind". *Social Identities*, v. 10, n. 1, pp. 9-29.
HINE, Christine
2015. *Ethnography for the Internet: Embedded, Embodied and Everyday*. London: Bloomsbury Academic.
HOCHSCHILD, Arlie Russell
2016. *Strangers in Their Own Land: Anger and Mourning on the American Right*. New York: New Press.
HODGES, Adam
2020. "Plausible Deniability", in J. McIntosh & N. Mendoza-Denton (orgs.). *Language in the Trump Era: Scandals and Emergencies*. Cambridge: Cambridge University Press, 137-48.

HOLSTON, James
2013a. "'Come to the Street". *Cultural Anthropology*, 20 dez.
2013b. *Cidadania insurgente: Disjunções da democracia e da modernidade no Brasil*, trad. Claudio Carina. São Paulo: Cia. das Letras.
HORST, Heather & Daniel MILLER (orgs.)
2012. *Digital Anthropology*. New York: Berg Publishers.
HUTCHBY, Ian
2001. "Technologies, Texts and Affordances". *Sociology*, v. 35, n. 2, pp. 441-56.
INGOLD, Timothy
1995. "Humanidade e animalidade". *Revista Brasileira de Ciências Sociais*, v. 28, pp. 1-11.
2010. "Da transmissão de representações à educação da atenção". *Educação*, v. 33, n. 1, pp. 6-25.
2011. *The Perception of the Environment: Essays on Livelihood, Dwelling and Skill*. London/ New York: Taylor & Francis.
IYENGAR, Shanto, Yphtach LELKES et al.
2019. "The Origins and Consequences of Affective Polarization in the United States". *Annual Review of Political Science*, v. 22, n. 1, pp. 129-46.
JOHNS, Amelia
2020. "'This Will Be the WhatsApp Election': Crypto-Publics and Digital Citizenship in Malaysia's GE14 Election". *First Monday*, v. 25, n. 12. .
KALIL, Isabela
2021. "Politics of Fear in Brazil: Far-Right Conspiracy Theories on covid-19". *Global Discourse*, v. 11, n. 3, pp. 409-25.
__ et al.
2018. "Quem são e no que acreditam os eleitores de Jair Bolsonaro". São Paulo: FESPSP.
KANTOROWICZ, Ernst
[1957] 1998. *Os dois corpos do rei*, trad. Cid Knipel Moreira. São Paulo: Cia. das Letras.

KAPLAN, Jeffrey & Heléne LÖÖW (orgs.)
2002. *The Cultic Milieu: Oppositional Subcultures in an Age of Globalization*. Walnut Creek: Altamira Press.

KATIAMBO, David & Fred Orina OCHOTI
2021. "Illusion in the Digitised Public Sphere: Reading WhatsApp through the Grammar of Phantasmagoria". *Critical Arts*, v. 35, n. 2, pp. 39-54.

KEHL, Maria Rita
2020. "O ressentimento chegou ao poder?". *Revista Serrote*, 21 jan.

KHRENNIKOV, Andrei
2016. "'Social Laser': Action Amplification by Stimulated Emission of Social Energy". *Philosophical Transactions of the Royal Society A*, v. 374, n. 2058, pp. 1-13.

KOERNER, E. F. Konrad
1992. "The Sapir-Whorf Hypothesis: A Preliminary History and a Bibliographical Essay". *Journal of Linguistic Anthropology*, v. 2, n. 2, pp. 173-98.

KOJÈVE, Alexandre
[1947] 2007. *Introdução à leitura de Hegel*, trad. Estela dos Santos Abreu. Rio de Janeiro: Contraponto.

KOPENAWA, Davi & Bruce ALBERT
2019. *A queda do céu*, trad. Oiara Bonilla. São Paulo: Cia. das Letras.

KOTLIAR, Dan M.
2020. "The Return of the Social: Algorithmic Identity in an Age of Symbolic Demise". *New Media & Society*, v. 22, n. 7, pp. 1152-67.

KOTSKO, Adam
2018. *Neoliberalism's Demons: On the Political Theology of Late Capital*. Stanford: Stanford University Press.

KRENAK, Ailton
2020. *Ideias para adiar o fim do mundo*. São Paulo: Cia. das Letras.

KUHN, Thomas
[1962] 2020. *A estrutura das revoluções científicas*, trad. Beatriz Boeira e Nelson Boeira. São Paulo: Perspectiva.

KUPER, Adam
2002. *Cultura: A visão dos antropólogos*, trad. Mirtes Pinheiros. Bauru: Edusc.

LACAN, Jacques
[1966] 1998. *Escritos*, trad. Vera Ribeiro. Rio de Janeiro: Zahar.

LACLAU, Ernesto
2013. *A razão populista*. São Paulo: Três Estrelas.

LAKOFF, George
2009. *The Political Mind: A Cognitive Scientist's Guide to Your Brain and Its Politics*. New York: Penguin Books.

LARKIN, Brian
2013. "The Politics and Poetics of Infrastructure". *Annual Review of Anthropology*, v. 42, n. 1, pp. 327-43.

LATERZA, Vito
2021. "Could Cambridge Analytica Have Delivered Donald Trump's 2016 Presidential Victory? An Anthropologist's Look at Big Data and Political Campaigning". *Public Anthropologist*, v. 3, n. 1, pp. 119-47.

LATOUR, Bruno
[1991] 2013. *Jamais fomos modernos*, trad. Carlos da Costa. São Paulo: Ed. 34.
[1996] 2002. *Reflexão sobre o culto moderno dos deuses fe(i)tiches*, trad. Sandra Moreira. Bauru: Edusc.
[1999] 2019. *Políticas da natureza: Como associar a ciência à democracia*, trad. Carlos Souza. São Paulo: Ed. Unesp.

__ & Steve WOOLGAR
[1979] 1997. *A vida de laboratório*, trad. Angela Vianna. Rio de Janeiro: Relume Dumará.

LAVE, Jean & Etienne WENGER
1991. *Situated Learning: Legitimate Peripheral Participation*. New York: Cambridge University Press.

LEACH, Edmund
[1966] 1983. "Nascimento virgem", in R. DaMatta (org.), *Edmund Leach*:

Antropologia, trad. Alba Guimarães et al. São Paulo: Ática, pp. 116-38.
LEFEBVRE, **Georges**
[1932] 2020. *O grande medo de 1789*, trad. Eduardo Aubert. Petrópolis: Vozes.
LEIRNER, **Piero**
2020. *O Brasil no espectro de uma guerra híbrida: Militares, operações psicológicas e política em uma perspectiva etnográfica*. São Paulo: Alameda.
LEMPERT, **Michael**
2014. "Imitation". *Annual Review of Anthropology*, v. 43, n. 1, pp. 379-95.
LEPORE, **Jill**
2020. *If Then: How the Simulmatics Corporation Invented the Future*. New York: Liveright.
LEROI-GOURHAN, **André**
[1965] 1983. *O gesto e a palavra*, v. 2: *Memória e ritmos*, trad. Vitor Gonçalves. Lisboa: Ed. 70.
LÉVI-STRAUSS, **Claude**
[1949] 2012. *Estruturas elementares do parentesco*, trad. Mariano Ferreira. Petrópolis: Vozes.
[1952] 2017. "Raça e História", in *Antropologia estrutural dois*, trad. Beatriz Perrone-Moisés. São Paulo: Ubu, pp. 337-78.
[1955] 2017. "A estrutura dos mitos", in *Antropologia estrutural*, trad. Beatriz Perrone-Moisés. São Paulo: Ubu, pp. 205-31.
[1964] 2010. *O cru e o cozido* (*Mitológicas I*), trad. Beatriz Perrone-Moisés. São Paulo: Cosac Naify.
LEWIS, **Rebecca**
2018. *Alternative Influence: Broadcasting the Reactionary Right on YouTube*. New York: Data & Society Research Institute.
LUHMANN, **Niklas**
[1984] 2016. *Sistemas sociais: Esboço de uma teoria geral*, trad. Antonio C. Luz Costa et al. Rio de Janeiro: Vozes.
LUHRMANN, **Tania**
2016. "The Paradox of Donald Trump's Appeal". *Sapiens*, 29 jul.

LURY, **Celia, & Sophie** DAY
2019. "Algorithmic Personalization as a Mode of Individuation". *Theory, Culture & Society*, v. 36, n. 2, pp. 17-37.
LYNCH, **Christian & Paulo Henrique** CASSIMIRO
2022. *O populismo reacionário: Ascensão e legado do bolsonarismo*. São Paulo: Contracorrente.
MACY, **Joanna**
1991. *Mutual Causality in Buddhism and General Systems Theory*. Albany: State University of New York Press.
MAHL, **Daniela, Mike** SCHÄFER **& Jing** ZENG
2022. "Conspiracy Theories in Online Environments: An Interdisciplinary Literature Review and Agenda for Future Research". *New Media & Society*, v. 0, n. 0, pp. 1-21.
MALY, **Ico**
2019. "New Right Metapolitics and the Algorithmic Activism of Schild & Vrienden". *Social Media + Society*, v. 5, n. 2, pp. 1-15.
MANDELBROT, **Benoît**
1967. "How Long is the Coast of Britain?". *Science*, v. 156, pp. 636-38.
MARANDA, **Pierre (org.)**
2001. *Double Twist from Ethnography: From Ethnography to Morphodynamics*. Toronto: University of Toronto Press.
MARRES, **Noortje**
2018. "Why We Can't Have Our Facts Back". *Engaging Science, Technology, and Society*, v. 4, pp. 423-43.
__ **& David** STARK
2020. "Put to the Test: For a New Sociology of Testing". *The British Journal of Sociology*, v. 71, n. 3, pp. 423-43.
MARX, **Karl**
[1852] 2011. *O 18 de brumário de Luís Bonaparte*, trad. Nélio Schneider. São Paulo: Boitempo.
MASSUMI, **Brian**
2015. *Politics of Affect*. Cambridge: Polity.

MATURANA, Humberto & Francisco VARELA
2004. *De máquinas e seres vivos*. Porto Alegre: Jones & Bartlett.

MAUSS, Marcel
[1925] 2018. "Ensaio sobre a dádiva", in *Sociologia e Antropologia*, trad. Paulo Neves. São Paulo: Ubu, pp. 189-330.
[1934] 2018. "As técnicas do corpo", in *Sociologia e antropologia*, trad. Paulo Neves. São Paulo: Ubu, pp. 419-44
[1950] 2018. "Uma categoria do espírito humano", in *Sociologia e Antropologia*, trad. Paulo Neves. São Paulo: Ubu, pp. 385-418.

MAZZARELLA, William
2017. *The Mana of Mass Society*. Chicago: University of Chicago Press.
2019. "The Anthropology of Populism: Beyond the Liberal Settlement". *Annual Review of Anthropology*, v. 48, n. 1, pp. 45-60.

MCAFEE, Noëlle
2021. "Beyond 'Populism': The Psychodynamics of Antipolitical Popular Movements". *Populism*, v. 4, n. 2, pp. 172-98.

MCLUHAN, Marshall
1994. *Understanding Media: The Extensions of Man*. Cambridge: MIT Press.

MEDINA, Eden
2014. *Cybernetic Revolutionaries: Technology and Politics in Allende's Chile*. Cambridge: MIT Press.

MELLO, Patrícia Campos
2020. *A máquina do ódio*. São Paulo: Cia. das Letras.

MIROWSKI, Philip
2006. *Machine Dreams: Economics Becomes a Cyborg Science*. Cambridge: Cambridge University Press.
2012. "The Modern Commercialization of Science is a Passel of Ponzi Schemes". *Social Epistemology*, v. 26, n. 3-4, pp. 285-310.
"Hell Is Truth Seen Too Late". *boundary 2*, v. 46, n. 1, pp. 1-53.

MOL, Annemarie
2003. *The Body Multiple: Ontology in Medical Practice*. Durham: Duke University Press.

MOROZOV, Evgeny
2018. *Big Tech: A ascensão dos dados e a morte da política*, trad. Cláudio Marcondes. São Paulo: Ubu.

MOSKO, Mark
1991. "The Canonic Formula of Myth and Nonmyth". *American Ethnologist*, v. 18, n. 1, pp. 126-51.

MOSKO, Mark & Fred DAMON (orgs.)
2005. *On the Order of Chaos*. New York/Oxford: Berghahn Books.

MOTTA, Rodrigo Patto Sá
2002. *Em guarda contra o perigo vermelho: 180*. São Paulo: Perspectiva.

MOUFFE, Chantal
2009. *The Democratic Paradox*. London: Verso.

NADLER, Anthony & Lee MCGUIGAN
2018. "An Impulse to Exploit: The Behavioral Turn in Data-Driven Marketing". *Critical Studies in Media Communication*, v. 35, n. 2, pp. 151-65.

NASCIMENTO, Leonardo, Letícia CESARINO & Paulo FONSECA
2021. *Ecossistema de desinformação e propaganda computacional no aplicativo Telegram*. Salvador: UFBA.

NETO, Moysés Pinto
2020. "Nuvem : Plataforma : Extração". *PerCursos*, v. 21, n. 45, pp. 5-23.

NEMER, David
2020. "Atos do dia 15: Bolsonaro torna-se refém de grupos radicais". *Entendendo Bolsonaro*, 16 mar.

NEVES, Walter Alves, Miguel RANGEL JR. & Rui MURRETA (orgs.)
2015. *Assim caminhou a humanidade*. São Paulo: Palas Athena.

NOBLE, Safiya
2018. *Algorithms of Oppression: How Search Engines Reinforce Racism*. New York: NYU Press.

NOBRE, Marcos
2022. *Limites da democracia: De junho de 2013 ao governo Bolsonaro*. São Paulo: Todavia.

NUNES, Rodrigo
2022. *Do transe à vertigem: Ensaios sobre bolsonarismo e um mundo em transição*. São Paulo: Ubu.

OLIVEIRA, Diego Viana de
2015. "A técnica como modo de existência em Gilbert Simondon". *DoisPontos*, v. 12, n. 1, pp. 83-98.

ORESKES, Naomi & Erik CONWAY
2011. *Merchants of Doubt: How a Handful of Scientists Obscured the Truth on Issues from Tobacco Smoke to Climate Change*. New York: Bloomsbury.

OSINGA, Frans
2007. *Science, Strategy and War: The Strategic Theory of John Boyd*. Cheltenham: Routledge.

PAIDIPATY, Poornima
2020. "'Tortoises All the Way down': Geertz, Cybernetics and 'Culture' at the End of the Cold War". *Anthropological Theory*, v. 20, n. 1, pp. 97-129.

PARANÁ, Edemilson
2016. *A finança digitalizada: Capitalismo financeiro e revolução informacional*. Florianópolis: Insular.
2020. *Bitcoin: A utopia tecnocrática do dinheiro apolítico*. São Paulo: Autonomia Literária.

PARIKKA, Jussi
2010. *Insect Media: An Archaeology of Animals and Technology*. Minneapolis: University of Minnesota Press.

PASQUALE, Frank
2016. *The Black Box Society*. Cambridge: Harvard University Press.

PAXTON, Robert
2007. *The Anatomy of Fascism*. New York: Vintage.

PECK, Jamie, Nik THEODORE & Neil BRENNER
2012. "Neoliberalism Resurgent? Market Rule after the Great Recession". *South Atlantic Quarterly*, v. 111, n. 2, pp. 265-88.

PEDERSEN, Morten, Kristoffer ALBRIS & Nick SEAVER
2021. "The Political Economy of Attention". *Annual Review of Anthropology*, v. 50, n. 1, pp. 309-25.

PEDWELL, Carolyn
2017. "Habit and the Politics of Social Change: A Comparison of Nudge Theory and Pragmatist Philosophy". *Body & Society*, v. 23, n. 4, pp. 59-94.

PEIRANO, Mariza
2000. "A antropologia como ciência social no Brasil". *Etnográfica*, v. 4, n. 2, pp. 219-32.
2003. *Rituais ontem e hoje*. Rio de Janeiro: Zahar.

PFALLER, Robert
2017. *Interpassivity: The Aesthetics of Delegated Enjoyment*. Edinburgh: Edinburgh University Press.

PIAGET, Jean
1976. *A equilibração das estruturas cognitivas*, trad. Álvaro Cabral. Rio de Janeiro: Zahar.

PIERSON, Jo
2021. "Digital Platforms as Entangled Infrastructures: Addressing Public Values and Trust in Messaging Apps". *European Journal of Communication*, v. 36, n. 4, pp. 349-61.

PIERUCCI, Antônio Flávio
2013. *Ciladas da diferença*. São Paulo: Ed. 34.

PINHEIRO, Chloé & Flavio EMERY
2022. *Cloroquination*. São Paulo: Paraquedas.

PINHEIRO-MACHADO, Rosana & Lucia Mury SCALCO
2020. "From Hope to Hate: The Rise of Conservative Subjectivity in Brazil". *HAU*, v. 10, n. 1, pp. 21-31.

PLEHWE, Dieter, Quinn SLOBODIAN & Philip MIROWSKI (orgs.)
2020. *Nine Lives of Neoliberalism*. London: Verso.

POLANYI, Michael
2010. *A dimensão tácita*, trad. Eduardo Beira. Lisboa: Inovatec.
POPPER, Karl
[1963] 2006. "The Conspiracy Theory of Society", in David Coady (org.), *Conspiracy Theories: The Philosophical Debate*. New York: Routledge, pp. 13-15.
POZNANSKY, Michael
2020. "Revisiting Plausible Deniability". *Journal of Strategic Studies*, v. 45, n. 4, pp. 511-533.
PRATT, Mary Louise
1999. *Os olhos do império*. Bauru: Edusc.
PRIGOGINE, Ilya & Isabelle STENGERS
1984. *Order Out of Chaos: Man's New Dialogue with Nature*. New York: Bantam.
RAMOS, Alcida Rita
1998. *Indigenism: Ethnic Politics in Brazil*. Madison: University of Wisconsin Press.
RAMOS, Jair de Souza
2015. "Subjetivação e poder no ciberespaço: Da experimentação à convergência identitária na era das redes sociais". *Vivência*, v. 1, n. 45, pp. 57-75.
REED, Isaac
2019. "The King's Two Bodies and the Crisis of Liberal Modernity". *The Hedgehog Review*, v. 21, n. 3.
REINHARDT, Bruno
2015. "A Christian Plane of Immanence? Contrapuntal Reflections on Deleuze and Pentecostal Spirituality". *HAU*, v. 5, n. 1, pp. 405-36.
2022. "The Katechon and the Messias: Time, History and Threat in Brazil's Aspirational Fascism". Symposium Populism and New Theopolitical Formations in the Americas, 11-12 abr. New York: Columbia University.
RILES, Annelise
2001. *The Network Inside Out*. Ann Arbor: University of Michigan Press.
ROCHA, Camila
2019. "'Imposto é roubo!' A formação de um contrapúblico ultraliberal e os protestos pró-*impeachment* de Dilma Rousseff". *Dados*, v. 62, n. 3, pp. 1-42.
__, Esther SOLANO & Jonas MEDEIROS
2021. *The Bolsonaro Paradox: The Public Sphere and Right-Wing Counterpublicity in Contemporary Brazil*. New York: Springer.
ROCHA, João Cezar
2021. *Guerra cultural e retórica do ódio: Crônicas de um Brasil pós-político*. Goiânia: Caminhos.
ROGERS, Richard
2020. "Deplatforming: Following Extreme Internet Celebrities to Telegram and Alternative Social Media". *European Journal of Communication*, v. 35, n. 3, pp. 213-29.
ROQUE, Tatiana
2021. *O dia que voltamos de Marte*. São Paulo: Crítica.
ROSENBLUETH, Arturo, Norbert WIENER & Julian BIGELOW
1943. "Behavior, Purpose and Teleology". *Philosophy of Science*, v. 10, n. 1, pp. 18-24.
RUSHKOFF, Douglas
2014. *Present Shock: When Everything Happens Now*. New York: Current.
RUSSO, Joseph
2022. "Hiding in Plain Sight: QAnon and its Seekers". Symposium Populism and New Theopolitical Formations in the Americas, 11-12 abr. New York: Columbia University.
RYAN, Timothy J.
2017. "How Do Indifferent Voters Decide? The Political Importance of Implicit Attitudes". *American Journal of Political Science*, v. 61, n. 4, pp. 892-907.
SAFATLE, Vladmir
2020. *Bem vindo ao estado suicidário*. São Paulo: n-1.
SAID, Edward
[1978] 2007. *Orientalismo: O Oriente como invenção do Ocidente*, trad. Rosaura Eichenberg. São Paulo: Cia. das Letras.

SANTOS, João Guilherme, Miguel FREITAS et al.
2019. "WhatsApp, política mobile e desinformação". *Comunicação & Sociedade*, v. 41, n. 2, 307-34.
SANTOS, Marcelo
2020. "Não alimente o minion! Polarização afetiva e ativismo de rede". *Confluências*, v. 22, n. 3, pp. 172-97.
SAPIR, Edward
[1924] 2012. "Cultura: Autêntica e espúria", trad. José Reginaldo Gonçalves e Markus Hediger. *Sociologia & Antropologia*, v. 2, n. 4, pp. 35-60.
SCHMITT, Carl
[1922] 2006. *Political Theology*, trad. George Schwab. Chicago: University of Chicago Press.
SCOTT, David, Bart VALLEY & Brooke SIMECKA
2017. "Mental Health Concerns in the Digital Age". *International Journal of Mental Health and Addiction*, v. 15, n. 3, pp. 604-13.
SEAVER, Nick
2019. "Captivating Algorithms: Recommender Systems as Traps". *Journal of Material Culture*, v. 24, n. 4, pp. 421-36.
SEGATA, Jean & Theophilos RIFIOTIS (orgs.)
2016. *Políticas etnográficas no campo da cibercultura*. Brasília: ABA.
SENNETT, Richard
1999. *A corrosão do caráter*, trad. Marcos Santarrita. Rio de Janeiro: Record.
SEVCENKO, Nicolau
2018. *A Revolta da Vacina: Mentes insanas em corpos rebeldes*. São Paulo: Ed. Unesp.
SILVA, Daniel Nascimento (org.)
2020. "Digital and Semiotic Mechanisms of Contemporary Populisms". *Trabalhos Em Linguística Aplicada*, v. 59, n. 1, pp. 386-89.
SILVA, Victor Hugo Viegas
2021. "'A culpa não é nossa' e 'precisamos fazer alguma coisa agora'". *Crônicas do Titanic*, 12 abr.
2022. "Negacioni$mo: Médicos influenciadores cobram r$ 500 por atestado antivacina". *The Intercept*, 23 fev.
SIMONDON, Gilbert
2020. *A individuação à luz das noções de forma e de informação*, trad. Luís Eduardo Aragon e Guilherme Ivo. São Paulo: Ed. 34.
SMITH, Charles H.
2005. "Guest Editorial: Alfred Russel Wallace, Past and Future". *Journal of Biogeography*, v. 32, n. 9, pp. 1509-15.
SOARES, Luiz Eduardo
2020. *Dentro da noite feroz: O fascismo no Brasil*. São Paulo: Boitempo.
SRNICEK, Nick
2016. *Platform Capitalism*. Cambridge: Polity Press.
STAR, Susan Leigh & James GRIESEMER
1989. "Institutional Ecology, 'Translations' and Boundary Objects: Amateurs and Professionals in Berkeley's Museum of Vertebrate Zoology, 1907-39". *Social Studies of Science*, v. 19, n. 3, pp. 387-420.
STENGERS, Isabelle
2015. *No tempo das catástrofes*, trad. Eloisa Araújo Ribeiro. São Paulo: Cosac Naify.
STRATHERN, Marilyn
2005. *Partial Connections*. Walnut Creek: Altamira Press.
STEWART, Kathleen C. & Susan HARDING
2021. "Ansiedades de influência: Teoria da conspiração e cultura terapêutica na América do milênio", trad. Bruno Reinhardt. *Ilha*, v. 23, n. 3, pp. 214-39.
STRUM, Shirley & Bruno LATOUR
1987. "Redefining the Social Link: From Baboons to Humans". *Social Science Information*, v. 26, n. 4, pp. 783-802.
TARDE, Gabriel
[1901] 2005. *A opinião e as massas*, trad. Eduardo Brandão. São Paulo: Martins Fontes.

TAYLOR, Paul
2012. "Participation and the Technological Imaginary: Interactivity or Interpassivity?", in A. Delwiche & J. Henderson (orgs.). *The Participatory Cultures Handbook*. New York: Routledge, pp. 247-56.
TEITELBAUM, Benjamin
2020. *Guerra pela eternidade*, trad. Cynthia Costa. Campinas: Ed. Unicamp.
THOMPSON, William Irwin (org.)
[1988] 2014. *Gaia: Uma teoria do conhecimento*, trad. Silvio Cerqueira Leite. Rio de Janeiro: Gaia.
TRACY, Jessica, Conor STECKLER & Gordon HELTZEL
2019. "The Physiological Basis of Psychological Disgust and Moral Judgments". *Journal of Personality and Social Psychology*, v. 116, n. 1, pp. 15-32.
TROUILLOT, Michel-Rolph
2003. "Anthropology and the Savage Slot: The Poetics and Politics of Otherness", in *Global Transformations*. New York: Palgrave Macmillan, pp. 7-28.
TURIN, Rodrigo
2020. "Os tempos da independência: Entre a história disciplinar e a história como serviço". *Almanack*, v. 25, pp. 1-39.
TURNER, Fred
2008. *From Counterculture to Cyberculture*. Chicago: University of Chicago Press.
TURNER, Mark
1998. *The Literary Mind: The Origins of Thought and Language*. Oxford: Oxford University Press.
TURNER, Victor
[1969] 2013. *Processo ritual: Estrutura e antiestrutura*, trad. Nancy de Castro. Rio de Janeiro: Vozes.
1974. "Liminal to Liminoid, in Play, Flow, and Ritual". *Rice Institute Pamphlet - Rice University Studies*, v. 60, n. 3.
VARGAS, Eduardo Viana
2000. *Antes Tarde do que nunca: Gabriel Tarde e a emergência das ciências sociais*. Rio de Janeiro: Contra Capa.

VARIS, Piia
2020. "Trump Tweets the Truth: Metric Populism and Media Conspiracy". *Trabalhos Em Linguística Aplicada*, v. 59, n. 1, pp. 428-43.
VELHO, Otávio
2001. "De Bateson a Ingold: Passos na constituição de um paradigma ecológico". *Mana*, v. 7, n. 2, pp. 133-40.
VISCARDI, Janaisa Martins
2020. "Fake news, verdade e mentira sob a ótica de Jair Bolsonaro no Twitter". *Trabalhos em Linguística Aplicada*, v. 59, pp. 1134-57.
VIVEIROS DE CASTRO, Eduardo
1996. "Os pronomes cosmológicos e o perspectivismo ameríndio". *Mana*, v. 2, n. 2, pp. 115-44.
WAGNER, Roy
[1975] 2017. *A invenção da cultura*, trad. Alexandre Morales e Marcela de Souza. São Paulo: Ubu.
WAISBORD, Silvio
2018. "The Elective Affinity Between Post-Truth Communication and Populist Politics". *Communication Research and Practice*, v. 4, n. 1, pp. 17-34.
WALLACE, Savannah
2020. "In the Developing World, Facebook Is the Internet". *The Startup*, 7 set.
WARD, Charlotte & David VOAS
2011. "The Emergence of Conspirituality". *Journal of Contemporary Religion*, v. 26, n. 1, pp. 103-21.
WARNER, Michael
2016. "Públicos e contrapúblicos (versão abreviada)". *Periódico Permanente*, v. 6.
WEBER, Max
[1921] 1999. *Economia e sociedade*, 2 v., trad. Regis Barbosa e Karen Elsabe Barbosa. Brasília: Ed. UNB.
WIENER, Norbert
1948. "Cybernetics". *Scientific American*, v. 179, n. 5, pp. 14-19.
[1948] 2017. *Cibernética: Ou controle e comunicação no animal e na máquina*,

trad. Gita K. Guinsburg. Rio de Janeiro: Perspectiva.
WILLIAMS, Philippa et al.
2022. "No Room for Dissent: Domesticating WhatsApp, Digital Private Spaces, and Lived Democracy in India". *Antipode*, v. 54, n. 1, pp. 305-30.
WINNER, Langdon
[1980] 2017. "Artefatos têm política?", trad. Debora Ferreira e Luiz Abrahão. *Analytica*, v. 21, n. 2, pp. 195-218.
WU, Tim
2016. *The Attention Merchants: The Epic Scramble to Get Inside Our Heads*. New York: Knopf.
ZOONEN, Liesbet van
2012. "I-Pistemology: Changing Truth Claims in Popular and Political Culture". *European Journal of Communication*, v. 27, n. 1, pp. 56-67.
ZUBOFF, Shoshana
2021. *A era do capitalismo de vigilância*, trad. George Schlesinger. Rio de Janeiro: Intrínseca.

SOBRE A AUTORA

LETÍCIA CESARINO nasceu em Belo Horizonte, em 1979. Graduou--se em Ciências Sociais pela Universidade Federal de Minas Gerais (UFMG) em 2003 e concluiu mestrado em Antropologia Social na Universidade de Brasília (UnB) em 2006. Em 2013, concluiu a tese de doutorado em Antropologia na University of California, Berkeley (UC Berkeley), sob supervisão de Cori Hayden e com bolsa da Capes-Fulbright. Durante o doutorado, realizou pesquisa de campo no Brasil, Mali, Gana e Burkina Faso. No ano seguinte, foi contratada pelo Departamento de Antropologia da Universidade Federal de Santa Catarina (UFSC), onde atua como professora e pesquisadora na graduação e na pós-graduação. Especializou-se no campo de estudos sociais da ciência e da tecnologia, com ênfase em teorias de sistemas e, mais recentemente, antropologia digital. Atualmente, é uma das coordenadoras do projeto transdisciplinar de métodos mistos (qualitativos e computacionais) sobre desinformação no Telegram com o Laboratório de Humanidades Digitais da Universidade Federal da Bahia (UFBA), em parceria com o InternetLab Centro de Pesquisa em Direito e Tecnologia. Escreve para publicações como a *Carta Capital* e *Jacobin Brasil*, e pode ser encontrada no Twitter em @letcesar.

OBRAS SELECIONADAS

"'Tropical Trump': Illiberal Politics and the Digital Life of Corruption in Brazil", in D. Goldstein & K. Drybread (orgs.), *Corruption and Illiberal Politics in the Trump Era.* New York: Routledge, 2022.

"Antropologia digital não é etnografia: Explicação cibernética e transdisciplinaridade". *Civitas*, v. 21, n. 2, 2021, pp. 304-15.

"As ideias voltaram ao lugar? Temporalidades não lineares no neoliberalismo autoritário brasileiro e sua infraestrutura digital". *Caderno CRH*, v. 34, 2021, pp. 1-18.

"Pós-verdade e a crise do sistema de peritos: Uma explicação cibernética". *Ilha*, v. 23, n. 1, 2021, pp. 73-96.

"Identidade e representação no bolsonarismo: Corpo digital do rei, bivalência conservadorismo-neoliberalismo e pessoa fractal". *Revista de Antropologia*, v. 62, n. 3, 2019, pp. 530-57.

COLEÇÃO EXIT

Como pensar as questões do século XXI? A coleção Exit é um espaço editorial que busca identificar e analisar criticamente vários temas do mundo contemporâneo. Novas ferramentas das ciências humanas, da arte e da tecnologia são convocadas para reflexões de ponta sobre fenômenos ainda pouco nomeados, com o objetivo de pensar saídas para a complexidade da vida hoje.

LEIA TAMBÉM

24/7 – capitalismo tardio e os fins do sono
Jonathan Crary

Reinvenção da intimidade – políticas do sofrimento cotidiano
Christian Dunker

Os pecados secretos da economia
Deirdre McCloskey

Esperando Foucault, ainda
Marshall Sahlins

Desobedecer
Frédéric Gros

Big Tech – a ascensão dos dados e a morte da política
Evgeny Morozov

Depois do futuro
Franco Berardi

Diante de Gaia – oito conferências sobre a natureza no Antropoceno
Bruno Latour

Tecnodiversidade
Yuk Hui

Genética neoliberal – uma crítica antropológica da psicologia evolucionista
Susan McKinnon

Políticas da imagem – vigilância e resistência na dadosfera
Giselle Beiguelman

Happycracia – fabricando cidadãos felizes
Edgar Cabanas e Eva Illouz

© Ubu Editora, 2022
© Letícia Cesarino, 2022

COORDENAÇÃO EDITORIAL Florencia Ferrari e Maria Chiaretti
PREPARAÇÃO Gabriela Naigeborin
REVISÃO Débora Donadel
PROJETO GRÁFICO Elaine Ramos e Flávia Castanheira
ADAPTAÇÃO DE PROJETO E CAPA Júlia Paccola
PRODUÇÃO GRÁFICA Marina Ambrasas

EQUIPE UBU
DIREÇÃO Florencia Ferrari
DIREÇÃO DE ARTE Elaine Ramos e Júlia Paccola (assistente)
COORDENAÇÃO Isabela Sanches
EDITORIAL Bibiana Leme e Gabriela Naigeborin
DIREITOS AUTORIAS Júlia Knaipp
COMERCIAL Luciana Mazolini e Anna Fournier (assistente)
CIRCUITO UBU Maria Chiaretti e Walmir Lacerda (assistente)
GESTÃO CIRCUITO UBU Laís Matias
DESIGN DE COMUNICAÇÃO Marco Christini
ATENDIMENTO Micaely Silva

1ª reimpressão, 2023.

UBU EDITORA
Largo do Arouche 161 sobreloja 2
01219 011 São Paulo SP
ubueditora.com.br
professor@ubueditora.com.br
/ubueditora

Dados Internacionais de Catalogação na Publicação (CIP)
Bibliotecário Vagner Rodolfo da Silva – CRB 8 / 9410

C421M   Cesarino, Letícia
O mundo do avesso – verdade e política na era digital
/ Letícia Cesarino. São Paulo: Ubu Editora, 2022.
304 pp. / Coleção Exit
ISBN 978 85 7126 088 7

1. Política. 2. Antropologia social. 3. Brasil. 4. Bolsonarismo. 5. Sociedade. 6. Internet. I. Título.

2022–2962   CDD 320   CDU 32

Índice para catálogo sistemático:
1. Política 320   2. Política 32

FONTES Edita e Pressio
PAPEL Alta alvura 90 g/m²
IMPRESSÃO Margraf